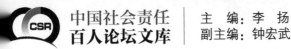

中国社会责任百人论坛文库

主　编：李　扬
副主编：钟宏武　张　蒽

U0618262

中国企业社会责任报告

Corporate Responsibility Reporting in China 2016

2016

中国企业社会责任报告评级专家委员会

钟宏武　魏紫川 / 顾问
张　蒽　翟利峰　王志敏　王梦娟　等 / 著

中国企业社会责任报告
评级专家委员会
Chinese Expert Committee on CSR Report Rating

经济管理出版社
ECONOMY & MANAGEMENT PUBLISHING HOUSE

图书在版编目（CIP）数据

中国企业社会责任报告（2016）/张蒽等著 . —北京：经济管理出版社，2016. 12
ISBN 978 - 7 - 5096 - 4820 - 9

Ⅰ. ①中… Ⅱ. ①张… Ⅲ. ①企业责任—社会责任—研究报告—中国—2016 Ⅳ. ①F279. 23

中国版本图书馆 CIP 数据核字（2016）第 307686 号

组稿编辑：陈　力
责任印制：黄章平
责任校对：超　凡

出版发行：经济管理出版社
　　　　　（北京市海淀区北蜂窝 8 号中雅大厦 A 座 11 层　100038）
网　　　址：www. E - mp. com. cn
电　　　话：（010）51915602
印　　　刷：三河市延风印装有限公司
经　　　销：新华书店
开　　　本：720mm×1000mm/16
印　　　张：27
字　　　数：420 千字
版　　　次：2017 年 1 月第 1 版　　2017 年 1 月第 1 次印刷
书　　　号：ISBN 978 - 7 - 5096 - 4820 - 9
定　　　价：128. 00 元

中国社会责任百人论坛文库总序

时代呼唤责任。"十三五"时期是我国实现"两个百年"目标、全面建成小康社会的关键时期。近年来,社会责任呈现出标准化、法制化、社会化、价值化等趋势,国际国内社会责任标准不断推出,履行责任从软约束成为硬约束,各种社会力量高度关注,担责成为企业的商业追求和发展机遇。在这样的新形势下,履行社会责任成为重要议题。

责任亟待研讨。中国社会责任百人论坛应运而生,以汇聚责任思想、共享责任成果、提升责任绩效为宗旨,聚集政府领导、专家学者、企业家等社会责任领域的领袖人物,共商责任之策,共谋责任之事。通过组织专题研讨、召开大型会议,搭建社会责任交流平台,推出社会责任重要成果,为政府推进社会责任建言献策,为企业履行社会责任指明方向。

分享创造价值。责任百人论坛的思想需要记录,需要在更大范围分享。《中国社会责任百人论坛文库》每年精选演讲文稿、研究专著、企业实践案例,出版发行、宣传推广,提升全社会的责任意识,指导企业的责任实践,努力通过3~5年的运行,为中国社会责任贡献一批传世之作。

百人论道,万众聚力。

是为序。

中国社会责任百人论坛秘书处

2016 年

中国社会责任百人论坛简介

"中国社会责任百人论坛"（China Social Responsibility 100 Forum）（以下简称"责任百人论坛"），是由致力于推动中国社会责任发展的专家学者、企业家、社会活动家等自发建立的公益性机制，是中国社会责任领域的高端平台。

责任百人论坛通过持续举办重点热点问题研讨会、重要成果发布会等，实现汇聚责任思想、共享责任成果、提升履责绩效的论坛宗旨，为政府推进社会责任发展建言献策，为企业履行社会责任指明方向，助力中国走出一条经济繁荣、社会进步、环境优美的可持续发展之路，携手共筑"中国梦"。

责任百人论坛设立企业理事会，吸纳在行业内有一定影响力，具有较强社会责任感和良好声誉的企业加入。

责任百人论坛设立秘书处，作为日常办事机构。

责任百人论坛成员（截至 2017 年 1 月 4 日）：

李　扬　　国家金融与发展实验室理事长，中国社会科学院经济学部主任

解思忠　　国务院国资委国有重点大型企业监事会原主席

彭华岗　　国务院国资委副秘书长

刘兆彬　　中国质量万里行会长，国家质量监督检验检疫总局总工程师

欧晓理　　国家发改委西部开发司巡视员

郭秀明　　工业和信息化部政策法规司副巡视员

宋志平　　中国建材集团公司董事长

王小康　　全国政协委员，中国工业节能与清洁生产协会会长，中国节能环保集团公司原董事长

郑崇华　　台达集团创办人、荣誉董事长，台达基金会董事长

张晓刚　国际标准化组织（ISO）主席

刘　冰　中国黄金集团副总经理、党委委员

蓝　屹　华润集团公司董事会办公室主任，助理总经理

王幼燕　中国三星副总裁

张　凯　松下电器（中国）有限公司副总裁

宝　山　北大纵横管理咨询集团高级合伙人

吕　朝　恩派（NPI）公益组织发展中心创始人

黄群慧　中国社会科学院工业经济研究所所长

潘家华　中国社会科学院城市发展与环境研究所所长

张　翼　中国社会科学院社会发展战略研究院院长

邓国胜　清华大学公益慈善研究院副院长

钟宏武　中国社会科学院经济学部企业社会责任研究中心主任（论坛秘书长）

张　蒽　中国社会科学院经济学部企业社会责任研究中心常务副主任（论坛执行秘书长）

责任百人论坛主要活动：

●责任百人会议

➢年会

每年1月举办，总结年度工作，发布年度重要成果，讨论新一年工作计划。

➢重大热点研讨会

发布论坛成员的重要研究成果，就重大热点社会/环境问题进行深度研讨，为社会责任事业的发展建言献策。

●责任百人咖啡

➢责任百人咖啡厅

百人论坛选定固定场址，设立"责任百人咖啡"。

➢责任百人沙龙

每月在咖啡厅召开小型专题研讨会，探讨热点问题，发布最新成果。

• 责任百人文库

➤ 百人论坛会刊

汇编每期会议精彩演讲，摘录年度重要成果，定期出版发布。

➤ 社会责任年鉴

梳理中国社会责任年度大事件，评选"中国社会责任优秀案例"，出版《中国社会责任年鉴》，于每年的论坛年会上发布。

责任百人论坛秘书处联系方式：

秘 书 长　钟宏武　zhonghw@ cass－csr. org

执行秘书长　张 蒽　zhangen@ cass－csr. org

责任百人论坛官方微信：CSR100F

主要作者简介

张　蒽

　　中国社会科学院社会发展战略研究院副研究员，1982 年生，女，管理学博士，经济学博士后，兼任中国社会科学院经济学部企业社会责任研究中心常务副主任。作为主要研究人员参与"责任制造2025"、"中央企业社会责任推进机制研究"、"上市公司社会责任信息披露"、"中央企业社会责任理论研究"、"企业社会责任指标体系研究"等重大课题的研究。出版《中国企业社会责任发展指数报告》、《中国企业社会责任报告编写指南》、《企业社会责任管理体系研究》、《中国企业社会责任报告白皮书》、《中国上市公司非财务信息披露研究报告》、《企业社会责任负面信息披露研究》等专著，在《中国工业经济》、《经济管理》等期刊公开发表社会责任相关论文。

翟利峰

　　中国社会科学院经济学部企业社会责任研究中心副主任，男，哲学硕士。2010 年开始进入企业社会责任研究领域，目前主攻方向为 ESG 评价和责任品牌，曾合著出版《中国企业社会责任报告白皮书（2011）》，参与《中国企业社会责任蓝皮书（2011/2012/2013/2014/2015/2016）》和《中国上市公司非财务信息研究蓝皮书（2011）》课题的技术路线设计、数据收集和撰写工作；参加"北京市属国有企业社会责任研究课题"（省部级）；为中国石化、三星、华夏幸福基业等大型企业社会责任报告提供指导意见。

王志敏

中国社会科学院经济学部企业社会责任研究中心项目九部咨询师，男，毕业于中国社会科学院研究生院，社会工作硕士。曾参与《中国企业社会责任蓝皮书（2014/2015/2016）》、《中国企业社会责任报告（2014/2015/2016）》、《上海上市公司社会责任研究报告（2015/2016）》的数据收集、分析和撰写工作；参与"矿山企业社会责任评价指标体系"、"神华集团'十三五'社会责任专项规划"、"神华爱心书屋项目发展战略研究报告"等研究项目；为中国移动、华润集团、民生银行、中国三星、现代汽车等80余家大型企业提供报告评级服务。

王梦娟

中国社会科学院经济学部企业社会责任研究中心项目八部部长，女，江西吉安人，毕业于中国人民大学农业与农村发展学院，工学硕士。曾参与编撰《中国企业社会责任报告白皮书（2014/2015）》、《中国企业社会责任蓝皮书（2014/2015/2016）》；参加"矿山企业社会责任评价指标体系"、"中国企业社会责任报告编写指南之食品行业"等课题研究；为中石化、中粮集团、中国建筑等120余家大型企业提供报告评级服务；曾参与中国港中旅集团、LG电子、圣象集团等公司的社会责任咨询工作。

内容摘要

　　《中国企业社会责任报告（2016）》是中国企业社会责任报告评级专家委员会在全面分析2016年企业社会责任报告的基础上形成的最新研究成果。报告以《中国企业社会责任报告编写指南（CASS－CSR 3.0)》和《中国企业社会责任报告评级标准（2014)》为评价依据，以企业社会责任报告的信息披露质量及报告管理水平为评价内容，对2016年度在华企业1183份报告进行逐一评价，分析出我国企业社会责任报告发展阶段性特征。

　　本书分为总论、报告特征篇、报告评级篇、报告管理篇、专项报告篇和附录六大部分。总论概述了研究背景、本年度主要发现及报告的主要发展趋势；报告特征篇对2016年度1183份社会责任报告进行逐一评价，详述了我国企业社会责任报告基本情况及报告议题的披露情况；报告评级篇展示了2016年64份参与"中国企业社会责任报告评级"报告的评级报告；报告管理篇选取中国电子、民生银行、LG（中国）等10家企业作为代表，对企业在报告管理方面的优秀实践进行了详细介绍；专项报告篇详细介绍了中国石化、中国华电、中国电建三家企业的特色实践报告；附录对报告评级、《中国企业社会责任报告编写指南4.0》、公益讲堂、分享责任中国行等内容进行了介绍。

研究发现：

　　（1）2016年中国企业社会责任报告数量与2015年基本持平，达到1710份。报告发布主体不再局限于企业，逐渐向政府部门、事业单位、行业协会、新闻媒体等组织辐射。

　　（2）报告发布主体特征更多元，从地区分布来看，北上广地区发布最多；从企业性质来看，近六成社会责任报告由国有企业发布；从上市情况来看，上市公司报告超七成，构成了我国企业社会责任报告发布的主力军。

（3）报告编写参考标准多样化，70.4%的报告参考了相关参考标准，GRI 指南、中国社科院指南、上交所指引三大标准最受青睐；外部评价稍显不足，不到两成企业引入外部鉴证。

（4）从报告形式来看，企业社会责任报告形式在注重整体规划的基础上，将更加注重对报告进行"二次开发"，专项报告、海外报告、简版报告、H5 版报告、"一张图读懂报告"、影像版报告等形式多样化版本将逐渐增多，"1 份企业社会责任报告＋N 种报告版式"的局面逐步形成。

（5）从报告发布方式看，发布渠道逐渐平台化，集中发布形式日益受到企业青睐。

（6）报告对责任管理、碳信息、责任采购三项前沿且重要议题的信息披露进行了专门分析，发现实质性议题识别、社会责任规划等披露明显不足，社会责任管理有待提升；石油石化、煤炭、钢铁等高耗能、高污染行业企业中，对碳核查、碳数据审验、碳减排目标等热点环境议题的披露非常不足，应对气候变化相关信息的披露亟待加强；披露责任采购信息的企业不足两成，外资企业好于国有企业、民营企业。

目 录

报告评级篇：中国企业社会责任报告评级（2016）

报告管理篇：中国企业社会责任报告管理优秀案例

专项报告篇：中国企业社会责任专项报告优秀案例

附录部分

总论：中国企业社会责任报告年度进展（2016）

一、研究背景

企业社会责任报告（Corporate Social Responsibility Report），又称非财务报告，是企业就其履行社会责任的理念、制度、措施和绩效所进行的系统信息披露，是企业与利益相关方进行全面沟通交流的重要载体。

放眼世界，企业主动发布社会责任报告，积极与利益相关方开展沟通交流，已经成为经济全球化时代重要的商业准则。道琼斯可持续发展指数（DJSI）、联合国全球契约十项原则、国际标准化组织社会责任指南 ISO 26000、全球报告倡议组织可持续发展报告指南 G4、联合国可持续发展目标（SDGs）、联交所 ESG 指引等一系列国际社会责任主流标准的发布，对于推动全球企业发布社会责任报告具有重要的指导和促进作用。截至 2016 年 11 月，全球已有 13683 个组织发布 81142 份社会责任报告①。

联交所继 2012 年出台了《环境、社会及管治报告指引》（ESG 指引）之后在 2015 年对该指引的要求提升为"不遵守即解释"，从环境和社会两个范畴提出了披露要求和关键指标，要求在港上市公司必须基于此指引，详细披露企业相关情况，并鼓励有能力的上市公司参照更高要求的国际指引进行披露，这将对占港股市值一半的内地在港上市公司的信息披露产生重大影响。

而作为全球范围内最早被广泛采用的可持续发展报告框架之一，GRI 于 2016

---

① 数据来源于 http://www.corporateregister.com。

年10月发布了被定位为"首个可持续发展报告的国际标准"最新指南"GRI Standards"，它采用模块结构，由36套相互联系的"标准"组成，包括3个所有企业均须符合的"通用标准"及33个供报告编制者选用的"议题标准"，3个"通用标准"分别对应现时G4指南的"报告原则"、"一般标准披露"及"管理方式披露"部分，"议题标准"则对应现时的"特定标准披露"。"GRI Standards"在对如"重要议题"、"议题边界"等主要概念的定义、指南在不同市场法规及市场环境下的兼容性等方面进行了改进，能为企业提供更加全面、更易理解的参考指南。

综观中国，在政府部门、资本市场、行业协会等多方力量的推动下，我国企业社会责任报告的编制和发布取得了飞跃式的进展。以国务院国资委为代表的政府部门2008年发布的《关于中央企业履行社会责任的指导意见》要求中央企业建立社会责任报告指导，掀起了以中央企业为代表的国有企业发布社会责任报告的新潮流；以上交所和深交所为代表的资本市场发布的相关社会责任指引对于推动上市公司发布社会责任报告作用显著；以中国工业经济联合会为代表的行业协会发布的行业指南在引导行业企业发布社会责任报告方面发挥了重要的引领作用。其中值得一提的是，以中国标准化研究院牵头起草的GB/T 36000社会责任系列国家标准（即GB/T 36000 – 2015《社会责任指南》、GB/T 36001 – 2015《社会责任报告编写指南》和GB/T 36002 – 2015《社会责任绩效分类指引》）于2015年6月正式发布，并于2016年1月1日正式实施，它的出台标志着我国建立起了社会责任的自愿性标准体系，对于推进我国社会责任工作、规范社会责任行业发展具有重要意义。

截至2016年11月，共收集到2016年发布的1710份社会责任报告。10年来，我国社会责任报告数量持续增长，相比2006年的32份，增长了53倍，整体上呈现"井喷式"增长态势。同时，需要指出的是，自2012年以来，报告数量在继续保持增长的情况下，增速总体上呈现下降趋势，标志着中国企业社会责任报告的发展开始进入"平台期"。

在中国企业社会责任报告数量保持增长的同时，报告的质量方面仍存在一些问题，如报告过于简单、信息披露不规范、"报喜不报忧"等，报告信息披露的时效性、客观性、平衡性和可读性等方面都有较大的提升空间。为了引导中国企业社会责任报告的发展，提高中国企业社会/环境信息披露的质量和水平，中国社会科学院经济学部企业社会责任研究中心自 2009 年开始先后编制发布《中国企业社会责任报告编写指南（CASS - CSR 1.0/2.0/3.0）》，为我国企业社会责任报告编写提供参考标准，2016 年 9 月，《中国企业社会责任报告编写指南（China - CSR 4.0）》编修启动，该版本的编写指南将按照"开放平台、共建共享、简洁实用、国际视野"的编写原则，确保指南 4.0 的编写更精细、更全面、更系统、更与时俱进；制定《中国企业社会责任报告评级标准（2010/2011/2012/2013/2014）》，累计为国内外 325 家大型企业提供第三方报告评级服务；连续发布《中国企业社会责任报告（2011/2012/2013/2014/2015）》，全样本评价我国年度企业社会责任报告质量和水平，辨析阶段性特征，持续跟踪我国企业社会责任报告的发展进程。

报告的获取渠道主要包括企业官网、社会责任报告资源库等；报告的发布主体包括国有企业、民营企业和针对中国大陆发布社会责任报告的在华外资企业，政府、研究机构等其他组织不纳入评价范畴；报告的名称包括企业社会责任报告、企业公民报告、可持续发展报告等。最终，本研究共收集 1710 份社会责任报告，剔除对外宣称发布报告但不能从公开渠道搜到报告、外资企业发布的中文版全球报告、单项责任报告、非企业报告、超出本研究时间范围的报告 527 份，最终用于评价的是 1183 份 2015 年企业社会责任报告。

在这样的背景下，本研究以 2016 年中国企业发布的 1183 份社会责任报告为评价对象，辨析 2015 年中国企业社会责任报告最新进展，以期进一步推动中国企业社会责任报告水平的提升。

二、主要发现

发现一：报告数量持续增长但增速明显放缓，2016 年达 1710 份，国有企业和上市公司为报告发布的主力军

2016 年，在我国政府、资本市场、行业协会等多方力量的推动下，中国企业社会责任报告数量持续增长，由 2015 年的 1703 份增至 1710 份，同比增长 0.4%，报告发布呈持续增长态势，如图 0 - 1 所示。通过对 1183 份报告分析得出：从地区分布看，北上广地区发布最多，共计 463 份，占比 41.5%；从企业性质看，国有企业发布报告积极性依然很高，共发布 682 份，占报告总数的 57.6%；从上市情况看，共有 851 家为上市公司，占报告总数的 71.9%，上市公司构成了我国企业社会责任报告发布的主力军。

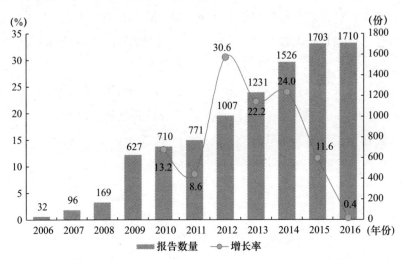

图 0 - 1　社会责任报告数量年度变化

发现二：GRI 指南和中国社科院指南为参考最多的国际标准和本土标准；报告第三方评价不足，可靠性有待提高

2016 年，833 份报告（70.4%）披露了报告编写参考标准，567 份报告参考

两种及以上的标准，在遵守政府部门、监管机构政策要求的同时注重参考行业协会、研究机构的指引，在注重参考国内指南的同时也注重参考国际相关标准，其中 GRI 指南（339 份）、中国社科院指南（320 份）、上交所指引（277 份）成为最受我国企业青睐的三大社会责任报告编写标准，如图 0－2 所示。但从第三方评价看，我国企业社会责任报告整体表现不佳，仅有 158 份（13.4%）报告进行第三方评价，第三方评价主要分为四类，依次是报告评级（63 份）、专家点评（36 份）、数据审验（33 份）、质量认证（26 份）。

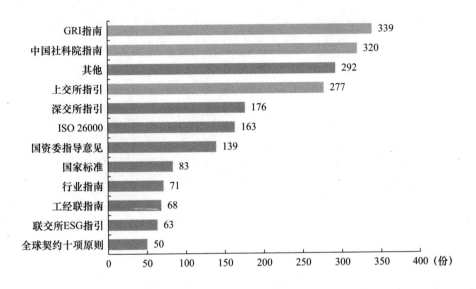

图 0－2　报告参考标准分布

发现三：报告定量数据披露改善明显，五成报告披露了连续 3 年以上的数据，国企、外资表现优于民企

定量数据的纵向年度比较和横向行业比较有助于利益相关方对企业的责任表现进行分析和对比，从而能够较为系统、全面地把握企业年度履责成效。在纵向可比性数据方面，有 624 份（52.7%）报告披露了连续 3 年及以上的绩效数据，其中 105 家（8.9%）报告定量数据超过 30 条，能够较好地满足利益相关方对企业履责数据的需求；在横向可比数据披露方面，有 437 份报告披露了行业绩效对比信息，占比 36.9%，纵向可比性好于横向可比性。

从企业性质看，在纵向可比性数据方面，国有企业（403 份，占比 59.1%）和外资企业（56 份，占比 54.4%）好于民营企业（165 份，占比 41.5%）。在横向可比性数据方面，国有企业报告有 267 份，占比 39.2%；外资企业报告有 35份，占比 34.0%；民营企业报告有 135 份，占比 33.9%。整体看，国有企业和外资企业在可比性数据披露方面好于民营企业，如图 0-3 所示。

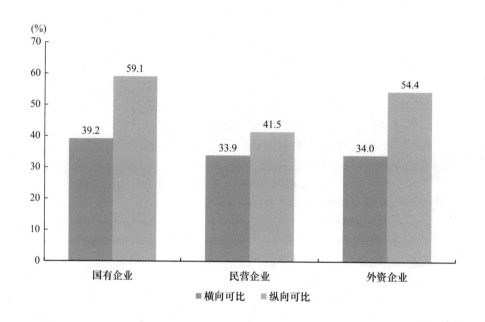

图 0-3　不同性质企业可比性数据披露情况

发现四：接近五成报告披露负面信息，"报喜不报忧"现象依然存在

平衡性考察企业在其发布的社会责任报告中是否以中肯、客观的原则披露企业在报告期内的正面和负面信息，平衡性指标的披露对增强报告的可信度具有重要作用。

2016 年，575 份（48.6%）报告披露了负面数据，其中 80 家披露 6 条及以上负面数据信息，占比为 13.9%，54 家（4.6%）企业在对负面数据进行披露的同时，还对报告期内企业发生的一些负面事件的原因、经过、处理及预防措施进行了较详细的阐述，这些负面事件主要涉及安全生产事故、问题产品召回、客户投诉等议题。从各性质企业的表现来看，343 家（50.3%）国有企业、57 家外资企业（55.3％）对负面数据进行披露，而民营企业（182 家，占比 45.7％）对负面数据的披露比率则不足五成，如图 0 - 4 所示。

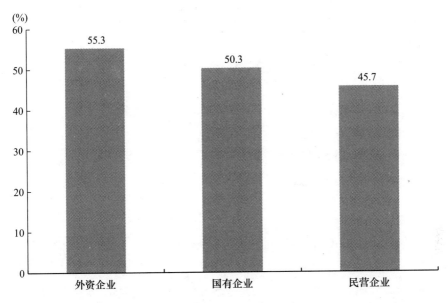

图 0 - 4　不同性质企业负面数据披露情况

发现五：超过五成企业连续 6 年及以上发布报告，八成报告的时效性较好

我国企业社会责任报告连续性整体上表现较好。截至 2016 年，我国企业发布社会责任报告 6 次及以上的达到 605 家，占比 51.1％，其中，中国平安保险（集团）股份有限公司发布次数最多，高达 13 次，如图 0 - 5 所示。在明确发布时间的 1113 份企业社会责任报告中，超八成报告发布时间分布在第一、第二季度，时效性较好。

发现六：报告实质性议题识别不足，责任规划和责任管理制度披露比例低

通过对 1183 份报告分析发现，仅有 171 份报告披露了实质性议题的识别过程，占比 14.5％，表明中国企业在实质性议题的识别和管理方面明显不足，亟待提升。从企业性质看，外资企业表现相对较好，有 25.2％的外资企业披露实质性议题的识别过程；其次是国有企业，占比 17.0％；民营企业表现最差，占比仅为 7.3％（见图 0 - 6）。同时，不足一成企业披露社会责任规划，仅三成企业披露社会责任管理制度。

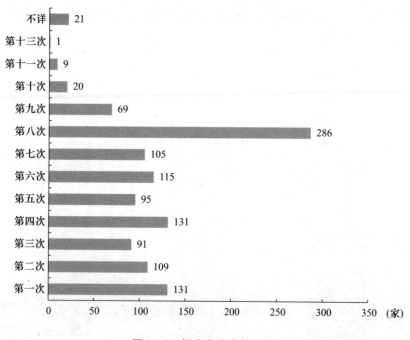

图 0-5 报告发布次数分布

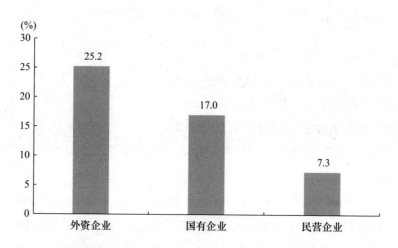

图 0-6 不同性质企业的实质性议题识别比较

发现七：高耗能企业的报告中关于碳排放核查、碳数据审验、碳减排目标等"碳"信息披露明显不足

2016 年，在国务院公布的《"十三五"控制温室气体排放工作方案》中，明

确指出 2017 年启动全国碳排放交易市场，钢铁、石化等高耗能行业①将逐步被纳入该交易市场。国家层面碳排放相关政策的出台，对企业碳排放的相关制度建设提出了明确要求和重大挑战，同时也对中国企业在碳信息披露方面具有直接的促进作用。

本研究通过所设置的"碳排放核查、碳数据审验、碳减排目标"三个指标对 1183 份报告进行分析，按照《中华人民共和国 2015 年国民经济和社会发展统计公报》所规定的六大高耗能行业，挑选出 677 家高耗能行业企业。研究发现，严格意义上披露企业"碳排放核查、碳数据审验、碳减排目标"等"碳"信息的企业数量不足 6.5%，且主要聚焦于石油石化、煤炭开采、钢铁等高耗能行业。可见，全国碳排放交易市场建立和碳政策落地实施在即，我国相关企业在"碳"制度建设和"碳"信息披露方面任重而道远。

发现八：责任采购信息披露明显不足，近三成外资企业注重披露责任采购，好于民营和国有企业

2016 年，185 份报告披露了责任采购信息，占比仅为 15.6%，责任采购信息披露明显不足。从企业性质看，外资企业的信息披露表现相对较为突出，近三成外企披露了该方面的信息；而国有企业和民营企业表现相对不足，披露率均不足二成。

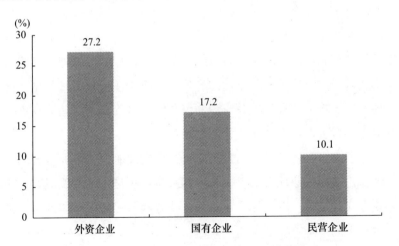

图 0-7 不同性质企业责任采购信息披露情况

---

① 《中华人民共和国 2015 年国民经济和社会发展统计公报》六大高耗能行业分别为：化学原料及化学制品制造业、非金属矿物制品业、黑色金属冶炼及压延加工业、有色金属冶炼及压延加工业、石油加工炼焦及核燃料加工业、电力热力的生产和供应业。

三、报告趋势

趋势一：企业社会责任报告数量将稳步上升，国有企业有望成为新的增长点

继 2008 年发布《关于中央企业履行社会责任的指导意见》之后，2016 年 7 月国务院国资委发布了《关于国有企业更好履行社会责任的指导意见》，明确要求国有企业加强社会责任沟通，建立健全社会责任报告指导，参照国际国内标准，建立健全社会责任报告发布制度，定期发布报告，不断改进和提高报告质量。中央企业的社会责任报告发布在国资委过去几年的推动下快速进步，《关于国有企业更好履行社会责任的指导意见》中更加明确和严格的政策要求，将促进国有企业发布社会责任报告，因此国有企业发布社会责任报告的数量有望成为新的增长点。

趋势二：企业社会责任报告内容将更加实质化、定量化，与公司战略、重大活动、社会热点等结合将成为未来重点

随着国内外企业社会责任报告编写标准、指引的相继出台和完善，以及各利益相关方对企业社会责任报告信息质量的要求不断提高，企业社会责任报告的披露范围将更加规范和广泛，披露的重点除了重视报告指标覆盖外，还将关注公司实质性议题披露；除了重视报告定性内容外，还将关注报告定量数据；除了重视报告的结果外，还将关注报告编写流程和议题筛选过程。这一趋势将促使今后我国企业社会责任报告内容更加实质化和定量化。

另外，为了突出报告亮点、凸显企业可持续发展能力、增加报告的时效性和可读性，今后，我国企业社会责任报告将越来越重视与公司发展战略、重大活动以及社会热点问题结合，以增加企业对社会各方期望的回应，体现报告的及时有效和公司对未来的可持续发展承诺。

趋势三：企业社会责任报告发布将更加重视发布平台和新媒体的"杠杆"作用，传播形式趋向"社交化"和"移动化"

作为展现企业经济、社会和环境信息集中披露的媒介，企业社会责任报告的重要作用是把企业的社会/环境信息传递给企业的内外部利益相关方。随着地方

政府、行业协会、新闻媒体等组织的社会责任报告集中发布仪式或平台越来越多，企业将期望借助这种形式，提高报告的传播"声势"和影响力。

另外，构建移动战略，利用移动终端平台解决问题是大势所趋，也是企业在解决实际工作问题过程中的新思路、新方法。社会责任报告通过 APP 形式出版，能够充分利用移动终端平台架起企业与用户沟通的桥梁，形成有效互动，不断提升企业履行社会责任的能力和服务水平，同时在用户心中树立良好企业形象。

趋势四：企业社会责任报告形式在注重整体规划的基础上将更加多样化，与利益相关方沟通的能力和效果将进一步提升

企业发布社会责任报告注重报告形式上的整体规划，便于突出企业特色和凸显行业特点，有利于增强企业社会责任报告的识别和传播。与此同时，为满足不同利益相关方的阅读需要，从报告版式看，越来越多的企业在延续传统报告形式的基础上注重对报告进行"二次开发"，简版报告、H5 版报告、"一张图读懂报告"、影像版报告等形式多样化版本逐渐增多，"1 份企业社会责任报告 + N 种报告版式"的局面逐步形成，这对于加强与利益相关方的沟通，提升企业社会责任报告的传播价值具有重要作用。

趋势五：企业社会责任报告视野将更加国际化：多语言版本渐增、海外报告和专题渐起、对标国际一流报告渐盛

随着"一带一路"战略的推进和实施，我国企业"走出去"步伐不断加快，中国对外直接投资发展迅猛，已跃居为世界第二大对外投资国，在对外投资持续增长的同时，中资企业越发重视在东道国践行企业社会责任，其中发布地区社会责任报告或海外专题，与当地社区积极沟通，是最为典型的做法。

具体来说，从报告语言上看，发布多语种版本报告的企业日渐增多，国家电网、中国石化、东风汽车等 90 余家企业发布多语种报告；从报告内容上看，中国海油、中国华能、招商局集团等企业发布了海外社会责任报告或设置海外专题，供国内外相关方了解其海外业务；从报告参考标准看，除了越来越重视参考全球报告倡议组织（GRI）《可持续发展指南》外，国内领先企业越来越重视与国际一流企业报告对标分析，以促使自身社会责任管理水平和信息披露质量的提升。今后，随着我国企业国际化的步伐加快和当地运营的需要，这一趋势势必将得到加强。

趋势六：企业社会责任报告将更加重视企业对利益相关方的承诺，形成倒逼机制

企业社会责任报告的编制、发布、传播等环节需要利益相关方的参与才能实现报告的交流和沟通价值。为了增加利益相关方的参与度和提升报告的可信度，企业社会责任报告通过编制报告加强企业内部相关方的参与，强化相关方的责任承诺，从而避免企业社会责任报告的编写只是属于企业社会责任部门，通过扩大企业内部相关方的参与打造企业的"责任共同体"。

报告特征篇：
2016 年度中国企业社会责任报告特征

　　报告特征篇是对 2016 年度企业社会责任报告发布情况及报告内容的整体分析，从信息披露的角度总结了本年度社会责任报告的阶段性特征，共分为"中国企业社会责任报告概况"及"中国企业社会责任报告前沿议题分析"两章。第一章概述了企业社会责任报告的基本信息，包括企业的地区分布、行业分布、篇幅大小、发布情况、第三方评价及参考标准等；第二章从信息披露的角度对利益相关方关注的社会责任议题进行分析，重点探讨企业发布的社会责任报告中是否披露了实质性议题识别、社会责任管理制度、社会责任战略规划、利益相关方参与等议题，并从股东、政府、员工、合作伙伴、社会、环境等利益相关方角度，选取若干热点议题进行分析，辨析企业社会责任议题披露水平。

第一章 中国企业社会责任报告概况

一、报告总量小幅增长

在我国政府、资本市场、行业协会等多方力量的推动下，近年来中国企业社会责任报告数量持续增长，2016 年报告数量达 1710 份。与 2015 年相比，2016 年报告数量与上年基本持平，增速有所放缓，同比增长 0.4%。1710 份报告中，能通过公开渠道收集到的报告数量为 1183 份，作为本次研究样本；而 345 份为非企业报告，182 份报告为未能通过公开渠道找到，即 527 份报告不被纳入分析样本。

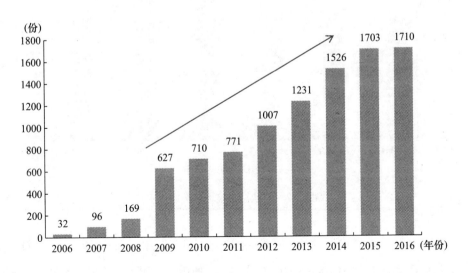

图1-1 社会责任报告数量年度变化

二、报告主体分布广泛

（一）总部位于中国大陆的企业是样本主体，境外企业中，中国香港企业表现较为积极

为了解中国企业社会责任报告的地区发展情况，本研究将企业所在地区分为中国大陆和境外，其中境外分为中国香港地区、中国台湾地区、日韩、欧洲及北美洲等地区。通过对 2016 年发布的 1183 份报告分析得出，总部设在中国大陆的企业共发布 1115 份报告，占比 94.3%，比上年增加 16.6%，依然构成研究样本的主体；境外企业发布在华报告的数量继续呈现小幅下降的趋势。如图 1－2 所示。

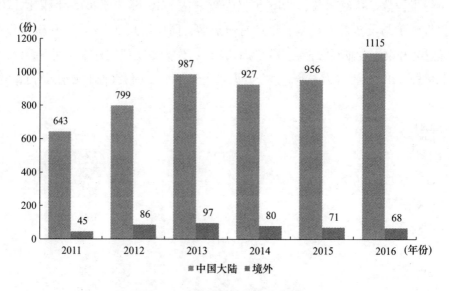

图 1－2   企业总部境内外分布情况

在发布社会责任报告的 68 家境外企业中，中国香港企业最多，共计 24 家；日本企业次之，共计 16 家；美国（13 家）、韩国（7 家）、德国（3 家）、中国台湾（2 家）及欧洲其他国家企业数量依次递减。如图 1－3 所示。

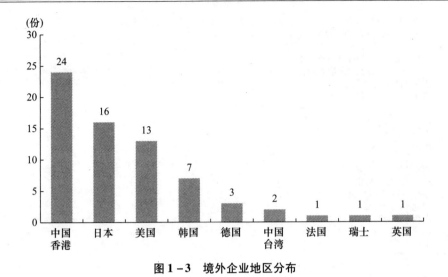

图 1 – 3　境外企业地区分布

（二）东部地区企业报告数量多于中西部地区，北上广报告数量位居前三

从报告发布企业的地区分布看，东部、中部、西部三个地区的企业报告数量差异较为显著，东部地区企业报告发布数量远超中部、西部地区企业。具体来说，总部位于东部发达地区的企业报告发布数量最多，数量为 787 份，占比 70.6%，其中北京、广东、上海三地共发布 463 份社会责任报告，占比 41.5%，构成了我国企业社会责任报告发布的主体；总部位于中部地区的企业报告发布数量次之，为 170 份，占比 15.3%；总部位于西部地区的企业报告发布数量相对最少，为 158 份，占比为 13.4%。如图 1 – 4 所示。

（三）近六成报告发布企业为国有企业，外资企业报告不足 10%

从不同性质企业社会责任报告发布情况看，2016 年，国有企业共发布 682 份社会责任报告，占报告总数的 57.6%，是 2016 年企业社会责任报告发布的主力军；民营企业共发布 398 份报告，占比 33.6%；外资企业最少，仅 103 份，占比 8.7%。6 年来，国有企业报告发布数量持续领先于民营企业、外资企业，为我国企业社会责任的主力军，同时民营企业报告发布数量呈现不断增长势头，而外资企业报告经过两年的数量回落后，2016 年小幅增长，如图 1 – 5 所示。

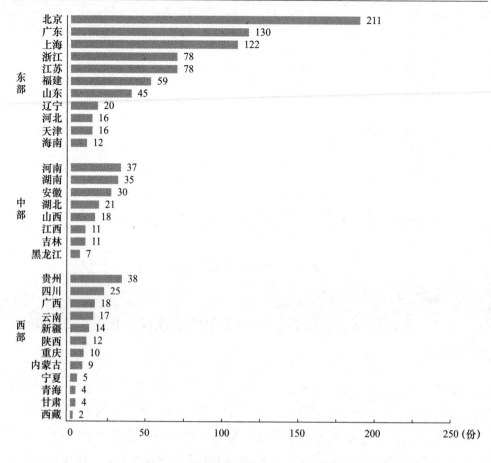

图1-4 境内企业报告发布地区分布情况

（四）超七成企业为上市公司，上交所报告数量领先于深交所和港交所

从企业上市情况看，2016年，1183家发布报告的企业中有851家为上市公司，占企业总数的71.9%。其中，463家企业于上交所上市，占比54.4%，326家企业于深交所上市，香港交易所116家，28家企业在海外上市①。3年来，上交所上市公司发布报告数量持续领先于深交所、港交所，如图1-6所示。

①　由于部分企业同时于两所或两所以上交易所上市，故根据上市地区划分时，上市公司总数多于851家。

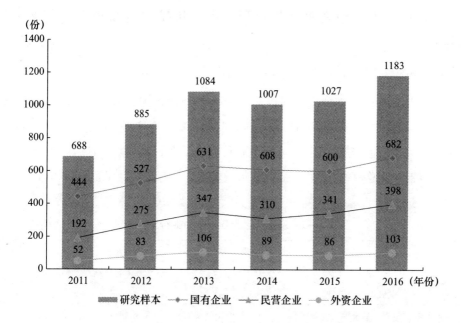

图 1 - 5 2011～2016 年不同性质企业社会责任报告发布情况

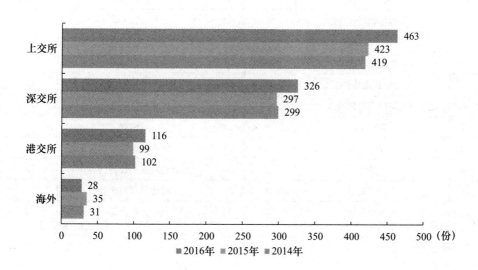

图 1 - 6 2014～2016 年不同上市地点企业分布情况

（五）报告发布企业行业分布广泛，机械设备制造业、金融业数量较多

统计发现，发布社会责任报告的企业广泛分布于 47 个行业中①。其中，跨多个行业经营的企业与机械设备制造业企业数量相对较多，分别为 91 家和 74 家，分别占报告总数的 7.7% 和 6.3%；证券、期货、基金等其他金融业次之，共 69 家，占比 5.8%；交通运输服务业与电子产品及电子元件制造业紧随其后，均为 59 家，占发布报告企业总数的 5.0%；酒店业数量最少，只有 2 家。如表 1-1 所示。

表 1-1   发布社会责任报告企业行业分布   单位：家

序号	行业	企业数量	序号	行业	企业数量
1	混业	91	17	煤炭开采与洗选业	24
2	机械设备制造业	74	18	一般采矿业	21
3	证券、期货、基金等其他金融业	69	19	零售业	21
4	交通运输服务业	59	20	酒精及饮料酒制造业	21
5	电子产品及电子元件制造业	59	21	非金属矿物制品业	21
6	工业化学品制造业	58	22	一般制造业	20
7	医药生物制造业	54	23	文化娱乐业	20
8	房地产开发业	54	24	计算机服务业	17
9	电力生产业	46	25	金属制品业	16
10	金属冶炼及压延加工业	45	26	石油和天然气开采业与加工业	15
11	交通运输设备制造业	43	27	农林牧渔业	15
12	银行业	39	28	纺织业	14
13	建筑业	37	29	家用电器制造业	13
14	保险业	32	30	计算机及相关设备制造业	13
15	食品饮料业	28	31	通信设备制造业	12
16	一般服务业	24	32	电力供应业	12

---

① 为了分析各行业企业社会责任报告发展水平，本研究行业分类以国家统计局的"国民经济行业分类"为基础，根据各行业社会责任关键议题的相近程度，进行适当合并和拆分，共划分为 47 个行业，同时将跨多个行业经营的企业以混业计算，以增加研究的科学性和系统性，确保指标体系构建的科学性和指标的实质性。

续表

序号	行业	企业数量	序号	行业	企业数量
33	特种设备制造业	11	41	日用化学品制造业	5
34	服装鞋帽制造业	10	42	印刷业	4
35	造纸及纸制品业	9	43	木材家具制造业	4
36	水的生产和供应业	9	44	旅游业	4
37	批发贸易业	9	45	废弃资源及废旧材料回收加工业	3
38	互联网服务业	9	46	房地产服务业	3
39	通信服务业	8	47	酒店业	2
40	燃气的生产和供应业	6			

三、发布连续性与时效性较好

（一）超过五成企业第六次发布报告

截至 2016 年，我国企业发布社会责任报告六次及以上的达到 605 家，占比 51.1%。其中，中国平安保险（集团）股份有限公司发布次数最多，高达 13 次；国家电网公司、中国铝业公司、中国海洋石油总公司、东芝集团（中国）等企业发布次数达 11 次；中国石油化工股份有限公司、交通银行股份有限公司、中国移动通信集团公司、索尼（中国）有限公司等企业发布次数为 10 次。总体来说，大部分企业发布社会责任报告的连续性较好，发布三次及以上的企业共 922 家，占比 77.9%。如图 1-7 所示。

（二）超过八成企业在上半年发布报告

在明确发布时间的 1113 份企业社会责任报告中，超八成报告发布时间分布在第一、第二季度，时效性较好。其中，第一季度发布的报告有 338 份，占比 28.6%；第二季度发布的报告有 653 份，占比 55.2%；第四季度发布的报告有

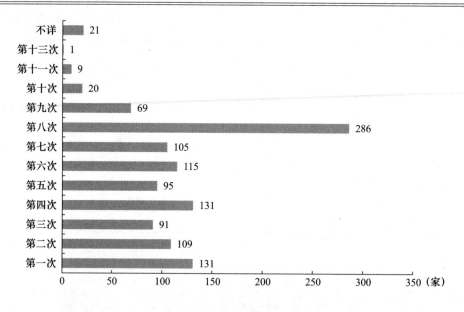

图1-7 发布报告次数分布①

15份，这部分报告发布时间较晚，信息传播的及时性和有效性将在一定程度上受到影响，有待改进。如图1-8所示。

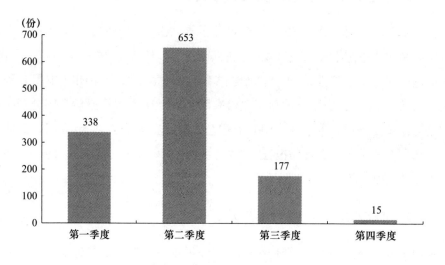

图1-8 报告发布时间分布情况

---

① 21家企业发布的报告未写明发布次数，且在其官方网站上也无法查明，故表示为不详。

（三）报告发布方式平台化渐显

报告发布方式逐渐平台化，集中发布形式日益受到企业青睐。整体看，企业单独发布报告仍占绝大部分，但由第三方机构组织集中发布的方式日渐增多。集中发布的方式大体可分为两类：其一，以省市区为单位集中发布，2016 年，上海市、苏州市、安徽省、贵州省、河南省、广西壮族自治区等所属机构先后组织省市区社会责任报告发布会，鼓励企业集中发布。其二，以行业协会为单位集中发布，如在 2016 年，中国工业经济联合会组织 100 家工业企业联合发布社会责任报告；中国煤炭工业协会召开统一发布会，13 家煤炭企业共同发布社会责任报告；中国林产工业协会组织 8 家林产工业龙头企业发布社会责任报告；第三批试点媒体单位发布社会责任报告，《经济日报》、中央电视台、《中国青年报》、人民网、新华网等 38 家媒体集中发布社会责任报告；湖南省 25 家融资担保机构集中发布 2015 年度社会责任报告等。

四、报告规范性仍需改进

（一）30 页及以下报告数量占比近六成

适度的社会责任报告篇幅是企业与利益相关方交流和沟通的必要条件及保证。通过对报告篇幅分析发现，2016 年，中国企业社会责任报告平均篇幅为34.8 页，能较好地涵盖企业所在行业及年度重大责任议题。页数最多的报告共202 页，而最少的仅 1 页，篇幅差异显著。

1183 份报告中，篇幅为 30 页及以下的报告数量共计 674 份，占比 57.0%，这部分企业的社会责任信息披露较少，尤其是篇幅在 10 页及以下的报告数为 290份，占比接近 1/4。另外，篇幅在 51～70 页、71～90 页、91 页及以上的报告分别为 157 份、119 份、56 份，共占报告总数的 28.1%，这些报告篇幅较长，能较为全面地披露企业在社会责任方面的理念、制度、措施和绩效等信息。

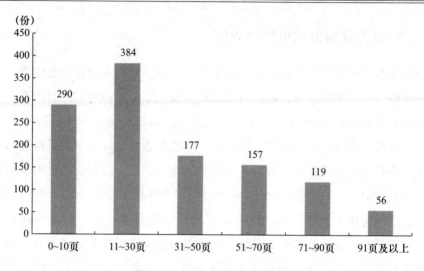

图 1 - 9　2016 年报告篇幅分布

2011 年以来，社会责任报告的篇幅持续增加，篇幅为 50 页以上的报告数量占比由 2011 年的 16.9% 上升到 2016 年的 28.1%，而篇幅为 30 页及以下的报告数量占比由 2011 年的 72.4% 下降到 2016 年的 57.0%，其中 10 页及以下的报告比例由 2011 年的近四成下降到 2016 年的 24.5%。总体来看，我国企业社会责任报告呈现篇幅不断增加、内容不断丰富的态势，如图 1 - 10 所示。

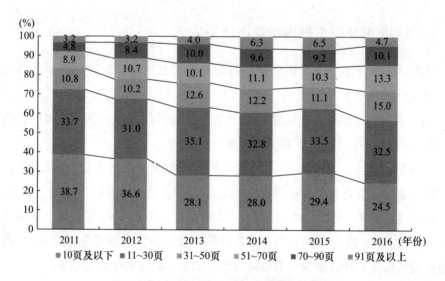

图 1 - 10　2011 ~ 2016 年报告篇幅变化情况

（二）GRI 指南、中国社科院指南是参考最多的编写标准，但三成报告未列举参考标准

2016 年，833 份报告（70.4%）披露了报告编写的参考标准，567 份报告参考两种及以上的标准，在遵守政府部门、监管机构要求的同时注重参考行业协会、学术机构的指引，在注重参考国内指南的同时也注重参考国际相关标准，其中 GRI 指南（339 份）、中国社科院指南（320 份）、上交所指引（277 份）成为最受我国企业青睐的三大社会责任报告编写标准，如图 1 – 11 所示。

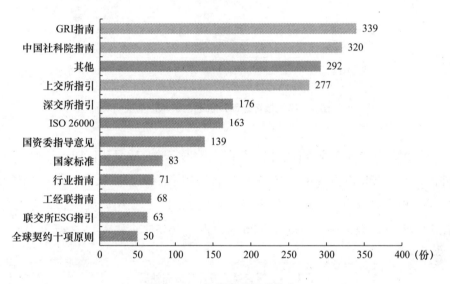

图 1 – 11　报告参考标准分布

（三）近五成报告外部评价或内部承诺不足

企业对其发布的社会责任报告进行外部评价或内部承诺，是提高报告公信力、改善报告质量和提升报告数据可靠性的重要方式和途径。对 1183 份报告进行分析，有 594 份报告进行了外部评价或内部承诺，占比 50.2%，其中，有 483 份企业报告进行了内部承诺，对报告内容的真实性、准确性和完整性进行了保证和承诺；有 158 份报告进行了第三方外部评价。而有 589 份报告未进行任何外部

评价或内部保证，占比达49.8%，近五成报告可靠性有待提升。

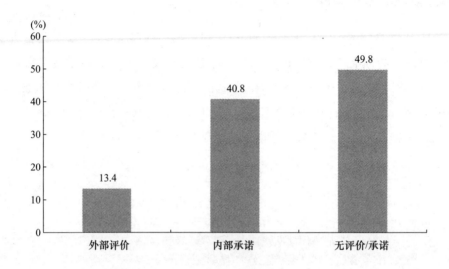

图1-12 报告外部评价或内部承诺情况

外部评价可分为专家点评、报告评级、数据审验、质量认证四种类型。在进行外部评价的158份报告中，有63份报告采用了中国企业社会责任报告评级，占比39.9%；专家点评次之，为36份，占比22.8%；采用质量认证的为33份，占比20.9%；而数据审验的报告为26份，占比16.5%。如表1-2所示。

表1-2 报告第三方评价分布情况 单位：份

类型	总数	组织方	数量
数据审验	26	普华永道中天会计师事务所	9
		德勤华永会计师事务所	5
		安永华明会计师事务所	4
		毕马威华振会计师事务所	3
		立信会计师事务所	2
		罗兵咸永道会计师事务所	2
		上会会计师事务所	1

类型	总数	组织方	数量
质量认证	33	上海质量体系审核中心	7
		汉德技术监督服务（亚太）有限公司	5
		必维国际检验集团	5
		SGS	3
		劳氏质量认证（上海）有限公司	2
		DNV 管理服务集团	2
		中国纺织工业联合会	2
		德国莱茵 TüV 集团	1
		香港品质保证局	1
		山西省煤炭工业协会	1
		中国轻工业联合会	1
		安徽省社会科学院	1
		贵州省工业与知识经济联合会	1
		贵州省食品工业协会	1
专家点评	36	专家个人	36
报告评级	63	中国社会科学院企业社会责任研究中心	63

五、平衡性和可比性亟待提升

（一）超五成企业平衡性不足，"报喜不报忧"现象依然存在

平衡性要求是为了避免出现企业在编制报告的过程中对经济、社会、环境消极影响或损害的故意性遗漏，影响利益相关方对企业社会责任实践与绩效的准确判断。平衡性指标包括负面数据信息及相关负面事件的阐述。负面数据披露是指企业主动披露的负面定量数据，如安全生产伤亡人数、员工职业病发生例数等；负面事件披露是指企业详细阐述负面事件发生的原因、经过、处理过程及后续防

范措施。

1183 份报告中，共有 54 家企业进行了负面事件的披露，占比 4.6%，负面事件主要聚焦在问题产品召回、安全生产事故、客户投诉处理等方面。575 家企业进行了负面数据的披露，占比 48.6%。其中，495 家企业披露了 1~5 条负面数据，占比 86.1%；披露 6 条以上负面数据的企业有 80 家，占比 13.9%。这部分企业的平衡性表现较好。

从企业性质看，682 家国有企业中，共计 343 家企业披露了负面数据，占比 50.3%、57 家外资企业（55.3%）对负面数据进行了披露，而民营企业（182 家，占比 45.7%）对负面数据的披露比率则不足五成。

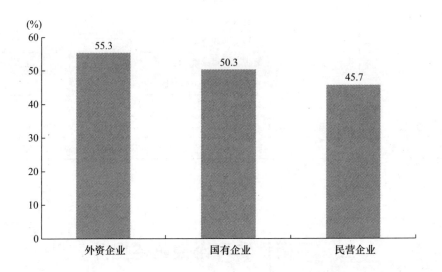

图 1-13　不同性质企业负面数据披露情况

（二）纵向可比性好于横向可比性，国企、外资表现优于民企

可比性是指企业披露的关键定量指标，分为纵向可比和横向可比，纵向可比是指企业将报告期的责任绩效与历史绩效进行比较；横向可比是指企业将报告期的责任绩效与同行业进行比较。企业披露可比数据，有助于利益相关方对企业的责任表现进行准确的分析和判断。

1183 份报告中，在纵向可比数据披露方面，624 份（52.7%）报告披露了连续 3 年及以上的定量绩效数据，近八成报告披露数据在 10 条以下；105 份（8.9%）报告数据超过 30 条，能够较好地满足相关方对数据信息的需求，其中，中国移动、宝钢集团等 5 家企业披露数据在 100 条以上，表现优异。在横向可比数据披露方面，有 437 份报告披露了行业绩效对比信息，占比 36.9%，纵向可比性好于横向可比性。如图 1 – 14 所示。

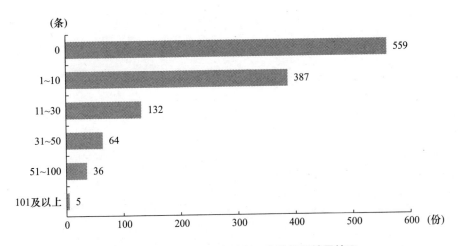

图 1 – 14 社会责任报告纵向可比性数据披露情况

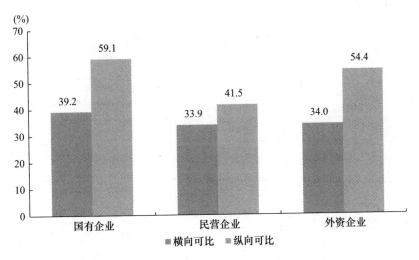

图 1 – 15 不同性质企业可比性数据披露情况

　　从企业性质来看，在纵向可比性方面，国有企业（403份，占比59.1%）和外资企业（56份，占比54.4%）好于民营企业（165份，占比41.5%）。在横向可比性方面，国有企业报告有267份，占比39.2%；外资企业报告有35份，占比34.0%，民营企业报告有135份，占比33.9%。整体看，国有企业和外资企业在可比性数据披露方面好于民营企业，如图1－15所示。

第二章　中国企业社会责任报告前沿议题分析

本章从信息披露的角度对利益相关方关注的社会责任前沿议题进行分析。本章前沿议题的选择主要是根据国内外企业社会责任报告的最新发展趋势与特征，结合国家相关战略与政策，重点探讨企业发布的社会责任报告中是否披露了实质性议题识别、社会责任管理制度、社会责任战略规划、利益相关方参与等议题，从股东、政府、员工、合作伙伴、社会、环境等利益相关方角度，选取"环境管理"、"节能减排"、"碳排放核查与审验"、"碳减排目标"、"供应商管理"、"责任采购"等多个社会热点议题进行分析，以辨析企业社会责任议题披露水平。

一、责任管理披露不足

（一）14.5%的企业披露实质性议题的识别过程

企业社会责任实质性议题由企业行业属性、经营环境及关键利益相关方等方面决定，实质性议题的识别有利于促进与利益相关方的沟通，加强企业运营管理的透明度，从而提升企业的战略性决策。需要指出的是，企业履行社会责任的实质性议题并非一成不变，它会随国家相关政策、企业重大事项、利益相关方关注点等方面的变化而发生改变。因此，企业应强化实质性议题的识别和管理，披露实质性议题的筛选过程及结果，针对性地对利益相关方的期望进行反馈，提高信息传递的有效性。

通过对 1183 份报告分析发现，仅有 171 份报告披露了实质性议题的识别过程，占比14.5%，表明中国企业在实质性议题的识别和管理方面有明显不足，亟待提升。从企业性质看，外资企业表现相对较好，有25.2%的外资企业披露了实质性议题的识别过程；国有企业次之，占比17.0%；民营企业表现最差，占比仅为7.3%。如图2-1所示。

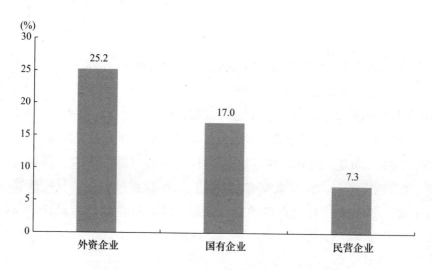

图2-1　不同性质企业的实质性议题识别比较

案例　中国南方电网公司——实质性议题评估

中国南方电网公司采用 GRI（G4.0）指南中推荐的实质性检验流程，从多方面收集内外部信息，根据利益相关方评估以及业务对经济、社会、环境的影响确定议题优先级，最终确立与可持续发展管理息息相关的议题。

中国南方电网公司实质性议题评估主要通过四个步骤进行：

一是议题识别，形成议题库；

二是问卷调查，进行议题评估分析；

三是筛选评估，筛选实质性议题；

四是审核确认，回应实质性议题。

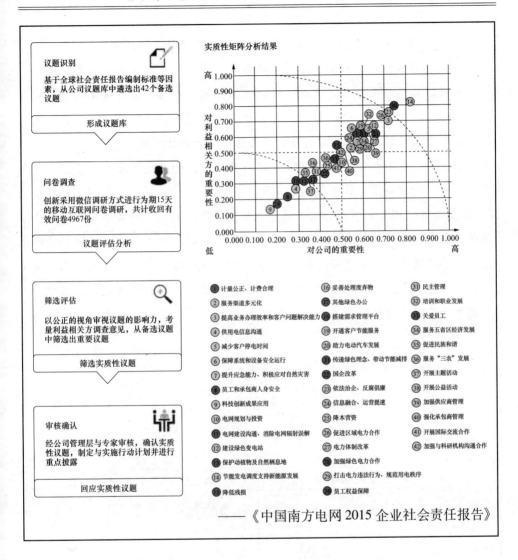

——《中国南方电网 2015 企业社会责任报告》

（二）不足一成企业披露社会责任规划

企业社会责任规划是企业开展社会责任工作的有效指引，是实施企业责任战略的一个重要方面，它明确了企业社会责任工作的关键议题、发展目标、重点任务，能够为企业全面履行社会责任提供工作指导和行动蓝图。

通过对 1183 份报告分析发现，仅有 73 份报告披露了企业社会责任规划，如神华集团、上汽大众、中国节能环保等企业，占比为 6.2%，表明现阶段的大多数中国企业缺乏明确的社会责任目标和长远的责任制度安排。

案例 神华集团——"十三五"社会责任专项规划

神华集团作为我国规模最大、现代化程度最高的煤炭企业和世界上最大的煤炭供应商，始终高度重视履行社会责任，不断推动社会责任融入公司运营管理体系。2015年，神华集团将社会责任规划列为神华集团"十三五"规划中九个专项规划之一，使履行社会责任真正上升到集团战略层面。

在坚持"社会责任目标与战略目标高度统一，追求战略发展与责任承担有机统一"的原则下，神华集团制定的社会责任"十三五"专项规划，提出"按照社会责任国际标准，打造世界一流责任神华"目标，推动公司将社会责任融入企业决策、制度流程、业务运营、日常管理，构建起理念先进、战略清晰、治理规范、沟通顺畅、能力优秀、透明高效的社会责任治理体系，提升公司清洁生产能力和风险防控能力，显著增强资产保值增值能力、国有资本竞争优势以及为利益相关方创造价值的能力。

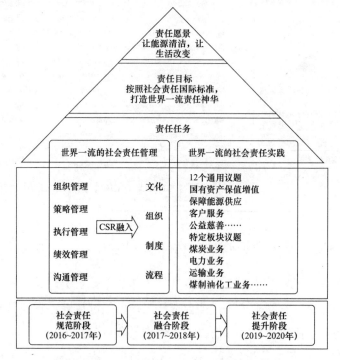

神华集团"十三五"社会责任规划工作思路

——《神华集团2015年度社会责任报告》

（三）31.2%的企业披露社会责任管理相关制度

社会责任工作的开展落实需要有力的制度保证。社会责任管理制度主要包括社会责任沟通制度、信息统计制度和社会责任报告的编写发布等制度。社会责任管理制度是企业持续推进责任治理的重要制度基础和保障。

1183 份报告中，有 369 份报告披露了社会责任管理相关制度，占比 31.2%，仍有近七成企业未披露任何社会管理制度。从企业性质来看，国有企业表现相对较好，有 50.9% 的国有企业披露了社会责任管理制度，其次是外资企业，占比为 40.8%，民营企业表现相对较差，占比仅为 31.9%。

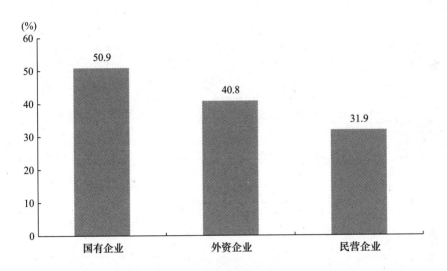

图 2-2　不同性质企业的社会责任管理制度披露情况

案例　中国移动——责任管理十年

从 2006 年开始，中国移动以全球企业社会责任（CSR）管理的通行标准和最佳实践为指引，充分考虑企业运营管理的现实基础，以实效性为原则，创新管理工具和手段，逐步实施了战略性企业社会责任管理。

战略性：以企业战略为根本出发点和指引，追求责任承担与战略发展的

有机统一。

全面性：兼顾经济、社会与环境动态平衡发展，融入企业运作的全方位与全过程，关注和影响全部利益相关方。

系统性：通过有效的组织、制度和流程建设，实现社会责任管理的统筹协调。

开放性：强调利益相关方的参与及反馈，将相关方意见引入企业相关决策和管理改进过程。

CSR指导委员会 （决策层）	公司董事长任主任，总部相关部门共同参与，对公司社会责任战略、目标、规划和相关重大事项进行审议与决策
CSR办公室 （组织层）	CSR办公室设于总部发展战略部，负责牵头组织、协调横向各专业部门、纵向各下属单位的可持续发展工作，推动可持续发展战略实施及目标达成
横向各专业部门 纵向各下属单位 （实施层）	总部专业部门依据职责分工实施可持续发展关键议题归口管理，完成从策略、执行到评估的闭环管理 各下属单位战略管理责任部门承担CSR管理推进职责，建立跨部门及跨层级虚拟团队，组织落实CSR工作

中国移动企业社会责任组织体系

中国移动企业社会责任管理体系

—— 《中国移动通信集团公司 2015 年可持续发展报告》

二、高耗能企业碳信息披露亟待改进

2016 年，在国务院公布的《"十三五"控制温室气体排放工作方案》中，明确指出 2017 年启动全国碳排放交易市场，钢铁、石化等高耗能行业①将被逐步纳入该交易市场。国家层面碳排放相关政策的出台，对中国企业的碳排放相关制度建设提出了明确要求和重大挑战，同时也将对推动中国企业碳信息披露具有直接的促进作用。

通过对 1183 份报告研究分析，有超四成企业均在社会责任报告中披露了企业的碳排放或碳减排数据表现，然而披露方式较为随意、松散或矛盾，透明度也参差不齐，不同企业之间难以进行比较。因此，本研究通过所设置的"碳排放核查、碳数据审验、碳减排目标"三个指标，以期比较明确地考察企业披露的"碳"相关信息。

对 1183 份报告进行分析，并根据《中华人民共和国 2015 年国民经济和社会发展统计公报》指出的六大高耗能行业分类，高耗能企业发布的报告有 677 份，在这些报告中，披露了"碳排放核查、碳数据审验、碳减排目标"等"碳"信息的企业数量不足 6.5%，且主要聚焦于石油石化、煤炭开采、钢铁等高耗能行业。

具体而言，在"碳排放核查、碳数据审验"方面仅有 29 份报告披露了相关信息，主要聚焦于房地产、石油石化、电子、电力、工业化学品制造、金属以及煤炭等行业，如中国石油化工股份有限公司、中国海洋石油总公司、中国化工集团公司、神华集团有限公司等在开展碳排放核查、进行碳数据审验方面均有所行动；而在制定比较详细而具体的"碳减排目标"方面仅有 25 份报告披露了相关信息。可见，全国碳排放交易市场建立和碳政策落地实施在即，我国相关企业在"碳"制度建设和"碳"信息披露方面却任重而道远。

---

① 《中华人民共和国 2015 年国民经济和社会发展统计公报》指出，六大高耗能行业分别为：化学原料及化学制品制造业、非金属矿物制品业、黑色金属冶炼及压延加工业、有色金属冶炼及压延加工业、石油加工炼焦及核燃料加工业、电力热力的生产和供应业。

案例　中石化股份——碳资产管理

2015 年，中国石化发布《中国石化碳资产管理办法（试行)》等制度，加强碳资产管理；建立温室气体排放统计、监测、管理体系，深化完善碳资产管理信息系统功能模块建设；开展相关研究，确定石化产品碳足迹研究方法。

1. 碳盘查

中国石化继续推进碳盘查工作。根据 ISO14064 标准，连续五年对所属企业的炼化装置和站库逐一进行温室气体盘查，并经过了第三方国际核查机构核查。

2. 碳捕集

中原油田等附属企业积极开展二氧化碳捕集、封存、利用试验研究，增加可采储量，提高原油采收率。截至 2015 年底，累计注入二氧化碳约 270 万吨、增油 23.5 万吨；在油田企业推广应用甲烷回收利用技术，全年回收甲烷约 2 亿立方米，减少温室气体排放约 300 万吨二氧化碳当量。

3. 碳交易

2015 年，中国石化继续参与碳交易，碳交易试点企业均按要求完成碳配额履约和碳交易，交易量约 180 万吨，交易额近 5400 万元。截至 2015 年底，中国石化累计交易量约 390 万吨、交易额约 1.4 亿元，约占国内交易总量和交易额的 8%。

——《中国石油化工股份有限公司 2015 年可持续发展报告》

三、外资企业责任采购披露较好

责任采购是指将履行社会责任的理念和要求全面融入企业的采购全过程中，以保证企业所采购的产品和服务是饱含"责任"的，同时也确保企业的采购交易行为是负责的。它主要包含三个层次：一是严格采购符合质量、环保、劳工标准、合规经营的公司的产品或（及）服务；二是对供应商进行社会责任评估和调查；三是通过培训等措施提升供应商履行社会责任的能力。

在责任采购披露方面，外资企业的信息披露表现相对较为突出，近三成外资企业披露了该方面的信息；而国有企业和民营企业表现相对不足，披露率均不足两成。如图 2－3 所示。

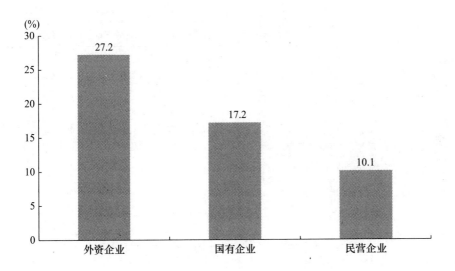

图 2－3   不同性质企业责任采购信息披露情况

案例   佳能（中国）——责任供应链

佳能（中国）将社会责任理念全面融入供应链之中，实现从供应商开发、选择、交易、评估到绩效改进的全流程覆盖，同时加强化学物质、冲突矿产管理等，形成多方面、立体化的责任供应链。

1. 采购与供应商管理

佳能（中国）遵循公平、公正、公开的采购原则，通过融入社会责任理念的供应链管理机制，持续引导供应商形成"责任共同体"的统一认识，关注环境、社会影响，共同为客户提供安全、可靠的优质产品。

2015 年，佳能（中国）修订完成第 7 版《采购与供应商集中管理规定》和《采购担当行为准则》、《佳能亚洲营销集团（CAMG）促销品采购操作规则》等一系列供应链管理规定，进一步完善了责任供应链体系。佳能（中国）将社会责任因素作为供应链管理中的重要考核指标，促进供应商提高对生产运营条件、劳工人权、产品环保性等议题的关注。

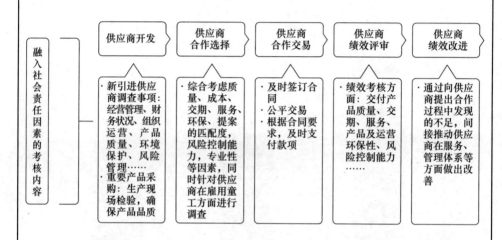

融入社会责任理念的佳能（中国）供应商管理流程

2. 化学物质管理

电子信息产品中含有的化学物质可能造成环境污染，也可能危害人体健康和安全。佳能在严格控制化学物质使用的同时，严格执行化学品采购流程，并要求供应商遵守相关的化学物质管理规定，确保产品安全优质。

3. 冲突矿产管理

为了让客户放心使用佳能产品，佳能自 2012 年起倡导各方伙伴共同应对冲突矿产问题，并于 2013 年全面启动对各生产企业的调查，截至 2015 年 2 月，未发现依照美国法律的规定明显成为冲突地区资金来源的零部件和材料。尽管调查持续周期长，供应链环节复杂，但是佳能以打造负责任的供应链为原则，持续对供应商进行冲突矿产使用情况调查，并呼吁金属冶炼厂避免使用冲突矿产。2015 年 4 月，佳能加入了"电子行业公民联盟"（Electronic

Industry Citizenship Coalition，EICC）发起成立的"无冲突矿产倡议组织"（Conflict – Free Sourcing Initiative，CFSI），并在官方网站公开了冲突矿产应对报告，供利益相关方查阅。

报告评级篇：
中国企业社会责任报告评级（2016）

第三章　评级概述

为进一步推动、规范我国企业社会责任报告编制工作，2010 年 3 月，中国社会科学院经济学部企业社会责任研究中心（以下简称"中心"）在各界专家的支持下，依据《中国企业社会责任报告编制指南（CASS - CSR 1.0)》，制定并发布我国第一份社会责任报告评价标准——《中国企业社会责任报告评级标准（2010)》。中心邀请了我国社会责任研究者、企业社会责任实践者以及各行业专家共同组成开放的"中国企业社会责任报告评级专家委员会"，负责对企业社会责任报告进行评级，秉承"科学、公正、合理、开放"的原则，希望通过报告评级与社会各界共同推动我国企业社会责任的发展。

2014 年 1 月，中心发布了新版评级标准——《中国企业社会责任报告评级标准（2014)》，在"六性"（完整性、实质性、平衡性、可比性、可读性、创新性）评价标准的基础上，增加了"过程性"评价指标，即对社会责任报告的全生命周期管理进行评价。中国企业社会责任报告评级专家委员会秘书处抽调专家组成评级小组，前往企业进行实地评估，与企业社会责任管理代表面对面交流，了解企业社会责任报告编制过程，查看报告编制过程性资料，从组织、启动、参与、界定、撰写、发布及反馈等角度，对报告过程性管理进行评估，实现以报告促管理的目的。

截至 2016 年 11 月 30 日，累计为 325 份中外企业社会责任报告提供评级服务。其中 2016 年度评级企业数量与 2015 年基本持平，为 64 份。中国社会科学院企业社会责任研究中心报告评级对企业社会责任报告编写规范化，企业社会责任信息透明化起到了巨大的推动作用。

一、评级企业及报告概况

（一）评级企业数量与 2015 年基本持平

截至 2016 年 11 月底，2016 年中国企业社会责任报告评级专家委员会对中国石化、民生银行、LG（中国）等 64 家国内外大型企业的社会责任报告进行了评级，总体与 2015 年评级企业数量持平。

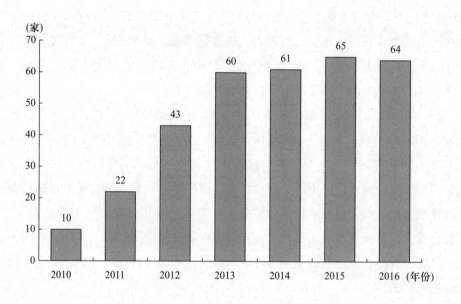

图 3 - 1　2010～2016 年报告评级企业数量

（二）报告评级范围和影响力不断扩大

2016 年，报告评级地域从 2010 年的 4 个省（直辖市）增加到 2016 年的 8 个省（直辖市），分别是北京、上海、广东、山西、河北、天津、湖北、吉林；随着评级企业数量的增加，评级企业的范围和影响力呈现逐渐扩大的趋势，报告评级服务获得越来越多企业的认可和肯定，报告评级已成为我国企业社会责任报告领域最具影响力的第三方评价服务。

（三）评级企业社会责任报告质量不断提升

在 2016 年参与评级的 64 家企业中，31 份报告为五星级，如中国石化、南方电网、中国华电、中国三星；28 份报告被评为四星半级，如中国一汽、中国民生银行、LG（中国）、太原钢铁；5 份报告被评为四星级。总体看，2016 年与 2015 年、2014 年、2013 年相比，五星级报告数量持续增加，而三星半级和四星级报告不断减少，表明评级企业社会责任报告呈现出报告质量不断提升、优秀报告不断增多的态势。

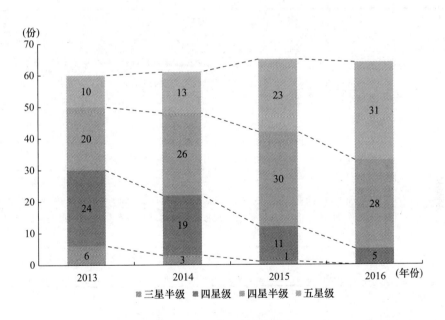

图 3－2　2013～2016 年评级报告星级分布情况

二、评级报告质量分析

（一）评级报告"七性"介绍

报告评级主要是指通过七项指标对社会责任报告的质量进行评级，七项指标分别为：过程性、实质性、完整性、平衡性、可比性、可读性和创新性。具体如表3-1所示。

表3-1 报告评级"七性"

指标	内容
过程性	过程性涉及生命周期管理中的组织、启动、参与、界定、撰写、发布和反馈七个过程要素
实质性	企业社会责任议题的重要性和关键性受到企业经营特征的影响。具体来说，企业社会责任报告披露内容的实质性由企业所属行业、经营环境和企业的关键利益相关方等决定
完整性	完整性从两个方面对企业社会责任报告的内容进行考察：一是责任领域的完整性；二是披露方式的完整性
平衡性	平衡性要求是为了避免出现企业在编写报告的过程中对企业的经济、社会、环境消极影响或损害的故意性遗漏，影响利益相关方对企业社会责任实践与绩效的判断
可比性	可比性体现在两个方面：纵向可比与横向可比，纵向可比性是同一指标的历史可比性，横向可比性是同一指标的企业之间的可比程度和企业与同行业平均水平的可比程度
可读性	结构清晰，条理清楚；语言流畅、简洁、通俗易懂；通过图表使表达形式更加直观；对专业词汇做出解释；方便阅读的排版设计
创新性	社会责任报告的创新性主要体现在两个方面：报告内容的创新和报告形式的创新。创新不是目的，通过创新提高报告质量才是根本

（二）评级报告质量分析

通过对64份参与评级的社会责任报告"七性"得分进行分析，实质性平均得分最高，达到90.8分，总体处于五星级水平，表现卓越；而过程性、完整性、平衡性、可比性、可读性和创新性总体处于四星半级，表现领先。具体分析如图3-3所示。

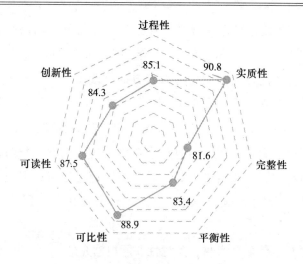

图 3-3　评级报告七性得分比较

1. 报告过程性管理可圈可点，利益相关方参与仍需加强

64 份评级报告过程性平均得分为 85.1 分，整体表现领先，超八成评级企业的过程性表现为四星半级及以上水平，其中中国南方电网、中国移动、华润集团、中国三星、松下（中国）、佳能（中国）等 19 家企业的报告过程性管理表现为五星级，充分体现了报告在管理提升方面的价值。

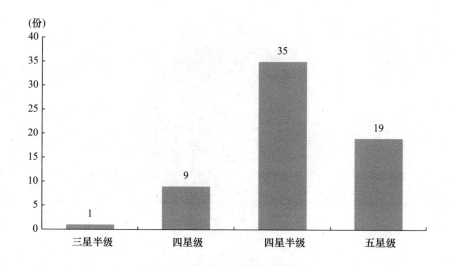

图 3-4　2016 年评级报告过程性星级分布

具体来说，大多数评级企业社会责任报告工作得到了高层领导的重视和支持，并且成立报告编制牵头部门和团队，能够通过适当的方式对报告进行传播。然而，仍有不少企业在相关方沟通与参与方面表现不佳。从相关方调查的内容看，主要集中于客户满意度、员工敬业度等单项调查，就企业社会责任工作的全面调查尚欠缺；从调查的形式看，以问卷调查收集相关方意见的形式居多，深入下属企业调研、召开相关方意见征求会和研讨会的形式较少；从相关方参与的角度看，对相关方及重要性的识别较多，但通过适当的渠道和形式让相关方参与进企业社会责任活动和报告中较少，利益相关方参与沟通须进一步加强。

2. 报告实质性整体表现卓越，关键性议题披露充分

实质性主要考察社会责任报告对企业所属行业关键性议题的覆盖程度。64份评级报告实质性平均得分为90.8分，76.6%的报告实质性得分在90分及以上，整体表现卓越，关键性议题披露充分、系统，相对于其他"六性"表现最好。

其中，中石化集团、中国华电、神华集团、东风汽车、中国电信、华润电力、现代汽车（中国）、LG（中国）、松下（中国）等49家企业的报告实质性为五星级，对所在行业的关键性议题把握精准、披露充分，如图3-5所示。

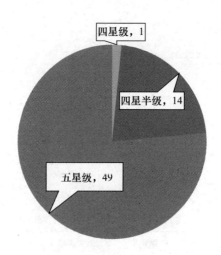

四星级，1

四星半级，14

五星级，49

图3-5 2016年评级报告实质性得分情况（份）

3. 报告完整性整体表现欠佳，核心指标披露有待提升

完整性主要考察社会责任报告披露关键指标的充分性。64 份评级报告完整性平均得分为 81.6 分，七成评级报告完整性得分在 80 分及以上，整体表现领先，相对于其他"六性"表现相对最差。

其中，中国南方电网、中国移动、中国建材、中国节能环保、中国黄金、中国铝业、华润置地 7 家企业的报告完整性为五星级，对所在行业的核心指标的披露全面、充分。

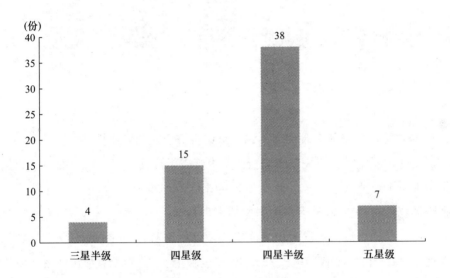

图 3 - 6　2016 年评级报告完整性得分情况

4. 报告平衡性整体表现领先，负面事件披露略显不足

平衡性主要考察社会责任报告内容是否中肯，是否披露了企业发生的实质性的负面信息。64 份评级报告平衡性平均得分为 83.4 分，近七成评级报告平衡性得分在 80 分及以上，整体表现领先。

其中，中国移动、东风汽车、华润集团、中国海油、远洋集团、中国大唐等23 家企业的报告平衡性为五星级，较好地披露了企业在报告期内的负面数据和负面事件。需要指出的是，64 份评级报告中，有 22 份报告并未对企业负面事件进行披露和分析，占比达 34.4%，负面事件披露略显不足。

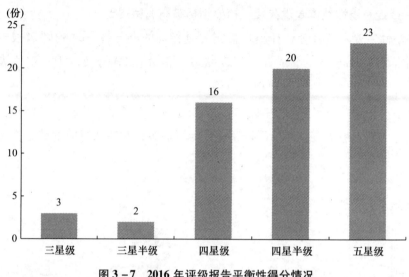

图 3 - 7　2016 年评级报告平衡性得分情况

5. 报告可比性整体表现突出，纵向可比性好于横向可比性

可比性主要考察企业关键绩效指标是否披露了连续三年及以上的历史数据以及是否披露了行业数据。64 份评级报告可比性平均得分为 88.9 分，超八成的评级报告可比性得分在 80 分及以上，整体表现领先。

其中，中国海油、上汽大众、神华集团、中国移动、中国盐业、中国铝业、现代汽车（中国）、佳能（中国）等 49 家企业的报告可比性为五星级，可比性数据披露比较充分。同时，64 份评级报告中，纵向可比性数据披露率为 100%，而有 8 份报告并未披露横向可比性数据，纵向可比性好于横向可比性。如图 3 - 8 所示。

6. 报告可读性整体表现较好，利于读者阅读和报告传播

可读性主要考察报告的信息披露方式是否易于读者理解和接受。64 份评级报告可读性平均得分为 87.5 分，62 份评级报告可读性得分在 80 分及以上，占比 96.9%，整体表现领先。其中，中国移动、中石化集团、中国建筑、远洋集团、北控集团、佳能（中国）等 30 家企业的报告可读性为五星级，表现卓越，这些报告整体设计符合公司生产经营理念，与企业主营业务密切相关，具有很高的标识度，并且框架清晰、排版精美，设计风格颇具行业特色，显著提高了报告的可读性。

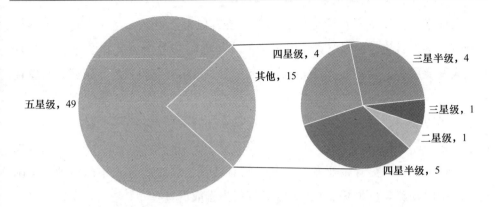

图 3 – 8　2016 年评级报告可比性得分情况（份）

7. 报告创新多样化特征显著，形式与内容表现丰富

创新性主要考察评价报告在内容或形式上是否具有有价值的创新。64 份评级报告创新性平均得分为 84.3 分，54 份评级报告创新性得分在 80 分及以上，占比 84.4%，整体表现领先。其中，中石化集团、中国华能、中国南方电网、华润集团、佳能（中国）、蒙牛等 12 家企业的报告创新性为五星级，表现卓越，如图 3 – 9 所示。

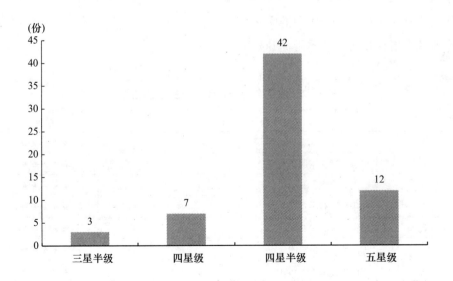

图 3 – 9　2016 年评级报告创新性得分情况

具体来说，2015 年社会责任创新性主要有以下几点：一是注重对热点事件的回应，中国石化、中国电科、中国华能、新兴际华等企业紧扣"十三五"规划五大发展理念，凸显央企责任担当。二是报告章节开篇设置特定形式，总领篇章相关内容，如深圳供电局以"改革"为主题，各篇章均以改革的背景、态度、行动、畅想开篇，提纲挈领地阐述了篇章重点及履责亮点。三是受益于"一带一路"国家战略的推动与实施，不少中央企业发力于海外市场，并将积极发布海外社会责任报告作为提升企业海外竞争力的有力武器。2015 年，中国海油、中国电建、中国五矿等企业发布了海外社会责任报告或设置海外专题，以实现与当地政府、社区的积极沟通。

三、评级结果

在 2016 年参与评级的 64 家企业中，31 家企业的社会责任报告被评为五星级（占比 48.4%），与 2015 年相比，增加 8 家；28 家企业的社会责任报告被评为四星半级（占比 43.8%），比 2015 年减少 2 家；5 家企业的社会责任报告被评为四星级（占比 7.8%），比 2015 年减少 6 家（见表 3 - 2）。总体来看，2016 年度评级企业社会责任报告整体质量提升显著。

表 3 - 2   2015 年评级企业名单及评级结果

序号	评级企业名称	星级
1	中国海洋石油总公司	★★★★★
2	中国石油化工股份有限公司	★★★★★
3	上汽大众汽车有限公司	★★★★★
4	神华集团有限责任公司	★★★★★
5	中国建筑股份有限公司	★★★★★
6	中国移动通信集团公司	★★★★★
7	中国华电集团公司	★★★★★
8	中国南方电网有限责任公司	★★★★★

续表

序号	评级企业名称	星级
9	中国石油化工集团公司	★★★★★
10	中国节能环保集团公司	★★★★★
11	远洋地产控股有限公司	★★★★★
12	中国铝业公司	★★★★★
13	中国蒙牛乳业有限公司	★★★★★
14	中国华能集团公司	★★★★★
15	中国兵器工业集团公司	★★★★★
16	中国建筑材料集团有限公司	★★★★★
17	华润电力控股有限公司	★★★★★
18	东风汽车公司	★★★★★
19	中国大唐集团公司	★★★★★
20	佳能（中国）有限公司	★★★★★
21	松下电器（中国）有限公司	★★★★★
22	北京控股集团有限公司	★★★★★
23	现代汽车（中国）投资有限公司	★★★★★
24	中国机械工业集团有限公司	★★★★★
25	华润置地有限公司	★★★★★
26	中国电子信息产业集团有限公司	★★★★★
27	三星（中国）投资有限公司	★★★★★
28	中国电信集团公司	★★★★★
29	华润（集团）有限公司	★★★★★
30	中国电子科技集团公司	★★★★★
31	中国黄金集团公司	★★★★★
32	越秀地产股份有限公司	★★★★☆
33	朔黄铁路发展有限责任公司	★★★★☆
34	深圳供电局有限公司	★★★★☆
35	天津生态城投资开发有限公司	★★★★☆
36	国家开发投资公司	★★★★☆
37	太原钢铁（集团）有限公司	★★★★☆
38	中国储备棉管理总公司	★★★★☆
39	丰田汽车（中国）投资有限公司	★★★★☆

续表

序号	评级企业名称	星级
40	中国黄金国际资源有限公司	★★★★☆
41	中国民生银行股份有限公司	★★★★☆
42	中国航空工业集团公司	★★★★☆
43	神华国华电力公司	★★★★☆
44	中国交通建设股份有限公司	★★★★☆
45	中国黄金协会	★★★★☆
46	LG（中国）	★★★★☆
47	LG化学（中国）	★★★★☆
48	斗山（中国）投资有限公司	★★★★☆
49	中国旅游集团公司	★★★★☆
50	浦项（中国）投资有限公司	★★★★☆
51	广州百货企业集团有限公司	★★★★☆
52	广汽丰田汽车有限公司	★★★★☆
53	中国航天科技集团公司	★★★★☆
54	台达中国区	★★★★☆
55	中国盐业总公司	★★★★☆
56	三元食品股份有限公司	★★★★☆
57	中国第一汽车集团公司	★★★★☆
58	中国兵器装备集团公司	★★★★☆
59	新兴际华集团公司	★★★★☆
60	上海海立集团（股份）有限公司	★★★★
61	爱茉莉太平洋中国	★★★★
62	中芯国际集成电路制造有限公司	★★★★
63	中国互联网络信息中心	★★★★
64	强生（中国）投资有限公司	★★★★

第四章 评级报告展示（五星级）

一、《中国海洋石油总公司 2015 年可持续发展报告》评级报告

受中国海洋石油总公司委托，"中国企业社会责任报告评级专家委员会"抽选专家组成评级小组，对《中国海洋石油总公司 2015 年可持续发展报告》（以下简称《报告》）进行评级。

一、评级依据

《中国企业社会责任报告编写指南（CASS – CSR 3.0)》暨《中国企业社会责任报告评级标准（2014)》。

二、评级过程

1. 过程性评估小组访谈企业社会责任相关部门成员；

2. 过程性评估小组审查企业及其下属企业社会责任报告编写过程相关资料；

3. 评级小组对企业社会责任报告的管理过程及《报告》的披露内容进行评价。

三、评级结论

过程性（★★★★★）

公司总经理助理牵头成立报告工作组，政策研究室负责报告编写具体工作，

公司董事长、总经理参与报告主题、议题和框架的审核；编写组对利益相关方进行识别，并通过问卷调查、意见征求会等形式收集相关方意见；根据公司重大事项、国家相关政策、行业对标分析及利益相关方调查等识别实质性议题；计划召开专项发布会，并将以微信、微博、H5 版本等形式呈现报告，具有卓越的过程性表现。

实质性（★★★★★）

《报告》系统披露了"贯彻宏观政策"、"产品服务质量管理"、"保障能源供应"、"安全生产管理与应急"、"科技与创新"、"开发新能源"、"积极应对气候变化"等石油天然气开采与加工业关键性议题，叙述详细充分，具有卓越的实质性表现。

完整性（★★★★☆）

《报告》系统披露了"促进经济增长"、"加强环境保护"、"推动社会进步"、"海外责任"等方面的关键性指标，涵盖了石油天然气开采与加工业核心指标的81.5%，完整性表现领先。

平衡性（★★★★★）

《报告》披露了"直接承包商伤亡人数"、"可记录伤害事件数"、"职业病发生次数"、"员工流失率"等负面数据信息，并对公司重大危险源、隐患排查范围及整改进展进行阐述，平衡性表现卓越。

可比性（★★★★★）

《报告》披露了"原油产量"、"研发投入"、"节能减排投入"、"用工规模"、"公益慈善捐款"等40余个关键绩效指标连续3年以上的历史数据，并就"原油产量"、"天然气产量"、"乙烯产量"、"天然气发电量"等指标与全国数据进行对比，可比性表现卓越。

可读性（★★★★☆）

《报告》主题明确，框架合理，逻辑清晰；采用了图片、表格等多种表现形式，易于读者理解；案例丰富，叙述详尽，并对专业词汇进行解释，提高了报告的易读性，具有领先的可读性表现。

创新性（★★★★☆）

《报告》主题、议题及框架的确定由公司高层亲自审核；开篇加入利益相关方的声音，并在各章开头详列利益相关方的关注点及报告的回应点；设置多个专题，深度阐述企业在各关键社会责任议题方面的优秀实践，创新性表现领先。

综合评级（★★★★★）

经评级小组评价，《中国海洋石油总公司 2015 年可持续发展报告》为五星级，是一份卓越的企业社会责任报告。

四、改进建议

增加行业核心指标的披露，进一步提高报告的完整性。

评级小组

组长：中国社会科学院经济学部企业社会责任研究中心主任　钟宏武

成员：中国企业公民委员会副会长　刘卫华

　　　过程性评估员　张蕙、方小静、王志敏

评级专家委员会副主席　　　　评级小组组长

出具时间：2016 年 3 月 7 日

二、《中国石化 2015 年可持续发展进展报告》
评级报告

受中国石油化工股份有限公司委托，"中国企业社会责任报告评级专家委员会"抽选专家组成评级小组，对《中国石化 2015 年可持续发展进展报告》（以下简称《报告》）进行评级。

一、评级依据

《中国企业社会责任报告编写指南（CASS－CSR 3.0）》暨《中国企业社会责任报告评级标准（2014）》。

二、评级过程

1. 过程性评估小组访谈企业社会责任相关部门成员；
2. 过程性评估小组现场审查企业社会责任报告编写过程相关资料；
3. 评级小组对社会责任报告的管理过程及《报告》的披露内容进行评价。

三、评级结论

过程性（★★★★★）

公司董秘局牵头成立报告编写组，公司副总裁参加报告启动会并多次审定报告文稿；编写组对利益相关方进行识别，并通过问卷调查、电话会、座谈会、公众开放日等形式收集相关方意见；根据公司重大事项、国内外相关政策、行业对标分析、利益相关方调查等识别实质性议题；计划通过官方网站、年度业绩发布会等渠道发布报告，并将以简版、微信、微博等形式呈现及传播报告，具有卓越的过程性表现。

实质性（★★★★★）

《报告》系统披露了"贯彻宏观政策"、"成品油质量升级"、"职业健康管理"、"保障安全生产"、"科技与创新"、"新能源开发利用"、"循环经济"、"积极应对气候变化"等石油化工业关键性议题，叙述详细充分，具有卓越的实质性表现。

完整性（★★★★）

《报告》系统阐述了公司2015年在环境、社会及管治方面履行社会责任的理念、制度、行动和绩效，披露了石油化工业75.0%的核心指标，完整性表现优秀。

平衡性（★★★★★）

《报告》披露了"伤亡人数"、"职业病新诊断病例"、"千人事故死亡率"等负面数据信息，并对"供应商/承包商管理"查处事件及整改措施进行阐述，平衡性表现卓越。

可比性（★★★★★）

《报告》披露了"营业收入"、"成品油经营量"、"碳交易量"、"员工人数"、"捐赠支出"等60余个关键绩效指标连续3年以上的历史数据，并就"炼油能力"、"成品油供应"、"乙烯生产"等指标进行国内外横向对比，可比性表现卓越。

可读性（★★★★☆）

《报告》以"责任创造价值"、"责任引领未来"为主题，围绕"创新发展"、"协调发展"、"绿色发展"、"共享发展"、"开放发展"五条主线展开叙述，框架清晰，逻辑性强；图片、表格等形式与文字叙述相得益彰；使用了丰富的案例对社会责任实践进行阐述，具有领先的可读性表现。

创新性（★★★★☆）

《报告》全文围绕"创新、协调、绿色、共享、开放"五大发展理念展开，紧扣国家"十三五"规划，凸显央企责任担当；各章节设置利益相关方证言，增强了报告可信度；吸纳了国际投资者对公司社会责任信息披露的建议，提升了报告的国际性，创新性表现领先。

综合评级（★★★★★）

经评级小组评价，《中国石化2015年可持续发展进展报告》为五星级，是一份卓越的企业社会责任报告。

四、改进建议

增加对公司行业核心指标的披露，进一步提高报告的完整性。

评级小组

组长：中国企业联合会企业创新工作部主任　程多生

成员：北方工业大学经济管理学院副教授　魏秀丽

过程性评估员　张蒽、方小静、王志敏

评级专家委员会副主席　　　　评级小组组长

出具时间：2015 年 3 月 21 日

三、《上汽大众 2015 年度企业社会责任报告》评级报告

受上汽大众汽车有限公司委托，"中国企业社会责任报告评级专家委员会"抽选专家组成评级小组，对《上汽大众 2015 年度企业社会责任报告》（以下简称《报告》）进行评级。

一、评级依据

《中国企业社会责任报告编写指南（CASS－CSR 3.0）之汽车制造业》暨《中国企业社会责任报告评级标准（2014）》。

二、评级过程

1. 过程性评估小组访谈公司社会责任相关部门成员，并现场审查编写过程相关资料；

2. 评级小组对《报告》编写的过程管理及披露内容进行评价，拟定评级报告；

3. 评级报告提交评级专家委员会副主席及评级小组组长共同签字。

三、评级结论

过程性（★★★★☆）

企业公关与传播部门牵头成立报告编写组，公关高级总监统筹和指导报告编写；编写组对利益相关方进行识别，并通过意见征求会、研讨会、问卷调查、相关方访谈等方式收集利益相关方意见；根据公司重大事项、国家相关政策、行业对标分析、利益相关方调查等识别实质性议题；拟以印刷版、电子版等形式呈现报告，具有领先的过程性表现。

实质性（★★★★★）

《报告》系统披露了"贯彻宏观政策"、"客户关系管理"、"确保产品安全

性"、"支持科技研发"、"职业健康管理"、"安全生产"、"新能源交通运输设备的研发"、"能源管理"等汽车制造业关键性议题，叙述翔实，具有卓越的实质性表现。

完整性（★★★★☆）

《报告》从"责任管理"、"员工"、"环境"、"产品"、"供应链"、"社会"等角度披露了汽车制造业核心指标的82.0%，完整性表现领先。

平衡性（★★★★★）

《报告》披露了"职业病发生人次"、"汽车品牌投诉率"等负面数据信息，并以两个典型案例详述企业应对客户投诉的过程，对利益相关方进行积极回应，平衡性表现卓越。

可比性（★★★★★）

《报告》披露了"汽车产量"、"纳税总额"、"研发投入"、"员工总数"、"捐助总额"等60余个关键绩效指标连续3年的历史数据，并就"全年汽车销售量"、"市场用户满意度"等数据与国内同行进行横向比较，可比性表现卓越。

可读性（★★★★☆）

《报告》框架合理，逻辑清晰；图片、表格等表现形式丰富，与文字叙述相辅相成；排版简洁大方，风格清新；各篇章融合汽车元素，凸显行业特色；加入术语解释，利于读者理解，具有领先的可读性表现。

创新性（★★★★☆）

《报告》披露了公司社会责任五年战略，并以该战略为框架，对社会责任实践展开陈述，全篇浑然一体；"读者反馈"板块加入二维码网上链接填写方式，方便利益相关方参与报告编写过程，具有领先的创新性表现。

综合评级（★★★★★）

经评级小组评价，《上汽大众2015年度企业社会责任报告》为五星级，是一份卓越的社会责任报告。

四、改进建议

1. 增加行业核心指标的披露，进一步提高报告的完整性。

2. 加强报告实质性议题分析，提升报告管理水平。

评级小组

组长：中国企业公民委员会副会长　刘卫华

成员：北京工商大学经济学院教授　郭毅

　　　过程性评估员　方小静

评级专家委员会副主席　　　　评级小组组长

出具时间：2016 年 4 月 6 日

四、《神华集团 2015 年度社会责任报告》评级报告

受神华集团有限责任公司委托，"中国企业社会责任报告评级专家委员会"抽选专家组成评级小组，对《神华集团 2015 年度社会责任报告》（以下简称《报告》）进行评级。

一、评级依据

《中国企业社会责任报告编写指南（CASS－CSR 3.0）之煤炭采选业》暨《中国企业社会责任报告评级标准（2014）》。

二、评级过程

1. 过程性评估小组访谈《报告》编制组主要成员，并现场审查编写过程相关资料；

2. 评级小组对《报告》编写过程及披露内容进行评价，拟定评级报告；

3. 评级报告提交评级专家委员会副主席及评级小组组长共同签字。

三、评级结论

过程性（★★★★☆）

集团办公厅社会责任处牵头成立报告编写组，集团副总经理全程指导报告编制，集团总经理审定报告终稿；编写组对利益相关方进行识别，通过相关方访谈、问卷调查等形式收集相关方意见；根据公司重大事项、国内外相关政策、行业对标分析、利益相关方问卷调查等对实质性议题进行界定；计划在煤炭行业社会责任报告发布会上发布报告，将以印刷版、PDF 格式、新媒体、H5 版等形式呈现报告，具有领先的过程性表现。

实质性（★★★★★）

《报告》系统披露了"保障能源供应"、"煤质控制与管理"、"职业健康管

理"、"发展循环经济"、"清洁煤技术研发"、"矿区保育、尾矿处理和矿区生态保护"等煤炭采选业关键性议题，叙述详尽；特别对清洁能源、安全生产等利益相关方关注的重大议题进行回应，具有卓越的实质性表现。

完整性（★★★★☆）

《报告》从"责任融合"、"高质高效"、"安全生产"、"清洁环保"、"驱动变革"、"以人为本"、"奉献爱心"等角度，系统披露了煤炭采选业核心指标的86.0%，完整性表现领先。

平衡性（★★★★☆）

《报告》披露了"百万吨死亡率"、"重大及以上安全生产事故"、"受到党政纪处分人数"、"开展防止贿赂、欺诈及贪污工作挽回的损失金额"、"员工流失率"等负面数据信息，平衡性表现领先。

可比性（★★★★★）

《报告》披露了"营运收入"、"纳税总额"、"安全生产投入"、"万元综合产值能耗"、"残疾员工数"、"职业健康体检覆盖率"、"对外捐赠总额"、"志愿服务总时长"等70余个关键指标连续3年以上的数据；并就"原煤百万吨死亡率"、"企业经济贡献率"等指标进行国际国内横向比较，可比性表现卓越。

可读性（★★★★☆）

《报告》以"让天蓝、地绿、水清"为核心理念，以"路"为主线，从争创一流、做强做优、安全发展、生态文明、创新升级、以人为本、和谐共赢等方面展开叙述，框架清晰，案例丰富，语言简洁流畅；版式新颖，文字与图片相辅相成，设计元素画龙点睛，使报告更具亲和力，具有领先的可读性表现。

创新性（★★★★☆）

《报告》开篇以专题形式，对公司20年来致力于提供清洁能源的举措和成就进行系统阐述，回应了利益相关方的关切；各章开篇均设置"员工说"，展现员工对企业社会责任的感悟，提高了员工参与度；多处插入相关方证言，增强了客观性和说服力，创新性表现领先。

综合评级（★★★★★）

经评级小组评价，《神华集团2015年度社会责任报告》为五星级，是一份卓越的企业社会责任报告。

四、改进建议

增加行业核心指标的披露，进一步提高报告的完整性。

评级小组

组长：中国社会科学院经济学部企业社会责任研究中心主任　钟宏武

成员：中山大学岭南学院教授　陈宏辉

　　　过程性评估员　张蕙、方小静、王志敏

评级专家委员会副主席　　　　　评级小组组长

出具时间：2016 年 4 月 26 日

五、《中国建筑 2015 年可持续发展报告》 评级报告

受中国建筑股份有限公司委托，"中国企业社会责任报告评级专家委员会"抽选专家组成评级小组，对《中国建筑 2015 年可持续发展报告》（以下简称《报告》）进行评级。

一、评级依据

《中国企业社会责任报告编写指南（CASS－CSR 3.0）之建筑业》暨《中国企业社会责任报告评级标准（2014）》。

二、评级过程

1. 过程性评估小组访谈公司社会责任相关部门成员，并现场审查编写过程相关资料；

2. 评级小组对《报告》编写的管理过程及披露内容进行评价，拟定评级报告；

3. 评级报告提交评级专家委员会副主席及评级小组组长共同签字。

三、评级结论

过程性（★★★★☆）

企业文化部牵头成立报告编写组，公司董事长、副总裁负责报告审核；编写组对利益相关方进行识别，并通过问卷调查等方式收集相关方意见；根据公司重大事项、国家相关政策、行业对标分析、相关方调查等识别实质性议题；计划在责任示范项目相关仪式上发布报告，并将以电子版、印刷版、H5 等形式呈现报告，具有领先的过程性表现。

实质性（★★★★★）

《报告》系统披露了"响应国家政策"、"建筑质量管理"、"引领创新发

展"、"农民工权益保护"、"供应链管理"、"安全生产"、"噪声、粉尘、建筑垃圾管理"、"绿色建材使用"等建筑业关键性议题，叙述详细充分，实质性表现卓越。

完整性（★★★★☆）

《报告》从"公司治理"、"员工成长"、"环境保护"、"协同联动"、"持续创新"、"消费者"、"社区参与和发展"七个方面系统披露了建筑业核心指标的87.0%，完整性表现领先。

平衡性（★★★★★）

《报告》披露了"员工流失率"、"亿元产值伤亡率"等负面数据信息，并以案例形式详述企业积极应对"项目违规事件"、"项目安全生产事故"的举措，平衡性表现卓越。

可比性（★★★★★）

《报告》披露了"营业收入"、"环保总投资"、"员工总人数"等50余个关键绩效指标连续3年以上的历史数据，并就"百亿元伤亡率"、"建筑业总产值"、"房屋施工面积"等数据与国内同行进行横向比较，可比性表现卓越。

可读性（★★★★★）

《报告》以"信达天下"为主题，从"公司治理"、"员工成长"、"环境保护"等七条主线展开叙述，框架清晰，构思新颖，诠释出企业对"信"的深刻理解；排版设计贯穿以"信"的元素，浑然一体，整体性强，；并使用丰富的案例对社会责任理念和实践进行阐述，具有卓越的可读性表现。

创新性（★★★★☆）

《报告》开辟"中建在您身边"板块，生动形象地介绍企业五大业务领域；各篇章开头均以"为什么重要、我们的行动、我们做到了"为框架展开叙述，总领性强；封面指纹地图与"信"字印章设计既紧扣主题又别具一格，创新性表现领先。

综合评级（★★★★★）

经评级小组评价，《中国建筑2015年可持续发展报告》为五星级，是一份卓越的企业社会责任报告。

四、改进建议

深化相关方参与，进一步提高报告的过程性。

评级小组

组长：中国社科院经济学部企业社会责任研究中心主任　钟宏武

成员：北方工业大学经济管理学院副教授　魏秀丽

中心过程性评估员　方小静、王志敏

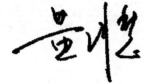

评级专家委员会副主席　　　　　评级小组组长

出具时间：2016 年 4 月 12 日

六、《中国移动通信集团公司 2015 年可持续发展报告》评级报告

受中国移动通信集团公司委托，"中国企业社会责任报告评级专家委员会"抽选专家组成评级小组，对《中国移动通信集团公司 2015 年可持续发展报告》（以下简称《报告》）进行评级。

一、评级依据

《中国企业社会责任报告编写指南（CASS–CSR 3.0）之电信服务业》暨《中国企业社会责任报告评级标准（2014）》。

二、评级过程

1. 过程性评估小组访谈公司社会责任相关部门成员，并现场审查编写过程相关资料；

2. 评级小组对《报告》编写的过程管理及披露内容进行评价，拟定评级报告；

3. 评级报告提交评级专家委员会副主席及评级小组组长共同签字。

三、评级结论

过程性（★★★★★）

发展战略部牵头成立报告编写工作组，公司高层把控报告进度并进行报告终审；编写组对利益相关方进行识别，通过意见征求会、研讨会、问卷调查等形式收集相关方意见；根据公司重大事项、国内外相关政策、国内外行业对标分析、利益相关方调查等对实质性议题进行界定；计划以新媒体方式发布报告，并将以印刷版、电子版、中英文版、精要版等形式呈现报告，具有卓越的过程性表现。

实质性（★★★★★）

《报告》系统披露了"确保通信质量"、"产品服务创新"、"资费透明"、"应对客户投诉"、"客户信息保护"、"保障应急通信"、"缩小数字鸿沟"、"电磁辐射管理"等电信服务业关键性议题；并以客户和"小移"的生动问答方式，对相关方关注的"手机流量跑得快"议题进行回应，具有卓越的实质性表现。

完整性（★★★★★）

《报告》从"连接·沟通"、"连接·创新"、"连接·希望"、"连接·绿色"、"连接·成长"以及"经济绩效"、"环境绩效"、"社会绩效"等角度系统披露了电信服务业核心指标的 90.0%，完整性表现卓越。

平衡性（★★★★★）

《报告》披露了"百万客户申诉率"、"年度处理腐败案件数"、"3G/4G/GSM 网掉话率"等负面数据信息，并以案例形式详述企业"完善电磁辐射沟通"、"开展制止利益输送问题专项治理"事件的过程，平衡性表现卓越。

可比性（★★★★★）

《报告》披露了"营业收入"、"纳税额"、"员工体检率"、"CO_2 排放总量"、"应急通信保障总次数"等 110 余个关键指标连续 3 年以上的数据；并就"全球 4G 网络规模"、"4G 客户净推荐值"、"整体客户满意度"等数据进行国内外横向比较，可比性表现卓越。

可读性（★★★★★）

《报告》以"连接，和你一起"为主题，围绕沟通、创新、希望、绿色、成长五条主线展开叙述，全篇浑然一体；各章节均以背景、行动、2015 年成效、2016 年努力开篇，总领性强；逻辑清晰，语言简洁，案例丰富；图片、表格等表达形式多样，与文字叙述相辅相成；设计风格艳丽明快，提高了报告的悦读性，具有卓越的可读性表现。

创新性（★★★★★）

利益相关方调查及绩效报告议题框架对接 DJSI（道琼斯可持续发展指数）的相关要求，同责任管理、责任评估形成闭环；《报告》主体由"沟通报告"和"绩效报告"两部分构成，有效兼顾了普通读者和专业人士的阅读需求；"责任十年路"专题回顾了企业 10 年来在"责任实践"、"责任管理"、"荣誉认可"方面的成绩，利于相关方宏观了解企业责任历程；各篇多处设置二维码延伸阅读，对报告内容进行扩展，创新性表现卓越。

综合评级（★★★★★）

经评级小组评价，《中国移动通信集团公司 2015 年可持续发展报告》为五星级，是一份卓越的企业社会责任报告。

四、改进建议

增强案例与主题契合度，进一步加强报告的说服力与沟通作用。

评级小组

组长：中国企业联合会企业创新工作部主任　程多生

成员：中国社科院经济学部企业社会责任研究中心常务副主任　张蒽

中心过程性评估员　方小静、王志敏

评级专家委员会副主席　　　　　　评级小组组长

出具时间：2016 年 4 月 19 日

七、《中国华电集团公司2015年度可持续发展报告》评级报告

受中国华电集团公司委托，"中国企业社会责任报告评级专家委员会"抽选专家组成评级小组，对《中国华电集团公司2015年度可持续发展报告》（以下简称《报告》）进行评级。

一、评级依据

《中国企业社会责任报告编写指南（CASS－CSR 3.0）之电力生产业》暨《中国企业社会责任报告评级标准（2014）》。

二、评级过程

1. 过程性评估小组访谈《报告》编制组主要成员，并现场审查编写过程相关资料；

2. 评级小组对《报告》编写过程及披露内容进行评价，拟定评级报告；

3. 评级报告提交评级专家委员会副主席及评级小组组长共同签字。

三、评级结论

过程性（★★★★☆）

公司办公厅新闻处牵头成立报告编写组，通过开展优秀案例评选调动下属企业积极参与，办公厅主任负责审定报告框架及终稿；编写组对利益相关方进行识别，并通过意见征求会、研讨会等方式收集相关方意见；根据公司重大事项、国家相关政策、行业对标分析等识别实质性议题；计划召开专项发布会，并将以电子版、印刷版、H5版、中英文视频等形式呈现报告，具有领先的过程性表现。

实质性（★★★★★）

《报告》系统披露了响应国家政策、保障电力供应、确保安全生产、发展绿色电力、节约资源能源、发展循环经济、新建项目环评等电力生产业关键性议

题，叙述详细充分，具有卓越的实质性表现。

完整性（★★★★☆）

《报告》从"责任管理"、"建设生态文明"、"推进依法治企"、"创造经济效益"、"耕耘海外市场"、"致力社会和谐"、"促进员工成长"等角度披露了电力生产业核心指标的 81.5%，完整性表现领先。

平衡性（★★★★☆）

《报告》披露了"煤炭生产百万吨死亡率"、"机组非计划停运次数"、"人身伤亡事故次数"、"职业病发生次数"、"员工流失率"等负面数据信息，平衡性表现领先。

可比性（★★★★★）

《报告》披露了"发电装机容量"、"主营业务收入"、"供电煤耗"、"捐赠总额"等 80 余个关键指标连续 3 年以上的数据；并就"国有资产保值增值率"、"机组煤耗"等数据与国内外同行进行横向比较，可比性表现卓越。

可读性（★★★★★）

《报告》以"中国华电，度度关爱"责任理念开篇，重点围绕"2015 关爱议题"展开叙述，框架清晰，构思新颖，语言流畅，并使用丰富的案例对责任实践进行阐述。封面设计及责任 Logo 融入"爱"的元素并贯穿全文，浑然一体，也使报告更具节奏感和亲和力，具有卓越的可读性表现。

创新性（★★★★☆）

《报告》设置"十年责任，度度关爱"专题，系统回顾了企业 10 年的履责实践和绩效，利于相关方了解企业责任发展历程；创新报告发布方式，通过网络图文直播和下属企业响应活动，实现线上线下互动，促进了相关方参与和报告传播，创新性表现领先。

综合评级（★★★★★）

经评级小组评价，《中国华电集团公司 2015 年度可持续发展报告》为五星级，是一份卓越的企业社会责任报告。

四、改进建议

增加行业核心指标的披露，进一步提高报告的完整性。

评级小组

组长：中国企业联合会雇主工作部副主任、全球契约中国网络执行秘书长
　　　韩斌

成员：北京工商大学经济学院教授　郭毅
　　　过程性评估员　张蕙、方小静

评级专家委员会副主席　　　　　评级小组组长

出具时间：2016 年 5 月 6 日

八、《中国南方电网 2015 企业社会责任报告》 评级报告

受中国南方电网有限责任公司委托，"中国企业社会责任报告评级专家委员会"抽选专家组成评级小组，对《中国南方电网 2015 企业社会责任报告》（以下简称《报告》）进行评级。

一、评级依据

《中国企业社会责任报告编写指南（CASS – CSR 3.0）之电力供应业》暨《中国企业社会责任报告评级标准（2014）》。

二、评级过程

1. 过程性评估小组访谈《报告》编制组主要成员，并现场审查编写过程相关资料；

2. 评级小组对《报告》编写过程及披露内容进行评价，拟定评级报告；

3. 评级报告提交评级专家委员会副主席及评级小组组长共同签字。

三、评级结论

过程性（★★★★★）

战略策划部牵头成立报告编写组，公司副总经理全程指导报告编制，公司党组会审定报告终稿；编写组对利益相关方进行识别，通过意见征求会、研讨会、问卷调查等形式收集相关方意见；根据公司重大事项、国内外相关政策、行业对标分析、利益相关方微信问卷调查等对实质性议题进行界定；计划举行专项发布会发布报告，将以印刷版、PDF 格式、H5 版等形式呈现报告，并将结合"南网责任周"系列活动对报告进行传播，具有卓越的过程性表现。

实质性（★★★★★）

《报告》系统披露了"减少停电时间"、"提升电能质量"、"提供优质服

务"、"保障安全运行"、"推进绿色供电"、"加强技术创新"、"服务'三农'发展"、"保障员工权益"等电力供应业关键性议题，叙述详细充分，具有卓越的实质性表现。

完整性（★★★★★）

《报告》从"电力供应"、"绿色环保"、"经济绩效"、"社会和谐"、"责任管理"等角度系统披露了电力供应业核心指标的96.5%，完整性表现卓越。

平衡性（★★★★★）

《报告》披露了"百万客户投诉率"、"电能计量故障差错率"、"电力安全事件数"、"人身事故情况"等负面信息，并详述企业进行反腐倡廉、应对安全事故的举措，平衡性表现卓越。

可比性（★★★★☆）

《报告》披露了"营业收入"、"售电量"、"研发投入"、"利税总额"等近40个关键指标连续3年以上的数据；并就"供电可靠性"、"发电量构成"等数据与国内同行进行比较，将"线损率"数据与发达国家进行比较，可比性表现领先。

可读性（★★★★★）

《报告》框架清晰，篇幅适宜，语言流畅，案例丰富；图文并茂，设计精美，形式与内容整体呼应；开篇"业务与价值图"立体展现公司业务流程和创造的价值，利于相关方理解；"专题聚焦"和"南风窗"深度阐述公司在海外履责、抗击台风、深化改革、创新管理等方面的优秀实践，具有卓越的可读性表现。

创新性（★★★★★）

《报告》各篇开头披露"关键议题管理进展"，从背景、策略、能力、行动四方面提纲挈领地阐述本篇重点与履责亮点；"一度电"作为暗线，贯穿主体章节，系统体现责任理念；"'十二五'关键履责绩效"展示公司的成长与蜕变，突出央企责任担当；多处设置二维码，便于利益相关方进行扩展阅读，创新性表现卓越。

综合评级（★★★★★）

经评级小组评价，《中国南方电网2015企业社会责任报告》为五星级，是一份卓越的企业社会责任报告。

四、改进建议

进一步加强连续 3 年以上绩效数据的披露，提高报告的纵向可比性。

评级小组

组长：中国社会科学院经济学部企业社会责任研究中心主任　钟宏武

成员：清华大学公共管理学院教授、博士生导师　邓国胜

　　　过程性评估员　张蒽、方小静

评级专家委员会副主席　　　　　　评级小组组长

出具时间：2016 年 4 月 25 日

九、《中国石油化工集团公司 2015 年社会责任报告》评级报告

受中国石油化工集团公司委托，"中国企业社会责任报告评级专家委员会"抽选专家组成评级小组，对《中国石油化工集团公司 2015 年社会责任报告》（以下简称《报告》）进行评级。

一、评级依据

《中国企业社会责任报告编写指南（CASS－CSR 3.0）之石油化工业》暨《中国企业社会责任报告评级标准（2014）》。

二、评级过程

1. 过程性评估小组访谈《报告》编制组主要成员，并现场审查编写过程相关资料；

2. 评级小组对《报告》编写过程及披露内容进行评价，拟定评级报告；

3. 评级报告提交评级专家委员会副主席及评级小组组长共同签字。

三、评级结论

过程性（★★★★★）

公司宣传工作部牵头成立报告编写工作组，集团社会责任委员会主任、董事长王玉普对报告进行最终审定；工作组对利益相关方进行识别，并通过专家意见征求会、社会监督员座谈会、公众开放日、问卷调查等方式收集相关方意见；根据公司重大事项、国家相关政策、行业对标分析、利益相关方调查等构建议题分析二维矩阵识别实质性议题。计划召开专项发布会，并将以 H5 版、简版等形式呈现报告。下属 7 家公司也在集团指导下编制社会责任报告，总体来看具有卓越的过程性表现。

实质性（★★★★★）

《报告》系统披露了贯彻宏观政策、产品质量管理、保障能源供应、职业安全健康、保障安全生产、产品运输安全保障、强化科技创新、新能源开发利用、发展循环经济、积极应对气候变化、生态保护与恢复等石油化工业关键性议题，叙述详细充分，具有卓越的实质性表现。

完整性（★★★★☆）

《报告》从"创新：驱动效益提升"、"协调：推动持续发展"、"绿色：呵护碧水蓝天"、"开放：共谱合作新篇"、"共享：助力社会和谐"等方面系统披露了石油化工业85.0%的核心指标，完整性表现领先。

平衡性（★★★★☆）

《报告》披露了"千人事故死亡率"、"伤亡人数"、"上报事故数"等负面数据信息，并对违规承包商整治情况进行阐述，平衡性表现领先。

可比性（★★★★★）

《报告》披露了"营业收入"、"环保总投入"、"节能率"、"经营管理岗中女性占比"、"社会捐助"等70余个关键绩效指标连续3年以上的历史数据，并就"炼油能力"、"乙烯生产能力"、"发明专利授权量"等指标与国内外同行进行横向对比，可比性表现卓越。

可读性（★★★★★）

《报告》以"责任创造价值"为主题，紧扣国家"十三五"发展规划，围绕"创新、协调、绿色、开放、共享"五条主线展开叙述，逻辑清晰，语言精练，案例丰富。封面以矢量图形为主体，并辅以设计元素，既表现了企业产品在人们生活中的不可或缺，也表达了携手共建美好社会的愿景，内页设计与内容结合紧密，色彩饱满。"责任油滴"社会责任模型生动诠释"价值创造型企业社会责任"，并以"小知识"的方式对相关专业词汇进行解释，具有卓越的可读性表现。

创新性（★★★★★）

《报告》以"责任大事记"开篇，详述企业年度履责亮点。各篇章均以"我们的理念、我们的行动、我们的绩效"开篇，对内容进行高度概括，总领性强，并以"专题"结尾，通过典型案例对各责任板块亮点进行详述，首尾呼应。"利益相关方沟通"章节详述企业与相关方的互动，文中多处嵌入相关方证言，体现了利益相关方参与，创新性表现卓越。

综合评级（★★★★★）

经评级小组评价，《中国石油化工集团公司 2015 年社会责任报告》为五星级，是一份卓越的企业社会责任报告。

四、改进建议

增加行业核心议题的披露，进一步提高报告的完整性。

评级小组

组长：中国企业联合会企业创新工作部主任　程多生

成员：北方工业大学经济管理学院副教授　魏秀丽

　　　过程性评估员　方小静

评级专家委员会副主席　　　　评级小组组长

出具时间：2016 年 5 月 6 日

十、《中国节能环保集团公司 2015 年社会责任报告》评级报告

受中国节能环保集团公司委托，"中国企业社会责任报告评级专家委员会"抽选专家组成评级小组，对《中国节能环保集团公司 2015 年社会责任报告》（以下简称《报告》）进行评级。

一、评级依据

《中国企业社会责任报告编写指南（CASS – CSR 3.0）》暨《中国企业社会责任报告评级标准（2014）》。

二、评级过程

1. 过程性评估小组访谈《报告》编制组主要成员，并现场审查编写过程相关资料；

2. 评级小组对《报告》编写过程及披露内容进行评价，拟定评级报告；

3. 评级报告提交评级专家委员会副主席及评级小组组长共同签字。

三、评级结论

过程性（★★★★☆）

公司党群工作部牵头成立报告编写组，总经理助理把控报告编写关键节点，董事长、党委书记对报告进行审定；编写组通过意见征求会、研讨会、问卷调查、舆情监测等形式收集相关方意见；根据公司重大事项、国家相关政策、相关方调查等识别实质性议题；计划在"全国节能宣传周"、"2016 中国工业行业企业社会责任报告发布会"上发布报告，并将以电子版、印刷版、H5 版等形式呈现报告，具有领先的过程性表现。

实质性（★★★★★）

《报告》系统披露了产品质量管理、产品服务创新、职业健康管理、安全生

产保障、环保技术和设备的研发与应用、节约能源资源、减少"三废"排放等行业关键性议题，叙述详细充分，实质性表现卓越。

完整性（★★★★★）

《报告》从"践行节能环保"、"推动经济发展"、"守护生命健康"、"开展交流合作"、"实现共享发展"、"真情回馈社会"等角度系统披露了行业核心指标的92.0%，完整性表现卓越。

平衡性（★★★★★）

《报告》披露了"集团员工流失率"、"集团年度新增职业病病例"、"安全生产死亡人数"、"亿元产值死亡率"等负面数据信息，并对公司安全生产事故的现状、处理过程和改进措施进行专题式阐述，具有卓越的平衡性表现。

可比性（★★★★★）

《报告》披露了"营业收入同比增幅"、"研发投入"、"水电发电量"、"废气减排总量"、"社会慈善捐赠总额"等63个关键指标连续3年以上的绩效数据，并就"节能环保建材生产规模"、"生态恢复治理率"等指标与国内外同行进行横向比较，可比性表现卓越。

可读性（★★★★☆）

《报告》框架清晰，逻辑清楚，使用丰富的案例对企业责任理念和实践进行阐述；设计精美细致，以绿色为主基调，凸显了行业特色；各篇章开头均以"我们的理念、我们的行动、我们的荣誉"开篇，提纲挈领地阐述了篇章重点及履责亮点，具有领先的可读性表现。

创新性（★★★★☆）

《报告》开篇设置"报告速览"板块，提炼出各章重点内容，简明扼要，使读者一目了然；开辟"中国节能，在您身边"板块，巧妙结合企业标识，生动形象地展示了公司业务布局和责任理念；多处嵌入利益相关方评价，提升了报告的可信度，创新性表现领先。

综合评级（★★★★★）

经评级小组评价，《中国节能环保集团公司2015年社会责任报告》为五星级，是一份卓越的企业社会责任报告。

四、改进建议

对部分文字和设计进行优化，进一步提高报告的可读性。

评级小组

组长：中国企业联合会企业创新工作部主任　程多生

成员：北方工业大学经济管理学院副教授　魏秀丽

　　　过程性评估员　方小静、王志敏

评级专家委员会副主席　　　　　评级小组组长

出具时间：2016 年 6 月 1 日

十一、《2015 年度远洋地产企业社会责任报告》评级报告

受远洋地产控股有限公司委托，"中国企业社会责任报告评级专家委员会"抽选专家组成评级小组，对《2015 年度远洋地产企业社会责任报告》（以下简称《报告》）进行评级。

一、评级依据

《中国企业社会责任报告编写指南 3.0 之房地产业》暨《中国企业社会责任报告评级标准（2014）》。

二、评级过程

1. 过程性评估小组访谈《报告》编制组主要成员，并现场审查编写过程相关资料；

2. 评级小组对《报告》编写过程及披露内容进行评价，拟定评级报告；

3. 评级报告提交评级专家委员会副主席及评级小组组长共同签字。

三、评级结论

过程性（★★★★☆）

公司经营管理中心牵头成立报告编写小组，公司总裁、副总裁负责报告主题、方向及终稿审定；编写组对利益相关方进行识别，并通过问卷调查、访谈等形式收集利益相关方意见；根据公司重大事项、国家相关政策、行业对标分析、利益相关方调查等识别实质性议题；计划在集团品牌焕新发布会上发布报告，并将以电子版、印刷版、H5 版、微信等形式呈现报告，具有领先的过程性表现。

实质性（★★★★★）

《报告》系统披露了响应国家政策、提供优质服务、确保房屋住宅质量、客户信息保护、新建项目环评、资源循环利用、绿色建筑等房地产业关键性议题，

叙述详细充分，具有卓越的实质性表现。

完整性（★★★★☆）

《报告》从"客户篇"、"经济篇"、"员工与安全篇"、"环境篇"、"民生篇"、"伙伴篇"、"社区篇"等方面系统披露了房地产业核心指标的85.0%，完整性表现领先。

平衡性（★★★★★）

《报告》详细披露了"员工主动/被动离职人数、离职率"、"百万平米事故率"、"百万平米死亡率"、"投诉解决率"等负面数据信息，在较多章节开辟"案例披露与回应"板块，对客户满意度、合同执行、工程质量等方面存在的问题和处理过程进行详细披露，具有卓越的平衡性。

可比性（★★★★★）

《报告》披露了"营业额"、"负债总值"、"客户满意度"、"投诉封闭率"、"员工总人数"、"员工离职率"、"纳税额"、"公益捐赠"等43个关键绩效指标连续3年的可比数据，并就"品牌活跃度"、"客户满意度"、"实测质量水平"等数据与同行业进行横向比较，可比性表现卓越。

可读性（★★★★★）

《报告》以"极致求变、破茧重生"为主题，框架清晰，语言流畅，篇幅适宜；开篇通过7个生动的故事，深入展现企业在各议题内的责任亮点，增加了报告的悦读性；整体设计采用漫画、插画形式，生动活泼，赋予钢筋水泥的地产行业报告以十分亲切的感觉，与文字共同诠释出责任理念与实践，具有卓越的可读性表现。

创新性（★★★★☆）

《报告》编写组对关键利益相关方进行深度访谈，总结成7个故事，全方位、多角度展现了利益相关方对企业履责实践的认同，立意新颖，互动性强；多个篇章开辟"案例披露与回应"板块，对企业履责不足之处及应对措施进行详细展开，表达了企业的沟通诚意，具有领先的创新性表现。

综合评级（★★★★★）

经评级小组评价，《2015年度远洋地产企业社会责任报告》为五星级，是一份卓越的企业社会责任报告。

四、改进建议

增加行业核心指标的披露，进一步提高报告的完整性。

评级小组

组长：中国社科院经济学部企业社会责任研究中心主任　钟宏武

成员：北方工业大学经济管理学院副教授　魏秀丽

　　　过程性评估员　方小静、王志敏

评级专家委员会副主席　　　　　评级小组组长

出具时间：2016 年 6 月 1 日

十二、《中国铝业公司 2015 年社会责任报告》评级报告

受中国铝业公司委托，"中国企业社会责任报告评级专家委员会"抽选专家组成评级小组，对《中国铝业公司 2015 年社会责任报告》（以下简称《报告》）进行评级。

一、评级依据

《中国企业社会责任报告编写指南（CASS－CSR 3.0）》暨《中国企业社会责任报告评级标准（2014）》。

二、评级过程

1. 过程性评估小组访谈《报告》编制组主要成员，并现场审查编写过程相关资料；

2. 评级小组对《报告》编写过程及披露内容进行评价，拟定评级报告；

3. 评级报告提交评级专家委员会副主席及评级小组组长共同签字。

三、评级结论

过程性（★★★★★）

公司研究室牵头成立报告编写组，公司董事长、副总经理负责报告议题、框架、关键内容把控和终稿审定；编写组对利益相关方进行识别，通过意见征求会、研讨会、访谈等形式收集相关方意见；根据公司重大事项、国家相关政策、利益相关方调查、外部专家咨询等对实质性议题进行界定；计划通过专项发布会、"2016 中国工业行业企业社会责任报告发布会"等形式发布报告，并将以电子版、印刷版、中英文版、微信等形式呈现报告，具有卓越的过程性表现。

实质性（★★★★★）

《报告》系统披露了贯彻宏观政策、维护职业健康、安全生产管理、环保技

术研发与应用、减少"三废"排放、水资源管理、应对气候变化、建设生态矿区等所在行业关键性议题，叙述详细充分，具有卓越的实质性表现。

完整性（★★★★★）

《报告》从"公司治理——追求更科学的组织管控"、"员工权益——提升员工幸福感"、"环境保护——提升绿色发展品质"、"公平运营——创造多元商业价值"、"社区参与和发展——贡献和谐社区建设"等角度披露了所在行业核心指标的90.0%，完整性表现卓越。

平衡性（★★★★）

《报告》披露了"资产负债率"、"年度新增职业病病例"、"安全生产事故数"、"员工伤亡人数"、"员工流失率"等负面数据信息，平衡性表现优秀。

可比性（★★★★★）

《报告》披露了"资产总额"、"研发投入"、"纳税总额"、"女性管理者比例"、"万元产值综合能耗变化率"、"工业固体废弃物综合利用率"等88个关键绩效指标连续3年以上的数据，并对"采矿回采率"、"选矿回收率"、"铝产品国内市场份额"等数据进行国内外横向比较，可比性表现卓越。

可读性（★★★★★）

《报告》以"点石成金，造福人类"责任理念为主题，围绕"理念篇、行动篇、绩效篇"展开叙述，框架清晰，语言流畅，篇幅适宜，并使用丰富案例对履责实践进行阐述；封面、各章开篇及内文设计均以手绘为主元素，与内容浑然一体，生动展示企业履责实践；多处设置"知识窗"形式，对报告内容进行扩展，并对专业术语进行解释，显著提高了报告的易读性，具有卓越的可读性表现。

创新性（★★★★★）

《报告》开篇设置"五年一台阶——中铝公司'十二五'社会责任工作总结"责任专题，深度阐述企业履责亮点，凸显央企责任担当；各章开篇简述企业责任理念、行动和关键绩效，提纲挈领，总领性强；多处设置二维码和利益相关方评价，提升了报告的延展性和可信度，创新性表现卓越。

综合评级（★★★★★）

经评级小组评价，《中国铝业公司2015年社会责任报告》为五星级，是一份卓越的企业社会责任报告。

四、改进建议

增加负面数据及履责不足之处的披露，进一步提高报告的平衡性。

评级小组

组长：中国企业联合会企业创新工作部主任　程多生

成员：中国社科院企业社会责任研究中心常务副主任　张蒽

　　　过程性评估员　方小静、王志敏

评级专家委员会副主席　　　　　　评级小组组长

出具时间：2016 年 6 月 15 日

十三、《中国蒙牛乳业有限公司可持续发展报告 2014～2015》评级报告

受中国蒙牛乳业有限公司委托，"中国企业社会责任报告评级专家委员会"抽选专家组成评级小组，对《中国蒙牛乳业有限公司可持续发展报告 2014～2015》（以下简称《报告》）进行评级。

一、评级依据

《中国企业社会责任报告编写指南 3.0 之食品行业》暨《中国企业社会责任报告评级标准（2014）》。

二、评级过程

1. 过程性评估小组访谈《报告》编制组主要成员，并现场审查编写过程相关资料；
2. 评级小组对《报告》编写过程及披露内容进行评价，拟定评级报告；
3. 评级报告提交评级专家委员会副主席及评级小组组长共同签字。

三、评级结论

过程性（★★★★☆）

公司成立可持续发展管理委员会，由总裁担任可持续发展管理委员会主任；公共事务管理系统企业社会责任部牵头成立报告编写小组，总裁、分管副总负责把控报告整体方向，并对报告进行审定；编写组对利益相关方进行识别，并通过问卷调查、访谈等方式收集部分利益相关方的意见；根据公司重大事项、国家相关政策、行业对标分析、利益相关方调查等识别实质性议题；计划参加"2016中国工业经济行业企业社会责任报告发布会"，并以电子版、印刷版、中英文版、H5 版等形式呈现报告，具有领先的过程性表现。

实质性（★★★★★）

《报告》系统披露了原材料安全卫生管理、食品安全管理、食品信息披露和广告宣传合规、员工权益保护、节约能源资源、绿色采购、发展循环经济、产品包装材料减量化、绿色储运管理等食品行业关键性议题，叙述详细充分，具有卓越的实质性表现。

完整性（★★★★☆）

《报告》从"可持续发展管理"、"营养健康"、"成长共赢"、"绿色发展"、"有你最美"等角度披露了食品行业核心指标的83.0%，完整性表现领先。

平衡性（★★★★）

《报告》披露了"违法案件数"、"因公伤亡人数"、"六层级及以上员工流失率"等负面数据信息，并以"牛奶的力量"的案例形式，击破牛奶谣言，具有优秀的平衡性。

可比性（★★★★☆）

《报告》披露了"研发投入"、"总员工数"、"采购合同履约率"、"环保技术改造投入"、"COD减排量"、"对外公益总投入"等32个关键指标连续3年以上的数据；并就"全球乳业企业排名"、"中国500强企业排名"等数据在国内外行业内进行横向比较，可比性表现领先。

可读性（★★★★☆）

《报告》框架清晰，篇幅适宜，语言简洁流畅；设计风格明快艳丽，令人耳目一新；封面及正文设计均融入较多"牛奶"元素，凸显行业特色，提高报告悦读性，具有领先的可读性表现。

创新性（★★★★★）

《报告》各篇章开头披露"DMA"，从目标、顶层设计、能力升级、管理绩效四方面提纲挈领地阐述篇章重点与履责亮点；多处嵌入利益相关方证言，提升了报告的可信度；设置二维码链接，便于利益相关方进行扩展阅读，创新性表现卓越。

综合评级（★★★★★）

经评级小组评价，《中国蒙牛乳业有限公司可持续发展报告2014~2015》为五星级，是一份卓越的企业社会责任报告。

四、改进建议

增加负面数据或履责不足之处的披露，提高报告的平衡性。

评级小组

组长：中国企业联合会雇主工作部副主任、全球契约中国网络执行秘书长
　　　韩斌

成员：中国社科院企业社会责任研究中心常务副主任　张蒽
　　　过程性评估员　方小静、王志敏

评级专家委员会副主席　　　　评级小组组长

出具时间：2016 年 11 月 4 日

十四、《中国华能集团公司 2015 年可持续发展报告》评级报告

受中国华能集团公司委托，"中国企业社会责任报告评级专家委员会"抽选专家组成评级小组，对《中国华能集团公司 2015 年可持续发展报告》（以下简称《报告》）进行评级。

一、评级依据

《中国企业社会责任报告编写指南（CASS－CSR 3.0）之电力生产业》暨《中国企业社会责任报告评级标准（2014）》。

二、评级过程

1. 过程性评估小组访谈《报告》编制组主要成员，并现场审查编写过程相关资料；

2. 评级小组对《报告》编写过程及披露内容进行评价，拟定评级报告；

3. 评级报告提交评级专家委员会副主席及评级小组组长共同签字。

三、评级结论

过程性（★★★★☆）

公司政工部牵头成立报告编写组，公司副总经理全程指导报告编制并审定报告终稿；编写组对利益相关方进行识别，并通过意见征求会、专家研讨、案例征集等方式收集相关方意见；根据公司重大事项、国家相关政策、行业对标分析等识别实质性议题，计划召开专项发布会发布报告，并将以电子版、印刷版、H5版、中英文版等形式呈现报告，具有领先的过程性表现。

实质性（★★★★★）

《报告》系统披露了响应国家政策、保障电力供应、确保安全生产、发展绿色电力、节约资源能源、发展循环经济、保护生态环境、碳资产管理等电力生产

业关键性议题，叙述详细充分，具有卓越的实质性表现。

完整性（★★★★☆）

《报告》从"创新发展"、"协调发展"、"绿色发展"、"开放发展"、"共享发展"等角度披露了电力生产业核心指标的 85.0%，完整性表现领先。

平衡性（★★★★★）

《报告》披露了"重大设备事故"、"一般设备事故"、"人身伤亡事故"、"一类障碍"、"非计划停运次数"等负面数据信息，并对公司一般设备事故发生的经过、反思和改进措施进行专题式阐述，具有卓越的平衡性表现。

可比性（★★★★★）

《报告》披露了"机组等效可用系数"、"装机容量"、"发电量"、"销售收入"、"利润总额"、"供电煤耗"、"捐赠总额"等38个关键绩效指标连续3年以上的数据；并就"装机容量"、"供电煤耗"、"厂用电率"、"百万吨死亡率"等数据与国内外同行进行横向比较，可比性表现卓越。

可读性（★★★★★）

《报告》围绕"创新发展"、"协调发展"、"绿色发展"、"开放发展"、"共享发展"五条主线展开叙述，框架清晰，逻辑性强，并使用丰富案例对责任实践进行阐述；封面设计融入企业主产业元素并贯穿全文，浑然一体，整体性强；整体设计简约大气，配色和谐，显著提高了报告的悦读性，具有卓越的可读性表现。

创新性（★★★★★）

《报告》全文围绕五大发展理念，紧扣国家大政方针，凸显了央企责任担当；开篇设置"可持续发展的中国华能·十二五"、"坚持党的领导，全面从严治党"等专题，深度阐述企业履责重点；各章开篇简述企业责任行动、关键绩效，并嵌入五个"2015发展故事"，全方位、多角度展现了企业优秀实践，具有卓越的创新性表现。

综合评级（★★★★★）

经评级小组评价，《中国华能集团公司2015年可持续发展报告》为五星级，是一份卓越的企业社会责任报告。

四、改进建议

加强报告过程性管理，进一步提高利益相关方参与度。

评级小组

组长：中国电力企业联合会党组成员、专职副理事长　王志轩

成员：北方工业大学经济管理学院副教授　魏秀丽

　　　过程性评估员　方小静、王志敏

评级专家委员会副主席　　　　　　评级小组组长

出具时间：2016 年 6 月 19 日

十五、《中国兵器工业集团公司 2015 年企业社会责任报告》评级报告

受中国兵器工业集团公司委托，"中国企业社会责任报告评级专家委员会"抽选专家组成评级小组，对《中国兵器工业集团公司 2015 年企业社会责任报告》（以下简称《报告》）进行评级。

一、评级依据

《中国企业社会责任报告编写指南（CASS – CSR 3.0)》暨《中国企业社会责任报告评级标准（2014)》。

二、评级过程

1. 过程性评估小组访谈《报告》编制组主要成员，并现场审查编写过程相关资料；

2. 评级小组对《报告》编写过程及披露内容进行评价，拟定评级报告；

3. 评级报告提交评级专家委员会副主席及评级小组组长共同签字。

三、评级结论

过程性（★★★★★）

公司科技与安全环保部牵头成立报告编委会，公司副总经理负责报告框架、终稿把控和审定；编委会对利益相关方进行识别，并通过意见征求会、研讨会、问卷调查、访谈等形式收集相关方意见；根据公司重大事项、国家相关政策、行业对标分析、利益相关方调查等对实质性议题进行界定；计划在"2016 中国工业行业企业社会责任报告发布会"上发布报告，并将以电子版（公众版 + 公益版）、印刷版、中英文版、H5 版等形式呈现报告，具有卓越的过程性表现。

实质性（★★★★★）

《报告》系统披露了贯彻宏观政策、保障国家安全、客户关系管理、科技创

新、质量管理、职业健康管理、安全生产、绿色产品研发等特种设备制造业关键性议题，叙述详细充分，具有卓越的实质性表现。

完整性（★★★★☆）

《报告》从"心系和平"、"共创价值"、"致力和谐"、"践行绿色"等角度系统披露了特种设备制造业核心指标的87.0%，完整性表现领先。

平衡性（★★★★）

《报告》披露了"员工流失率"、"死亡事故发生数/人数"、"重伤事故数/人数"、"一般安全隐患项"、"职业病发生数"、"环境污染事故数"等负面数据信息，平衡性表现优秀。

可比性（★★★★★）

《报告》披露了"主营业收入"、"利润总额"、"科技活动经费支出总额"、"人员总量"、"公益投入"、"万元产值增加值综合能耗"等59个关键指标连续3年以上的绩效数据，并就"优势民品国际国内市场份额"、"'千人计划'专家数"等数据在国内外进行横向比较，可比性表现卓越。

可读性（★★★★★）

《报告》框架清晰、逻辑清楚，篇幅适宜，案例丰富；封面创意和各章开篇设计均以绿树为主背景，"绿叶"设计元素作为暗线贯穿全文，立意新颖，令人耳目一新；各章开篇简述篇章责任实践和关键绩效，对内容进行高度概括，总领性强，并以"专题案例"结尾，通过案例对各责任板块亮点进行详述，首尾呼应，具有卓越的可读性表现。

创新性（★★★★★）

《报告》开篇展现"抗战浴血建功勋，阅兵砺剑扬军威"年度聚焦，深度阐述企业履责亮点，凸显央企责任担当；通过"公众版＋公益版"报告体系，突出展现了企业在公益慈善方面的行动与成效，有利于提升报告的传播效果和企业的负责任形象；多处嵌入相关方证言，提升了报告的可信度，创新性表现卓越。

综合评级（★★★★★）

经评级小组评价，《中国兵器工业集团公司2015年企业社会责任报告》为五星级，是一份卓越的企业社会责任报告。

四、改进建议

增加对履责不足之处的分析，进一步提高报告的平衡性。

评级小组

组长：中国企业公民委员会副会长　刘卫华

成员：北方工业大学经济管理学院副教授　魏秀丽

　　　过程性评估员　方小静、王志敏

评级专家委员会副主席　　　　　评级小组组长

出具时间：2016 年 6 月 23 日

十六、《中国建筑材料集团有限公司 2015 年社会责任报告》评级报告

受中国建筑材料集团有限公司委托，"中国企业社会责任报告评级专家委员会"抽选专家组成评级小组，对《中国建筑材料集团有限公司 2015 年社会责任报告》（以下简称《报告》）进行评级。

一、评级依据

《中国企业社会责任报告编写指南（CASS－CSR 3.0）》暨《中国企业社会责任报告评级标准（2014）》。

二、评级过程

1. 过程性评估小组访谈《报告》编制组主要成员，并现场审查编写过程相关资料；

2. 评级小组对《报告》编写过程及披露内容进行评价，拟定评级报告；

3. 评级报告提交评级专家委员会副主席及评级小组组长共同签字。

三、评级结论

过程性（★★★★★）

集团企业管理部牵头成立报告编写组，由董事长担任组长，负责指导报告框架、审定终稿；编写组对利益相关方进行识别，通过问卷调查、邮件征集等形式收集相关方意见；根据公司发展战略、国家相关政策、行业对标分析、利益相关方调查等对实质性议题进行界定；计划在"2016 中国工业行业企业社会责任报告发布会"上发布报告，并将以印刷版、电子版、中英文版等形式呈现报告，具有卓越的过程性表现。

实质性（★★★★★）

《报告》系统披露了产品质量管理、科技创新、职业健康管理、保障安全生

产、环保产品研发、节约水资源、减少"三废"排放、厂区周边环境治理等非金属矿物制品业关键性议题，叙述详细充分，具有卓越的实质性表现。

完整性（★★★★★）

《报告》从"责任管理"、"市场绩效"、"科技创新"、"节能环保"、"员工关爱"、"企业公民"等角度系统披露了非金属矿物制品业核心指标的92.0%，完整性表现卓越。

平衡性（★★★★☆）

《报告》披露了"员工流失率"、"可记录千人工伤事故率"、"安全生产事故数"、"职业病新发病例"等负面数据信息，并对成员企业安全生产事故的整改措施进行详细阐述，平衡性表现领先。

可比性（★★★★★）

《报告》披露了"营业收入"、"国有资产保值增值率"、"水泥产量"、"科研活动经费支出"、"万元产值综合能耗"、"社会公益支出"、"上缴税金"等65个关键指标连续3年以上的绩效数据，并就"世界500强建材企业排名"、"水泥年产能"、"商品混凝土年产能"等数据与国内外同行业进行横向比较，可比性表现卓越。

可读性（★★★★★）

《报告》框架清晰，语言流畅，篇幅适宜；封面设计和各章开篇设计融入建材元素，恢宏大气，凸显行业特色；排版美观舒适，图片设计感强，且融入漫画元素，与文字描述相得益彰，显著提高了报告的悦读性，具有卓越的可读性表现。

创新性（★★★★☆）

《报告》各章开篇简述篇章责任实践和关键绩效，提纲挈领，总领性强；设置"回望'十二五'"和"展望'十三五'"板块，展示公司过去五年的履责历程和未来五年的履责规划，便于读者全面长远了解企业责任历史及未来；多处设置意见反馈二维码，利于促进利益相关方参与，提升报告沟通价值，创新性表现领先。

综合评级（★★★★★）

经评级小组评价，《中国建筑材料集团有限公司2015年社会责任报告》为五星级，是一份卓越的企业社会责任报告。

四、改进建议

增加负面数据及履责不足之处的披露，进一步提高报告的平衡性。

评级小组

组长：中国社科院经济学部企业社会责任研究中心主任　钟宏武

成员：北方工业大学经济管理学院副教授　魏秀丽

　　　过程性评估员　方小静

评级专家委员会副主席　　　　　　评级小组组长

出具时间：2016 年 6 月 23 日

十七、《华润电力控股有限公司 2015 年可持续发展报告》评级报告

受华润电力控股有限公司委托，"中国企业社会责任报告评级专家委员会"抽选专家组成评级小组，对《华润电力控股有限公司 2015 年可持续发展报告》（以下简称《报告》）进行评级。

一、评级依据

《中国企业社会责任报告编写指南（CASS – CSR 3.0）之电力生产业》暨《中国企业社会责任报告评级标准（2014）》。

二、评级过程

1. 过程性评估小组访谈《报告》编制组主要成员，并现场审查编写过程相关资料；

2. 评级小组对《报告》编写过程及披露内容进行评价，拟定评级报告；

3. 评级报告提交评级专家委员会副主席及评级小组组长共同签字。

三、评级结论

过程性（★★★★☆）

公司设置可持续发展委员会，董事会办公室牵头成立报告编写组，董事局主席、副主席、首席财务官负责报告审定；编写组对利益相关方进行识别，并通过意见征求会、问卷调查、访谈等形式收集相关方意见；根据公司重大事项、行业对标分析、利益相关方调查对实质性议题进行界定；计划通过专项发布会发布报告，并将以电子版、印刷版、中英文版、微信、视频版等形式呈现报告，具有领先的过程性表现。

实质性（★★★★★）

《报告》系统披露了贯彻宏观政策、保障电力供应、安全生产管理、发展绿

色电力、节约资源能源、发展循环经济、厂区及周边环境治理等电力生产业关键性议题，叙述详细充分，具有卓越的实质性表现。

完整性（★★★★☆）

《报告》从"责任引领，正道致远"、"绿色能源，承载未来"、"专注卓越，优质回报"、"立品如山，合作共赢"、"以人为本，凝心聚力"、"饮水思源，大道同心"等角度披露了电力生产业核心指标的84.5%，完整性表现领先。

平衡性（★★★★☆）

《报告》披露了"资产负债率"、"重大设备事故"、"非计划停运台次"、"员工流失率"、"人身伤亡事故"等负面数据信息，并简述了企业应对"安全风险"的改进措施，平衡性表现领先。

可比性（★★★★★）

《报告》披露了"营业收入"、"国有资产保值增值率"、"供电煤耗"、"环保总投入"、"纳税总额"、"公益捐助"等73个关键指标连续3年以上的绩效数据，并就"超低排放机组容量占比"、"机组满负荷平均利用小时"、"吨煤生产成本"等数据进行横向比较，可比性表现卓越。

可读性（★★★★★）

《报告》以"绿色能源，润泽生活"为主题，围绕"润·道"、"润·净"、"润·沃"、"润·诚"、"润·厚"、"润·济"六条主线展开叙述，框架清晰，逻辑性强，案例丰富；封面设计融入水墨画意境和电力元素并贯穿全文，清新淡雅，既凸显了行业特色，又提升了报告悦读性，具有卓越的可读性表现。

创新性（★★★★☆）

《报告》开篇呈现"十件大事，读懂华润电力这一年"专题，深度聚焦企业年度履责亮点；设置"关键绩效速读"板块，展现企业在经济、环境和社会等方面的履责绩效并进行醒目处理，利于相关方快速了解企业发展现状；各章开篇融入传统文化并简述本章责任理念和实践，凸显企业深厚责任底蕴，创新性表现领先。

综合评级（★★★★★）

经评级小组评价，《华润电力控股有限公司2015年可持续发展报告》为五星级，是一份卓越的企业社会责任报告。

四、改进建议

增加行业核心指标的披露，进一步提高报告的完整性。

评级小组

组长：中国电力企业联合会党组成员、专职副理事长　王志轩

成员：中国社科院经济学部企业社会责任研究中心常务副主任　张蒽

　　　过程性评估员　翟利峰、王志敏

评级专家委员会副主席　　　　　评级小组组长

出具时间：2016 年 7 月 1 日

十八、《东风汽车公司 2015 社会责任报告》评级报告

受东风汽车公司委托，"中国企业社会责任报告评级专家委员会"抽选专家组成评级小组，对《东风汽车公司 2015 社会责任报告》（以下简称《报告》）进行评级。

一、评级依据

《中国企业社会责任报告编写指南（CASS－CSR 3.0）之汽车制造业》暨《中国企业社会责任报告评级标准（2014）》。

二、评级过程

1. 过程性评估小组访谈《报告》编制组主要成员，并现场审查编写过程相关资料；

2. 评级小组对《报告》编写过程及披露内容进行评价，拟定评级报告；

3. 评级报告提交评级专家委员会副主席及评级小组组长共同签字。

三、评级结论

过程性（★★★★★）

公司办公厅牵头成立报告编写组，公司副总经理负责对报告框架、重点内容、版式风格等进行审定；编写组对利益相关方进行识别，并通过问卷调查、访谈等形式收集相关方意见；根据公司重大事项、国家相关政策、行业对标分析、利益相关方调查等对实质性议题进行界定；计划通过公司社会责任大会发布报告，并将以电子版、印刷版、中英文版、视频、简版等形式呈现报告，具有卓越的过程性表现。

实质性（★★★★★）

《报告》系统披露了贯彻宏观政策、客户关系管理、产品质量管理、支持科

技创新、产品召回机制、职业健康保障、安全生产管理、环保产品研发、节约资源能源等汽车制造业关键性议题，叙述详细充分，具有卓越的实质性表现。

完整性（★★★★☆）

《报告》从"东风责任之道"、"经济责任"、"利益相关者责任"、"环境责任"、"社会公益责任"、"文化责任"等方面披露了汽车制造业核心指标的86.0%，完整性表现领先。

平衡性（★★★★★）

《报告》披露了"安全生产事故数"、"员工流失率"、"职业病发病率"、"新品单车平均不良点数"、"零部件纳入不良品率"等负面数据信息，并简述企业在"巡视整改"、"'反违章'专项活动"、"交车满意度提升"等事件中的应对及改进措施，平衡性表现卓越。

可比性（★★★★★）

《报告》披露了"销售收入"、"纳税额"、"自主品牌整车销售量"、"吸纳就业人数"、"研发人员数量"、"万元增加值综合能耗增减率"等41个关键指标连续3年以上的绩效数据，并对"销售满意度"、"科技活动经费"、"行业排名"等数据进行横向比较，可比性表现卓越。

可读性（★★★★★）

《报告》以"东风化雨，润泽四方"为主题，围绕"润计划"的主要内容展开叙述，逻辑清晰，构思新颖，诠释出企业对"润"的深刻理解；报告设计以红色、白色为主色调，清新明快；图片、图表丰富多样，与文字叙述相辅相成；采用中英文版本报告，满足国内外读者的阅读需求，具有卓越的可读性表现。

创新性（★★★★☆）

《报告》开辟"聚焦2015：责任同行"板块，通过"制定发布《商德公约》，争做优秀企业公民"、"坚守环境责任，打造绿色价值链"两个专题深度阐述企业履责亮点；"数说东风"、"关于东风'十二五'"展示企业履责绩效，凸显央企责任担当；创新报告传播方式，通过发布动画视频版报告，提升报告传播效果，创新性表现领先。

综合评级（★★★★★）

经评级小组评价，《东风汽车公司2015社会责任报告》为五星级，是一份卓越的企业社会责任报告。

四、改进建议

增加行业核心指标的披露，进一步提高报告的完整性。

评级小组

组长：中国企业公民委员会副会长　刘卫华

成员：北京工商大学经济学院教授　郭毅

　　　过程性评估员　方小静

评级专家委员会副主席　　　　　　评级小组组长

出具时间：2016 年 7 月 4 日

十九、《中国大唐集团公司 2015 年社会责任报告》评级报告

受中国大唐集团公司委托，"中国企业社会责任报告评级专家委员会"抽选专家组成评级小组，对《中国大唐集团公司 2015 年社会责任报告》（以下简称《报告》）进行评级。

一、评级依据

《中国企业社会责任报告编写指南（CASS – CSR 3.0）之电力生产业》暨《中国企业社会责任报告评级标准（2014）》。

二、评级过程

1. 过程性评估小组访谈《报告》编制组主要成员，并现场审查编写过程相关资料；

2. 评级小组对《报告》编写过程及披露内容进行评价，拟定评级报告；

3. 评级报告提交评级专家委员会副主席及评级小组组长共同签字。

三、评级结论

过程性（★★★★☆）

公司政研室牵头成立报告编写组，高层领导负责对报告框架、关键议题、报告内容进行审定；编写组对利益相关方进行识别，并通过研讨会、访谈等形式收集相关方意见；根据公司重大事项、国家相关政策、行业对标分析、利益相关方调查等识别实质性议题；计划通过专项发布会发布报告，并将以电子版、印刷版、微信等形式呈现报告，具有领先的过程性表现。

实质性（★★★★★）

《报告》系统披露了响应国家政策、保障电力供应、确保安全生产、发展绿色电力、节约资源能源、发展循环经济、减少"三废"排放、厂区及周边环境

治理等电力生产业关键性议题，叙述详细充分，具有卓越的实质性表现。

完整性（★★★★☆）

《报告》从"优化结构"、"创造价值"、"保障安全"、"创新驱动"、"绿色发展"、"合作共享"等方面系统披露了电力生产业核心指标的88.0%，完整性表现领先。

平衡性（★★★★★）

《报告》披露了"重大人身伤亡事故数"、"重大设备事故数"、"一般设备事故"、"一般人身伤亡事故"、"一类障碍"、"非计划停运次数"、"资产负债率"等负面数据信息，并以案例形式，简述公司"潮州发电厂'3·9'设备事故"发生的原因和整改措施，具有卓越的平衡性表现。

可比性（★★★★★）

《报告》披露了"装机容量"、"发电量"、"资产总额"、"营业收入"、"供电煤耗"、"综合厂用电率"、"发电设备等效可用系数"等41个关键绩效指标连续3年以上的数据；并对"超低排放机组数"、"厂用电率"、"发电油耗"、"入厂标煤单价"等数据进行横向比较，可比性表现卓越。

可读性（★★★★☆）

《报告》从六条主线展开叙述，框架清晰，逻辑清楚，语言流畅；封面创意和各章开篇设计均融入企业主产业元素，凸显行业特色；图片、图表等表达方式丰富，水墨画设计贯穿全篇，简约大气，别具韵味；使用丰富案例对社会责任理念和实践进行阐述，具有领先的可读性表现。

创新性（★★★★☆）

《报告》开篇设置三个年度专题，深度阐述了企业在"十二五"履责成效、提质增效管理、绿色发展方面的履责实践，重点突出；设置"责任大事记"专版，聚焦企业年度履责亮点，利于相关方了解；通过"在线聆听"专栏，全方位、多角度展现了利益相关方对企业履责实践的认同，立意新颖，互动性强，具有领先的创新性表现。

综合评级（★★★★★）

经评级小组评价，《中国大唐集团公司2015年社会责任报告》为五星级，是一份卓越的企业社会责任报告。

四、改进建议

加强报告全生命周期管理，提高利益相关方参与度。

评级小组

组长：中国电力企业联合会党组成员、专职副理事长　王志轩

成员：中国社科院经济学部企业社会责任研究中心常务副主任　张蒽

　　　过程性评估员　方小静、贾晶

评级专家委员会副主席　　　　　评级小组组长

出具时间：2016 年 7 月 8 日

二十、《佳能（中国）企业社会责任报告2015～2016》评级报告

受佳能（中国）有限公司委托，"中国企业社会责任报告评级专家委员会"抽选专家组成评级小组，对《佳能（中国）企业社会责任报告2015～2016》（以下简称《报告》）进行评级。

一、评级依据

《中国企业社会责任报告编写指南（CASS－CSR 3.0）》暨《中国企业社会责任报告评级标准（2014）》。

二、评级过程

1. 过程性评估小组访谈《报告》编制组主要成员，并现场审查编写过程相关资料；

2. 评级小组对《报告》编写过程及披露内容进行评价，拟定评级报告；

3. 评级报告提交评级专家委员会副主席及评级小组组长共同签字。

三、评级结论

过程性（★★★★★）

公司品牌沟通部牵头成立报告编写组，高级副总裁指导、推动报告编制；编写组对利益相关方进行识别，并通过研讨会、问卷调查、访谈等形式收集相关方意见；根据公司重大事项、国家相关政策、行业对标分析、利益相关方调查等识别实质性议题，计划通过专项发布会发布报告，并将以电子版、印刷版、H5版等形式呈现报告，具有卓越的过程性表现。

实质性（★★★★★）

《报告》系统披露了产品质量管理、产品技术创新、供应链管理、职业健康管理、安全生产、环保产品研发、化学物质管理、产品和包装回收再利用等电子

产品与电子元器件制造业关键性议题，叙述详细充分，具有卓越的实质性表现。

完整性（★★★★☆）

《报告》从"诚信合规"、"服务客户"、"携手伙伴"、"支持员工"、"守护绿色"、"热心公益"等角度系统披露了电子产品与电子元器件制造业核心指标的83.0%，完整性表现领先。

平衡性（★★★★）

《报告》披露了"员工流失率"、"重大守法合规负面信息数量"、"重大安全事故"、"职业病发生次数"等负面数据信息，平衡性表现优秀。

可比性（★★★★★）

《报告》披露了"员工总数"、"女性管理者比例"、"环境总投资额"、"废弃物再利用率"、"合同履约率"、"员工培训投入"等48个关键指标连续3年以上的绩效数据，并对"专利注册数量全球排名"等数据进行横向比较，可比性表现卓越。

可读性（★★★★★）

《报告》以"感动常在"为主线，逻辑清晰，构思新颖，语言流畅；设计风格明快艳丽，封面及内容图片较多采用佳能影像作品，凸显企业行业特色；图片、图表等表达方式丰富，与文字描述相辅相成；多处以"链接"和"二维码"形式对报告内容进行扩展，显著提高了报告的易读性；使用丰富案例对责任实践展开阐述，可读性表现卓越。

创新性（★★★★★）

《报告》开篇设置"佳能在华大事记"，利于相关方快速了解企业责任历程；"感动十年，有你相伴"、"无线感动，博览佳能"两个责任专题，深度阐述企业责任理念和亮点实践；各章开篇以专版形式展现利益相关方对板块履责实践的感悟和评价，提升了相关方参与度和报告可信度，具有卓越的创新性表现。

综合评级（★★★★★）

经评级小组评价，《佳能（中国）企业社会责任报告2015～2016》为五星级，是一份卓越的企业社会责任报告。

四、改进建议

增加负面数据和履责不足之处的披露，提高报告的平衡性。

评级小组

组长：中国社科院经济学部企业社会责任研究中心主任　钟宏武

成员：中国企业联合会雇主工作部副主任、全球契约中国网络执行秘书长
韩斌

过程性评估员　方小静、贾晶

评级专家委员会副主席　　　　　评级小组组长

出具时间：2016 年 7 月 12 日

二十一、《中国松下社会责任报告2015》 评级报告

受中国松下电器有限公司委托，"中国企业社会责任报告评级专家委员会"抽选专家组成评级小组，对《中国松下社会责任报告2015》（以下简称《报告》）进行评级。

一、评级依据

《中国企业社会责任报告编写指南（CASS – CSR 3.0）之家电制造业》暨《中国企业社会责任报告评级标准（2014）》。

二、评级过程

1. 过程性评估小组访谈《报告》编制组主要成员，并现场审查编写过程相关资料；

2. 评级小组对《报告》编写的过程管理及披露内容进行评价，拟定评级报告；

3. 评级报告提交评级专家委员会副主席及评级小组组长共同签字。

三、评级结论

过程性（★★★★★）

公司事业助成中心企画部牵头成立报告编写组，高层领导负责报告框架、内容和方向的把控与指导；编写组对利益相关方进行识别，并通过专家研讨会、问卷调查、访谈等形式收集相关方意见；根据公司重大事项、国家相关政策、行业对标分析、利益相关方调查等对实质性议题进行界定；计划通过公司高层会议、内览会发布报告，并将以电子版、印刷版、H5版等形式呈现报告，具有卓越的过程性表现。

实质性（★★★★★）

《报告》系统披露了贯彻宏观政策、产品质量管理、科技创新、完善客户服务体系、安全卫生管理、保障员工权益、环保产品研发、绿色包装与运输、产品回收再利用、水资源保护等家电制造业关键性议题，叙述详细充分，具有卓越的实质性表现。

完整性（★★★★☆）

《报告》从"匠人之道，道融立身根本"、"匠人之法，法存经营正道"、"匠人之义，义聚成城众心"、"匠人之礼，礼待自然家园"、"匠人之慧，慧通精益品质"、"匠人之情，情系人间幸福"等方面披露了家电制造业核心指标的85.0%，完整性表现领先。

平衡性（★★★★★）

《报告》披露了"职业病发病次数"、"工伤事故率"、"员工流失率"、"客服电话投诉一次性解决率"等负面数据信息，并以案例形式，阐述两例客户投诉的过程及回应措施，平衡性表现卓越。

可比性（★★★★★）

《报告》披露了"营业额"、"产品合格率"、"纳税总额"、"女性管理人员比例"、"环保总投资"、"能源消耗总量"等70个关键指标连续3年以上的绩效数据，并就"绿色供应链排名"等数据行业内进行横向比较，可比性表现卓越。

可读性（★★★★★）

《报告》以"匠心传承，智造幸福"为主题，围绕"匠人之道、匠人之法、匠人之义、匠人之礼、匠人之慧、匠人之情"六条主线展开叙述，篇幅适宜，逻辑清晰，语言精练；多处设置二维码，利于读者对报告进行扩展阅读，并对专业术语进行解释，显著提高了报告的易读性；使用丰富案例对社会责任理念和履责实践进行阐述，具有卓越的可读性表现。

创新性（★★★★☆）

《报告》开篇设置"聚焦·2015"专题，深度阐述企业在责任沟通、科技创新等方面的履责亮点；以"时间树"的形式展示"我们的中国历程"，简述企业履责历程；各章开篇简述篇章责任理念和关键绩效，提纲挈领，总领性强；"封面故事"对松下代表性智能产品的诞生历程进行阐述，前后呼应，创新性表现领先。

综合评级（★★★★★）

经评级小组评价，《中国松下社会责任报告 2015》为五星级，是一份卓越的社会责任报告。

四、改进建议

增加行业核心指标的披露，进一步提高报告的完整性。

评级小组

组长：中国企业联合会企业创新工作部主任　程多生

成员：中国社会科学院经济学部企业社会责任研究中心常务副主任　张蒽
　　　过程性评估员　王梦娟、贾晶

评级专家委员会副主席　　　　　评级小组组长

出具时间：2016 年 6 月 28 日

二十二、《北京控股集团有限公司 2015 年社会责任报告》评级报告

受北京控股集团有限公司（以下简称"中心"）委托，"中国企业社会责任报告评级专家委员会"抽选专家组成评级小组，对《北京控股集团有限公司2015 年社会责任报告》（以下简称《报告》）进行评级。

一、评级依据

《中国企业社会责任报告编写指南（CASS - CSR 3.0）》暨《中国企业社会责任报告评级标准（2014）》。

二、评级过程

1. 过程性评估小组访谈《报告》编制组主要成员，并现场审查编写过程相关资料；

2. 评级小组对《报告》编写过程及披露内容进行评价，拟定评级报告；

3. 评级报告提交评级专家委员会副主席及评级小组组长共同签字。

三、评级结论

过程性（★★★★☆）

集团研究室、宣传部牵头成立报告编写组，集团党委副书记、副董事长负责报告编制审核；编写组对利益相关方进行识别，并通过意见征求会、座谈会等形式收集相关方意见；根据公司重大事项、国家相关政策、行业对标分析识别实质性议题；计划召开报告专项发布会，并将以电子版、印刷版、中英文版、H5 版等形式呈现报告，具有领先的过程性表现。

实质性（★★★★★）

《报告》系统披露了保障能源供应、产品质量管理、产品服务创新、职业健康管理、安全生产管理、节约能源资源、提供清洁能源、供应链管理等所在行业

关键性议题，叙述详细充分，具有卓越的实质性表现。

完整性（★★★★）

《报告》从"打造绿色城市"、"提升城市品质"、"建设智慧城市"、"责任夯实治理基础"、"责任保障环境友好"、"责任促进合作共赢"、"责任助力和谐社区"等方面披露了所在行业核心指标的78.0%，完整性表现优秀。

平衡性（★★★★★）

《报告》披露了"员工流失率"、"重大法律纠纷事件"等负面数据信息，同时开辟"反思与改进"板块，对退卡难、道路拥堵、入户难等问题和改进措施进行阐述，平衡性表现卓越。

可比性（★★★★★）

《报告》披露了"主营业收入"、"利润总额"、"纳税总额"、"员工总数"、"女性管理者比例"、"公益赞助捐赠额"、"天然气销售量"、"固废垃圾处理规模"等26个关键指标连续3年以上的绩效数据，并就"水务业务规模"、"一卡通累计发卡量"等数据进行横向比较，可比性表现卓越。

可读性（★★★★★）

《报告》以"让城市生活更美好"为主题，分为"聚焦城市服务"、"践行企业责任"上下两篇，构思巧妙，逻辑清晰，语言精练；设计风格明快艳丽，令人耳目一新；封面创意及各章开篇设计均以七色花元素为主，与内容浑然一体，生动展示企业责任理念和实践；上篇各章均设置"责任·使者"、"责任·故事"等专题案例，对板块社会责任实践亮点进行深度阐述，具有卓越的可读性表现。

创新性（★★★★★）

《报告》开篇呈现"2015携手城市"专版，深度聚焦企业年度履责亮点；上篇各章均以"我们的思考、我们的行动、我们的绩效"开篇，提纲挈领，总领性强；采用"数字看北控"形式，形象直观，凸显企业履责绩效；多处设置二维码，利于相关方进一步了解企业履责实践，提升了报告的扩展性，创新性表现卓越。

综合评级（★★★★★）

经评级小组评价，《北京控股集团有限公司2015年社会责任报告》为五星级，是一份卓越的企业社会责任报告。

四、改进建议

增加行业核心指标的披露，提高报告的完整性。

评级小组

组长：商道纵横总经理　郭沛源

成员：中国社科院经济学部企业社会责任研究中心常务副主任　张蒽

　　　过程性评估员　方小静

评级专家委员会副主席　　　　　　评级小组组长

出具时间：2016 年 7 月 6 日

二十三、《现代汽车集团（中国）2015 社会责任报告》评级报告

受现代汽车集团（中国）投资有限公司委托，"中国企业社会责任报告评级专家委员会"抽选专家组成评级小组，对《现代汽车集团（中国）2015 社会责任报告》（以下简称《报告》）进行评级。

一、评级依据

《中国企业社会责任报告编写指南（CASS – CSR 3.0）之汽车制造业》暨《中国企业社会责任报告评级标准（2014）》。

二、评级过程

1. 过程性评估小组访谈《报告》编制组主要成员，并现场审查编写过程相关资料；

2. 评级小组对《报告》编写过程及披露内容进行评价，拟定评级报告；

3. 评级报告提交评级专家委员会副主席及评级小组组长共同签字。

三、评级结论

过程性（★★★★☆）

公司设置现代汽车集团中国社会责任委员会，集团社会贡献部牵头成立报告编写组，集团总经理、副总经理负责报告编制关键环节的监督和审定；编写组对利益相关方进行识别，并通过问卷调查、访谈等形式收集相关方意见；根据公司重大事项、国家相关政策、行业对标分析、利益相关方调查等识别实质性议题；计划通过内部 CSR 会议发布报告，并将以电子版、印刷版、视频、微信、简版等形式呈现报告，具有领先的过程性表现。

实质性（★★★★★）

《报告》系统披露了贯彻宏观政策、客户关系管理、确保产品安全、支持科

技创新、产品召回机制、职业健康管理、安全生产管理、绿色产品研发、节约能源资源等汽车制造业关键性议题，叙述详细充分，具有卓越的实质性表现。

完整性（★★★★☆）

《报告》从"给顾客品质承诺"、"给员工全面保障"、"给伙伴成长动力"、"为生态绿色发展"、"为社区贡献力量"等方面系统披露了汽车制造业核心指标的86.0%，完整性表现领先。

平衡性（★★★★★）

《报告》披露了"员工流失比率"、"员工因公伤亡比率"、"投诉量"、"安全隐患"等负面数据信息，并以专题形式，详述公司"缺陷汽车召回"事件的发生原因、处理过程和改进措施，平衡性表现卓越。

可比性（★★★★★）

《报告》披露了"销售总额"、"纳税总额"、"研发投入"、"环境经营总投资"、"员工总人数"、"二氧化碳排放量"、"安全生产投资金额"等46个关键绩效指标连续3年以上的数据，并就"新车品质调查排名"、"顾客品质满意度调查排名"、"汽车销量"等指标进行横向比较，可比性表现卓越。

可读性（★★★★★）

《报告》以"携手共创美好未来"为主题，从"管理"与"实践"两个板块，详述企业责任管理和实践的理念和成效，框架清晰，逻辑清楚，文字流畅；设计风格清新自然，采用图片、表格等多种设计元素，与文字描述相辅相成；页面上方设置导读栏，令人一目了然，显著提高了报告的悦读性，具有卓越的可读性表现。

创新性（★★★★☆）

《报告》开篇设置"2015大事记"、"中国业务大事记"专题，聚焦企业年度履责亮点和业务重点；"责任足迹"、"本地价值"专题集中展现企业在各责任板块的优秀成绩与贡献，利于相关方快速了解；封面设计将汽车元素与企业责任理念巧妙结合，令人耳目一新，具有领先的创新性表现。

综合评级（★★★★★）

经评级小组评价，《现代汽车集团（中国）2015社会责任报告》为五星级，是一份卓越的企业社会责任报告。

四、改进建议

增加行业核心指标的披露，进一步提高报告的完整性。

评级小组

组长：新华网副总裁　魏紫川

成员：中国社科院经济学部企业社会责任研究中心常务副主任　张蒽
　　　过程性评估员　王志敏

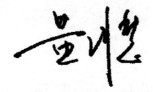

评级专家委员会副主席　　　　　评级小组组长

出具时间：2016 年 7 月 5 日

二十四、《中国机械工业集团有限公司 2015 年社会责任报告》评级报告

受中国机械工业集团有限公司委托，"中国企业社会责任报告评级专家委员会"抽选专家组成评级小组，对《中国机械工业集团有限公司 2015 年社会责任报告》（以下简称《报告》）进行评级。

一、评级依据

《中国企业社会责任报告编写指南（CASS – CSR 3.0）》暨《中国企业社会责任报告评级标准（2014）》。

二、评级过程

1. 过程性评估小组访谈《报告》编制组主要成员，并现场审查编写过程相关资料；

2. 评级小组对《报告》编写过程管理及披露内容进行评价，拟定评级报告；

3. 评级报告提交评级专家委员会副主席及评级小组组长共同签字。

三、评级结论

过程性（★★★★☆）

集团企业文化部牵头成立报告编写组，集团领导负责报告思路、内容把控和报告审定；编写组对利益相关方进行识别，并通过研讨会、访谈、调研等形式收集相关方意见；通过公司重大事项、国家相关政策、利益相关方访谈等识别实质性议题；计划召开专项发布会发布报告，并将以电子版、印刷版、H5 版等形式呈现报告，具有领先的过程性表现。

实质性（★★★★★）

《报告》系统披露了贯彻宏观政策、产品质量管理、产品创新、职业健康管

理、安全生产、环保产品研发、节约能源资源、产品回收再利用等机械设备制造业关键性议题，叙述详细充分，具有卓越的实质性表现。

完整性（★★★★☆）

《报告》从"责任国机——提升责任管理"、"价值国机——贡献实体经济"、"创新国机——驱动变革转型"、"绿色国机——建设美丽中国"、"幸福国机——共享人类文明"等角度系统披露了机械设备制造业核心指标的 88.7%，完整性表现领先。

平衡性（★★★★☆）

《报告》披露了"资产负债率"、"安全生产隐患整改率"、"重大安全事故"、"安全隐患项"、"员工伤亡人数"、"重大伙伴投诉事件"等负面数据信息，平衡性表现领先。

可比性（★★★★★）

《报告》披露了"资产总额"、"营业收入"、"科研投入"、"万元营业收入综合能耗"、"绿色环保投入"、"纳税总额"等 33 个关键绩效指标连续 3 年以上的数据，并就"世界 500 强排名"、"中国机械工业企业百强排名"等数据与国内外进行横向比较，可比性表现卓越。

可读性（★★★★★）

《报告》框架清晰，逻辑清楚，篇幅适宜，并使用丰富案例对企业责任理念和实践进行阐述；以蓝色作为报告主色调，呼应企业品牌标识，整体设计融入机械元素，凸显行业特色，图片设计感强，与文字描述相得益彰；语言采用中英文版，满足了国内外读者的阅读需求，具有卓越的可读性表现。

创新性（★★★★☆）

《报告》开篇设置"中国制造：国机的责任与担当"责任专题，深度阐述企业在科技创新、产品研发等方面的亮点实践，凸显央企责任担当；各章开篇简述篇章企业责任理念和关键绩效，提纲挈领，总领性强；多处嵌入二维码，利于相关方进一步了解企业履责实践，创新性表现领先。

综合评级（★★★★★）

经评级小组评价，《中国机械工业集团有限公司 2015 年社会责任报告》为五星级，是一份卓越的企业社会责任报告。

四、改进建议

增加负面数据及履责不足之处的披露，进一步提高报告的平衡性。

评级小组

组长：中国社科院经济学部企业社会责任研究中心主任　钟宏武

成员：中国社会工作联合会企业公民委员会专职副会长　刘卫华

　　　过程性评估员　王志敏、贾晶

评级专家委员会副主席　　　　　评级小组组长

出具时间：2016 年 8 月 12 日

二十五、《华润置地有限公司 2015 年社会责任报告》评级报告

受华润置地有限公司委托，"中国企业社会责任报告评级专家委员会"抽选专家组成评级小组，对《华润置地有限公司 2015 年社会责任报告》（以下简称《报告》）进行评级。

一、评级依据

《中国企业社会责任报告编写指南 3.0 之房地产业》暨《中国企业社会责任报告评级标准（2014）》。

二、评级过程

1. 过程性评估小组访谈《报告》编制组主要成员，并现场审查编写过程相关资料；

2. 评级小组对《报告》编写过程及披露内容进行评价，拟定评级报告；

3. 评级报告提交评级专家委员会副主席及评级小组组长共同签字。

三、评级结论

过程性（★★★★☆）

公司人事行政部牵头成立报告编写组，公司董事局副主席、副总裁负责报告方向、内容的把控和审核；编写组对利益相关方进行识别，并通过研讨会、问卷调查、访谈等形式收集相关方意见；根据公司重大事项、国家相关政策、行业对标分析等识别实质性议题；计划召开专项发布会发布报告，并将以电子版、印刷版、中英文版、H5 版等形式呈现报告，具有领先的过程性表现。

实质性（★★★★★）

《报告》系统披露了贯彻宏观政策、确保房屋住宅质量、保护农民工权益、避免土地闲置、安全生产管理、新建项目环评、绿色建筑等房地产业关键性议

题，叙述详细充分，具有卓越的实质性表现。

可读性（★★★★☆）

《报告》以"品质给城市更多改变"为主题，围绕"诚信"、"满意"、"价值"、"携手"、"成长"、"和谐"、"乐善"七个方面展开叙述，框架清晰，篇幅适宜；采用水墨画设计风格并融入建筑元素，凸显行业特色；使用丰富案例对企业责任理念和实践进行阐述，具有领先的可读性表现。

完整性（★★★★★）

《报告》从"诚信合规"、"客户满意"、"价值创造"、"合作共赢"、"人力资本"、"改善环境"、"社区共享"等角度系统披露了房地产业核心指标的92.4%，完整性表现卓越。

平衡性（★★★★★）

《报告》披露了"千人职业病发生率"、"员工综合流失率"、"工伤事故发生数"、"员工伤亡人数"等负面数据信息，并以案例形式简述企业积极应对"相关方单位安全生产事故"的过程和改进措施，平衡性表现卓越。

可比性（★★★★★）

《报告》披露了"资产总额"、"营业额"、"期末土地储备面积"、"员工总数"、"客户满意度"、"万元增加值可比价综合能耗"、"安全生产投入"等36个关键指标连续3年以上的绩效数据，并就"签约额"、"商业运营能力"等数据进行横向比较，可比性表现卓越。

可读性（★★★★☆）

《报告》以"品质给城市更多改变"为主题，围绕"诚信"、"满意"、"价值"、"携手"、"成长"、"和谐"、"乐善"七个方面展开叙述，框架清晰，篇幅适宜；采用水墨画设计风格并融入建筑元素，凸显行业特色；使用丰富案例对企业责任理念和实践进行阐述，具有领先的可读性表现。

创新性（★★★★☆）

《报告》设置"聚焦2015"、"以客户为中心"两个责任专题，深度阐述企业年度履责亮点实践；各章开篇展现利益相关方对企业履责的感悟和承诺，并多处嵌入相关方证言，提升了相关方参与度和报告可信度，创新性表现领先。

综合评级（★★★★★）

经评级小组评价，《华润置地有限公司2015年社会责任报告》为五星级，是一份卓越的企业社会责任报告。

四、改进建议

优化报告文字和设计，进一步增强报告的可读性。

评级小组

组长：中国社科院经济学部企业社会责任研究中心主任　钟宏武

成员：中国企业联合会雇主工作部副主任、全球契约中国网络执行秘书长
　　　韩斌

　　　过程性评估员　王志敏

评级专家委员会副主席　　　　评级小组组长

出具时间：2016 年 7 月 25 日

二十六、《中国电子信息产业集团有限公司 2015 社会责任报告》评级报告

受中国电子信息产业集团有限公司委托，"中国企业社会责任报告评级专家委员会"抽选专家组成评级小组，对《中国电子信息产业集团有限公司 2015 社会责任报告》（以下简称《报告》）进行评级。

一、评级依据

《中国企业社会责任报告编写指南（CASS－CSR 3.0）》暨《中国企业社会责任报告评级标准（2014）》。

二、评级过程

1. 过程性评估小组访谈《报告》编制组主要成员，并现场审查编写过程相关资料；

2. 评级小组对《报告》编写过程及披露内容进行评价，拟定评级报告；

3. 评级报告提交评级专家委员会副主席及评级小组组长共同签字。

三、评级结论

过程性（★★★★★）

集团社会责任工作部牵头成立报告编写组，集团董事长、总会计师负责报告审定；编写组对利益相关方进行识别，并通过研讨会、问卷调查、访谈等形式收集相关方意见；根据公司重大事项、国家相关政策、行业对标分析、相关方调查等识别实质性议题；计划在公司"分享责任企业行"活动中发布报告，并将以电子版、印刷版、中英文版、H5 版等形式呈现报告，具有卓越的过程性表现。

实质性（★★★★★）

《报告》系统披露了产品质量管理、产品技术创新、供应链管理、安全生产、职业健康管理、环保产品研发与应用、产品和包装回收再利用等电子产品及

电子元器件制造业关键性议题，叙述详细充分，具有卓越的实质性表现。

完整性（★★★★☆）

《报告》从"引领产业发展"、"建设和谐社区"、"保护生态文明"、"创造共享价值"、"促进持续发展"等角度系统披露了电子产品及电子元器件制造业核心指标的87.0%，完整性表现领先。

平衡性（★★★★☆）

《报告》披露了"资产负债率"、"违法重大案件"、"潜在风险项"等负面数据信息，并以案例形式简述企业对财务管理和会计核算问题的整改措施，平衡性表现领先。

可比性（★★★★★）

《报告》披露了"营业收入"、"利润总额"、"科技研发投入"、"纳税总额"、"产值综合能耗"、"节能减排投资总额"等41个关键指标连续3年以上的绩效数据，并就"中国企业社会责任发展指数排名"等数据进行横向比较，可比性表现卓越。

可读性（★★★★★）

《报告》框架清晰、语言流畅，内容翔实；图片、表格等表达形式丰富多样，与文字叙述相辅相成；整体设计融入产品元素，别出心裁，凸显行业特色；使用丰富案例，对企业责任实践进行"故事性"阐述；采用中英文版，便于国内外读者阅读，可读性表现卓越。

创新性（★★★★☆）

《报告》开篇设置"履责'十二五'"责任专题，全面回顾企业5年来在"责任管理"、"责任实践"、"责任绩效"方面的成效，利于相关方了解企业责任历程；开辟"中国电子2015"板块，阐述企业履责亮点；多处嵌入相关方证言，提升报告的可信度，创新性表现领先。

综合评级（★★★★★）

经评级小组评价，《中国电子信息产业集团有限公司2015社会责任报告》为五星级，是一份卓越的企业社会责任报告。

四、改进建议

增加负面数据和履责不足之处的披露，进一步提高报告的平衡性。

评级小组

组长：中国企业联合会企业创新工作部主任　程多生

成员：清华大学公共管理学院教授、博士生导师　邓国胜

　　　中国社科院经济学部企业社会责任研究中心常务副主任　张蒽

　　　过程性评估员　方小静

评级专家委员会副主席　　　　　评级小组组长

出具时间：2016 年 7 月 22 日

二十七、《中国三星 2015 社会责任报告》评级报告

受三星（中国）投资有限公司委托，"中国企业社会责任报告评级专家委员会"抽选专家组成评级小组，对《中国三星 2015 社会责任报告》（以下简称《报告》）进行评级。

一、评级依据

《中国企业社会责任报告编写指南（CASS – CSR 3.0)》暨《中国企业社会责任报告评级标准（2014)》。

二、评级过程

1. 过程性评估小组访谈《报告》编制组主要成员，并现场审查编写过程相关资料；

2. 评级小组对《报告》编写过程及披露内容进行评价，拟定评级报告；

3. 评级报告提交评级专家委员会副主席及评级小组组长共同签字。

三、评级结论

过程性（★★★★★）

公司 CSR 事务局牵头成立报告编写组，公司总裁负责报告框架、关键节点和终稿审核；编写组对利益相关方进行识别，并通过研讨会、问卷调查、访谈等形式收集相关方意见；根据公司重大事项、国家相关政策、行业对标分析、利益相关方调查等识别实质性议题；计划在官方网站发布报告，并将以电子版、印刷版、H5 版等形式呈现报告，具有卓越的过程性表现。

实质性（★★★★★）

《报告》系统披露了产品质量管理、产品技术创新、供应链管理、安全生产、职业健康管理、环保产品研发、危险品管理、产品和包装回收再利用等电子

产品及电子元器件制造业关键性议题，叙述详细充分，具有卓越的实质性表现。

完整性（★★★★☆）

《报告》从"责任管理"、"市场责任"、"社会责任"、"环境责任"等角度披露了电子产品及电子元器件制造业核心指标的87.9%，完整性表现领先。

平衡性（★★★★★）

《报告》披露了"新增职业病例"、"工伤人数"、"工伤事故率"、"员工流失率"等负面数据信息，并以案例形式简述了企业积极应对"手机预装软件"、"供应商拖欠员工工资"等事件的经过和整改措施，平衡性表现卓越。

可比性（★★★★★）

《报告》披露了"累计投资额"、"员工人数"、"女性管理者比例"、"安全生产投入"、"环保投入"、"温室气体排放量"等46个关键指标连续3年以上的绩效数据，并就"中国企业社会责任发展指数排名"等数据进行横向比较，可比性表现卓越。

可读性（★★★★☆）

《报告》框架清晰，篇幅适宜，语言精练；流程图、表格等表现形式丰富多样，与文字叙述相辅相成；报告整体设计简洁明快，和企业标识相呼应，封面图案采用金元图形拼接而成的熊猫造型，生动展现了企业年度履责亮点，具有领先的可读性表现。

创新性（★★★★☆）

《报告》通过实质性议题调查，评选出公司年度"责任亮点"，集中展现了企业形象，提升了相关方的参与感；对关键定量数据进行醒目处理，便于读者快速了解企业履责成效，创新性表现领先。

综合评级（★★★★★）

经评级小组评价，《中国三星2015社会责任报告》为五星级，是一份卓越的企业社会责任报告。

四、改进建议

增加行业核心指标的披露，进一步提高报告的完整性。

评级小组

组长：中国企业联合会企业创新工作部主任　程多生

成员：北京工商大学经济学院教授　郭毅

　　　过程性评估员　方小静、王志敏

评级专家委员会副主席　　　　评级小组组长

出具时间：2016 年 8 月 2 日

二十八、《中国电信集团公司 2015 社会责任报告》评级报告

受中国电信集团公司委托，"中国企业社会责任报告评级专家委员会"抽选专家组成评级小组，对《中国电信集团公司 2015 社会责任报告》（以下简称《报告》）进行评级。

一、评级依据

《中国企业社会责任报告编写指南（CASS－CSR 3.0）之电信服务业》暨《中国企业社会责任报告评级标准（2014）》。

二、评级过程

1. 过程性评估小组访谈《报告》编制组主要成员，并现场审查编写过程相关资料；

2. 评级小组对《报告》编写过程管理及披露内容进行评价，拟定评级报告；

3. 评级报告提交评级专家委员会副主席及评级小组组长共同签字。

三、评级结论

过程性（★★★★☆）

公司战略部牵头成立报告编写组，董事长、总经理负责报告编写关键节点把控和报告审定；编写组对利益相关方进行识别，通过意见征求会、问卷调查、访谈等形式收集相关方意见；根据公司重大事项、国家相关政策、利益相关方调查等识别实质性议题；计划在官方网站发布报告，并将以电子版、印刷版、中英文版等形式呈现报告，具有领先的过程性表现。

实质性（★★★★★）

《报告》系统披露了确保通信质量、产品服务创新、资费透明、应对客户投

诉、客户信息保护、营造健康网络环境、保障应急通信、缩小数字鸿沟、电磁辐射管理等电信服务业关键性议题，叙述详细充分，具有卓越的实质性表现。

完整性（★★★★☆）

《报告》从"推进责任管理"、"筑力网络强国"、"服务数字社会"、"关爱员工成长"、"践行绿色发展"、"热心社会公益"、"中国电信在海外"等角度系统披露了电信服务业核心指标的 86.5%，完整性表现领先。

平衡性（★★★★☆）

《报告》披露了"百万客户申诉率"、"员工因公伤亡人数"、"员工流动率"、"职工千人责任死亡率"、"移动通信掉话率"等负面数据信息，平衡性表现领先。

可比性（★★★★★）

《报告》披露了"移动通信网络接通率"、"研发投入占收入比"、"主营业务收入"、"纳税总额"、"移动电话用户数"、"女性管理者比例"、"运营中电能消耗量"、"社会捐赠总额"等 75 个关键指标连续 3 年以上的数据；并就"端口短信投诉量全行业占比"、"手机上网和固定上网客户满意度"等数据进行横向比较，可比性表现卓越。

可读性（★★★★★）

《报告》以"共创智能，共享未来"为主题，围绕"责任管理"、"员工成长"、"绿色发展"等七个方面展开叙述，框架清晰，逻辑清楚，语言精练；封面创意和过页设计采用漫画形式，融入企业主营业务和责任实践，构思新颖；多处设置"小知识"栏目，对专业术语进行解释，显著提高了报告的易读性，可读性表现卓越。

创新性（★★★★★）

《报告》设置"'双创'助推转型升级"、"提速降费"、"关爱女员工"等多个责任专题，深度阐述企业在履行本质责任、员工关爱等方面的亮点实践；对关键定量数据进行彩化和醒目处理，便于读者快速了解企业履责成效；多处嵌入利益相关方评价，提升了报告的可信度，创新性表现卓越。

综合评级（★★★★★）

经评级小组评价，《中国电信集团公司 2015 社会责任报告》为五星级，是一份卓越的企业社会责任报告。

四、改进建议

增加负面数据及履责不足之处的披露，进一步提高报告的平衡性。

评级小组

组长：中国社科院经济学部企业社会责任研究中心主任　钟宏武

成员：中国企业联合会雇主工作部副主任、全球契约中国网络执行秘书长
　　　韩斌
　　　过程性评估员　王志敏、贾晶

评级专家委员会副主席　　　　　评级小组组长

出具时间：2016 年 8 月 8 日

二十九、《华润（集团）有限公司 2015 社会责任报告》评级报告

受华润（集团）有限公司委托，"中国企业社会责任报告评级专家委员会"抽选专家组成评级小组，对《华润（集团）有限公司 2015 社会责任报告》（以下简称《报告》）进行评级。

一、评级依据

《中国企业社会责任报告编写指南（CASS – CSR 3.0）》暨《中国企业社会责任报告评级标准（2014）》。

二、评级过程

1. 过程性评估小组访谈《报告》编制组主要成员，并现场审查编写过程相关资料；

2. 评级小组对《报告》编写过程管理及披露内容进行评价，拟定评级报告；

3. 评级报告提交评级专家委员会副主席及评级小组组长共同签字。

三、评级结论

过程性（★★★★★）

集团董事会办公室牵头成立报告编写组，高层领导指导报告编写和报告审核；编写组对利益相关方进行识别，并通过座谈会、问卷调查、访谈、舆情监测等形式收集相关方意见；根据公司重大事项、国家相关政策、行业对标分析、利益相关方调查等识别实质性议题；计划在官方网站发布报告，并将以电子版、印刷版、简版、H5 版等形式呈现报告，具有卓越的过程性表现。

实质性（★★★★★）

《报告》系统披露了响应国家政策、产品质量管理、产品服务创新、员工权益保护、安全生产、供应链管理、员工权益保护、发展循环经济、节约能源资

源、减少"三废"排放等所在行业关键性议题，叙述详细充分，具有卓越的实质性表现。

完整性（★★★★☆）

《报告》从"携手股东，建设价值华润"、"携手员工，建设人本华润"、"携手客户，建设满意华润"、"携手环境，建设绿色华润"、"携手伙伴，建设共赢华润"、"携手华润，建设和谐华润"、"责任管理，引领践行融合"等角度披露了所在行业核心指标的85.6%，完整性表现领先。

平衡性（★★★★★）

《报告》披露了"工伤事故发生数"、"员工死亡人数"、"员工流失率"、"客户投诉解决率"、"安全隐患项"等负面数据信息，并以案例形式详述企业积极应对"华润万家售卖假茅台"、"华润三九产品安全风险问题"等事件的经过和改进措施，具有卓越的平衡性表现。

可比性（★★★★★）

《报告》披露了"营业收入"、"利润总额"、"国有资产保值增值率"、"慈善公益支出"、"女性管理者比例"、"科技投入"、"环保总投入"等101个关键指标连续3年以上的数据，并就"《财富》全球500强排名"、"央企利润总额排名"等指标进行横向比较，可比性表现卓越。

可读性（★★★★★）

《报告》以"携手共创美好生活"为主题，围绕"股东、员工、客户、环境、伙伴、公众"六个方面展开叙述，框架清晰，内容翔实，案例丰富；"走进华润"板块采用公司微信公众卡通形象"嗨皮润"，生动介绍了企业主营业务；整体风格明快大气，过页设计虚实结合，显著提高了报告的悦读性；多处设置"延伸阅读"，对报告内容进行扩展，利于读者进一步了解企业履责实践，具有卓越的可读性表现。

创新性（★★★★★）

《报告》各章均以"我们的倾听、我们的承诺、我们的理念、利益相关方承诺执行评价"开篇，提纲挈领，总领性强，并以"问题与改进"结尾，对企业履责不足之处及应对措施进行详述，凸显企业对社会责任的闭环管理；设置"落实诚信合规"、"探索循环经济"、"开展精准扶贫"三个主题实践专题，深度阐释企业年度履责亮点，创新性表现卓越。

综合评级（★★★★★）

经评级小组评价，《华润（集团）有限公司 2015 社会责任报告》为五星级，是一份卓越的企业社会责任报告。

四、改进建议

增加行业核心指标的披露，进一步提高报告的完整性。

评级小组

组长：中国社科院经济学部企业社会责任研究中心主任　钟宏武

成员：中国企业联合会雇主工作部副主任、全球契约中国网络执行秘书长
　　　韩斌

　　　过程性评估员　翟利峰、王梦娟

评级专家委员会副主席　　　　评级小组组长

出具时间：2016 年 8 月 10 日

三十、《中国电子科技集团公司 2015 企业社会 责任报告》评级报告

受中国电子科技集团公司委托，"中国企业社会责任报告评级专家委员会"抽选专家组成评级小组，对《中国电子科技集团公司 2015 企业社会责任报告》（以下简称《报告》）进行评级。

一、评级依据

《中国企业社会责任报告编写指南（CASS－CSR 3.0）》暨《中国企业社会责任报告评级标准（2014）》。

二、评级过程

1. 过程性评估小组访谈《报告》编制组主要成员，并现场审查编写过程相关资料；

2. 评级小组对《报告》编写过程及披露内容进行评价，拟定评级报告；

3. 评级报告提交评级专家委员会副主席及评级小组组长共同签字。

三、评级结论

过程性（★★★★★）

集团质量安全与社会责任部牵头成立报告编写组，高层领导负责报告编写组织、部署和最终审定；编写组对利益相关方进行识别，并通过专家研讨会、问卷调查、访谈等形式收集相关方意见；根据公司重大事项、国家相关政策、行业对标分析等识别实质性议题；计划在"第四届中国电子信息行业社会责任年会"上发布报告，并将以电子版、印刷版、H5 版等形式呈现报告，具有卓越的过程性表现。

实质性（★★★★★）

《报告》系统披露了贯彻宏观政策、产品质量管理、产品科技创新、职业健

康管理、安全生产、环保技术和设备的研发与应用、节约能源资源、绿色产品研发等特种设备制造业关键性议题，具有卓越的实质性表现。

完整性（★★★★☆）

《报告》从"创新驱动核心责任"、"协调提升市场绩效"、"绿色打造环境生态"、"开放推进全球发展"、"共享助力社会转型"等角度系统披露了特种设备制造业核心指标的 82.0%，完整性表现领先。

平衡性（★★★★☆）

《报告》披露了"安全生产责任事故数"、"员工死亡人数"、"员工流失率"、"职业病发病率"、"重大环境事故数"等负面数据信息，并简述了企业在"社会责任绩效指标收集"、"绿色节能技术应用"等方面的不足与改进措施，平衡性表现领先。

可比性（★★★★★）

《报告》披露了"营业收入"、"利润总额"、"纳税额"、"研发投入"、"节能环保总投资"、"安全培训投入"等 44 个关键绩效指标连续 3 年以上的数据，并就"中央企业财务绩效评价排名"、"国资委经营业绩考核排名"等数据进行横向比较，可比性表现卓越。

可读性（★★★★★）

《报告》以"新起点，新电科"为主题，围绕"创新、协调、绿色、开放、共享"五大发展理念展开叙述，框架清晰，逻辑清楚，篇幅适宜；封面创意和篇章页设计科技感强，企业特色突出；并对集团管理用语、专业术语进行了解释，显著提高了报告的易读性，具有卓越的可读性表现。

创新性（★★★★☆）

《报告》开篇设置"新常态下新使命，新战略下新作为"责任专题，紧扣国家"十三五"规划，时效性强；各篇章均以"新事例、新要求、新布局、新成效"框架展开，全方位、多角度阐述了企业年度履责实践和绩效；多处嵌入二维码，对报告内容进行扩展，具有领先的创新性表现。

综合评级（★★★★★）

经评级小组评价，《中国电子科技集团公司 2015 企业社会责任报告》为五星级，是一份卓越的企业社会责任报告。

四、改进建议

增加行业核心指标的披露，进一步提高报告的完整性。

评级小组

组长：中国社科院经济学部企业社会责任研究中心主任　钟宏武

成员：中国企业联合会雇主工作部副主任、全球契约中国网络执行秘书长
　　　韩斌

　　　过程性评估员　张蕙、王志敏

评级专家委员会副主席　　　　　　评级小组组长

出具时间：2016 年 8 月 23 日

三十一、《中国黄金集团公司 2015 年社会责任报告》评级报告

受中国黄金集团公司委托，"中国企业社会责任报告评级专家委员会"抽选专家组成评级小组，对《中国黄金集团公司 2015 年社会责任报告》（以下简称《报告》）进行评级。

一、评级依据

《中国企业社会责任报告编写指南（CASS – CSR 3.0）》暨《中国企业社会责任报告评级标准（2014）》。

二、评级过程

1. 过程性评估小组访谈《报告》编制组主要成员，并现场审查编写过程相关资料；

2. 评级小组对《报告》编写过程及披露内容进行评价，拟定评级报告；

3. 评级报告提交评级专家委员会副主席及评级小组组长共同签字。

三、评级结论

过程性（★★★★☆）

公司设置社会责任报告编写指导委员会，企业管理部牵头成立报告编写组，总经理、副总经理参与报告核心议题、主体框架的审定；编写组对利益相关方进行识别，并通过意见征求会、实地调研、访谈等形式收集相关方意见；根据公司重大事项、国家相关政策、利益相关方分析等识别实质性议题；计划召开专项发布会，并将以电子版、印刷版等形式呈现报告，具有领先的过程性表现。

实质性（★★★★★）

《报告》系统披露了贯彻宏观政策、职业健康管理、安全生产、环境管理体系、环保技术和设备的研发与应用、节约能源资源、减少"三废"排放、残矿

回收、矿区生态恢复与重建等一般采矿业关键性议题，叙述详细充分，具有卓越的实质性表现。

完整性（★★★★★）

《报告》从"责任黄金"、"价值黄金"、"平安黄金"、"绿色黄金"、"幸福黄金"等角度系统披露了一般采矿业核心指标的 90.8%，完整性表现卓越。

平衡性（★★★★☆）

《报告》披露了"职业病发生人数"、"损失率"、"一般生产安全事故"、"员工伤亡人数"、"员工流失率"等负面信息，平衡性表现领先。

可比性（★★★★★）

《报告》披露了"总资产"、"净利润"、"研发投入"、"纳税总额"、"环保总投资"、"单位产值能耗"等 51 个关键绩效指标连续 3 年以上的数据，并就"全球主要产金企业产量排名"等数据与国内外进行横向比较，可比性表现卓越。

可读性（★★★★☆）

《报告》框架清晰，语言流畅，篇幅适宜，并使用丰富的案例对企业履责实践进行阐述；封面设计以金色和绿色为主色调，凸显企业行业特征和环保理念；对行业专业术语进行解释，进一步提高了报告的易读性，具有领先的可读性表现。

创新性（★★★★）

《报告》编写过程中深入权属企业调研访谈，积极挖掘优秀案例，促进了权属企业的参与；专版呈现"报告编写流程"，提升了报告管理的透明度，创新性表现优秀。

综合评级（★★★★★）

经评级小组评价，《中国黄金集团公司 2015 年社会责任报告》为五星级，是一份卓越的企业社会责任报告。

四、改进建议

优化报告内容与设计的表现形式，进一步提高报告的创新性。

评级小组

组长：中国社科院经济学部企业社会责任研究中心主任　钟宏武

成员：北方工业大学经济管理学院副教授　魏秀丽

过程性评估员　王志敏

评级专家委员会副主席　　　　评级小组组长

出具时间：2016 年 11 月 15 日

第五章 评级报告展示（四星半级）

三十二、《越秀地产 2015 社会责任报告》评级报告

受越秀地产股份有限公司委托，"中国企业社会责任报告评级专家委员会"抽选专家组成评级小组，对《越秀地产 2015 社会责任报告》（以下简称《报告》）进行评级。

一、评级依据

《中国企业社会责任报告编写指南 3.0 之房地产行业》暨《中国企业社会责任报告评级标准（2014）》。

二、评级过程

1. 过程性评估小组访谈公司社会责任相关部门成员，并现场审查《报告》编写过程相关资料；

2. 评级小组对《报告》编写的管理过程及披露内容进行评价，拟定评级报告；

3. 评级报告提交评级专家委员会副主席及评级小组组长共同签字。

三、评级结论

过程性（★★★★☆）

公司党委工作部牵头成立报告编写组，党委副书记兼企业社会责任首席执行

官全程指导报告编写；编写组运用米切尔分析法对利益相关方进行识别和排序，通过电话访谈、实地访谈等形式收集相关方意见；根据公司重大事项、国家相关政策、行业对标分析、法律法规制度等识别实质性议题；计划在房地产行业协会报告发布会上发布报告，并将以中英文版、H5 版、微信等形式呈现报告，具有领先的过程性表现。

实质性（★★★★☆）

《报告》系统披露了响应国家政策、产品质量管控、产品创新、新建项目环评、噪声污染控制、绿色建筑、建筑材料循环利用等房地产业关键性议题，具有领先的实质性表现。

完整性（★★★★）

《报告》从"责任管理"、"市场绩效"、"社会绩效"、"绿色地产"等角度披露了房地产业 75.0% 的核心指标，完整性表现优秀。

平衡性（★★★★★）

《报告》披露了"工伤人数"、"职业病病例数"、"员工离职率"等负面数据信息，以专题形式披露了公司对居民投诉问题的改进，并在较多章节设置"改进"模块，提出社会责任的不足之处与改进方向，平衡性表现卓越。

可比性（★★★★★）

《报告》披露了"营业收入"、"合同销售金额"、"客户满意度"、"纳税总额"等 30 余个关键指标连续 3 年以上的数据；并就"销售排名"、"营业收入"、"资产总额"、"客户总体满意度调查"等数据与国内同行进行横向比较，可比性表现卓越。

可读性（★★★★☆）

《报告》框架清晰，语言流畅，篇幅适宜；设计精美，采用较多图形、表格等形式，与文字叙述相辅相成；采用"延伸阅读"、"知识链接"的方式对相关政策法规进行陈述，具有领先的可读性表现。

创新性（★★★★★）

《报告》从合法性、权利性、紧迫性三个方面对多个部门的利益相关方进行排序；设置丰富的责任专题，对员工权益、公益慈善、环境保护等方面的典型案例进行详述；多处嵌入利益相关方"心声"专栏，增加了报告的可信度，创新性表现卓越。

综合评级（★★★★☆）

经评级小组评价，《越秀地产 2015 社会责任报告》为四星半级，是一份领先的企业社会责任报告。

四、改进建议

1. 增加行业核心指标的披露，进一步提高报告的完整性。

2. 加强利益相关方参与，进一步提高报告的过程性。

评级小组

组长：清华大学创新与社会责任研究中心主任　邓国胜

成员：中国社科院企业社会责任研究中心常务副主任　张蒽

　　　过程性评估员　方小静

评级专家委员会副主席　　　　　　评级小组组长

出具时间：2016 年 3 月 28 日

三十三、《朔黄铁路发展有限责任公司 2015 年度社会责任报告》评级报告

受朔黄铁路发展有限责任公司委托，"中国企业社会责任报告评级专家委员会"抽选专家组成评级小组，对《朔黄铁路发展有限责任公司 2015 年度社会责任报告》（以下简称《报告》）进行评级。

一、评级依据

《中国企业社会责任报告编写指南（CASS – CSR 3.0)》暨《中国企业社会责任报告评级标准（2014)》。

二、评级过程

1. 过程性评估小组访谈《报告》编制组主要成员，并现场审查编写过程相关资料；

2. 评级小组对《报告》编写过程及披露内容进行评价，拟定评级报告；

3. 评级报告提交评级专家委员会副主席及评级小组组长共同签字。

三、评级结论

过程性（★★★★☆）

公司企业管理部牵头成立报告编写组，公司副总经理、总法律顾问把控关键环节并进行最终审核；编写组对利益相关方进行识别，通过问卷调查、相关方访谈等形式收集相关方意见；根据公司重大事项、国家相关政策、行业对标分析、利益相关方问卷调查等识别实质性议题；计划在煤炭行业企业社会责任报告发布会上发布报告，并将以印刷版、电子版等形式呈现报告，具有领先的过程性表现。

实质性（★★★★☆）

《报告》系统披露了服务质量管理、职业安全健康、保障安全运输、应对气

候变化、研发绿色交通工具等交通运输服务业关键性议题，具有领先的实质性表现。

完整性（★★★★）

《报告》从"责任朔黄"、"文化朔黄"、"安全朔黄"、"人本朔黄"、"绿色朔黄"、"科技朔黄"、"和谐朔黄"等角度披露了交通运输服务业核心指标的72.0%，完整性表现优秀。

平衡性（★★★★）

《报告》披露了"员工伤亡事故数"、"火灾爆炸事故数"、"路外伤亡事故数"、"轨道三级超限数"等负面数据信息，平衡性表现优秀。

可比性（★★★★☆）

《报告》披露了"营业收入"、"纳税总额"、"运煤量"、"员工培训总投入"、"环保总投资"、"公益捐赠"等30余个关键绩效指标连续3年以上的历史数据，可比性表现领先。

可读性（★★★★☆）

《报告》以"路"为主线，贯穿全文，彰显企业履责特色；框架清晰、结构合理，语言简洁；采用绿色为报告主色调，突出环保理念，封面和过页设计融入水墨画意境和铁路元素，凸显行业特点；图文设计结合紧密，提高了报告的悦读性，具有领先的可读性表现。

创新性（★★★☆）

《报告》设置"成长之路"时间轴线图，便于相关方了解企业发展历程；突出显示关键绩效，增强报告沟通力；嵌入利益相关方评价，提升了报告可信度，创新性表现良好。

综合评级（★★★★☆）

经评级小组评价，《朔黄铁路发展有限责任公司2015年度社会责任报告》为四星半级，是一份领先的企业社会责任报告。

四、改进建议

1. 增加行业核心指标的披露，进一步提高报告的完整性。

2. 增加负面数据及履责不足之处的披露，进一步提高报告的平衡性。

评级小组

组长：中国社会科学院经济学部企业社会责任研究中心常务副主任　张蒽

成员：北方工业大学经济管理学院副教授　魏秀丽

　　　过程性评估员　王志敏

评级专家委员会副主席　　　　　评级小组组长

出具时间：2016 年 4 月 29 日

三十四、《深圳供电局有限公司 2015 年社会责任实践》评级报告

受深圳供电局有限公司委托，"中国企业社会责任报告评级专家委员会"抽选专家组成评级小组，对《深圳供电局有限公司 2015 年社会责任实践》（以下简称《报告》）进行评级。

一、评级依据

《中国企业社会责任报告编写指南（CASS－CSR 3.0）之电力供应业》暨《中国企业社会责任报告评级标准（2014）》。

二、评级过程

1. 过程性评估小组访谈《报告》编制组主要成员，并现场审查编写过程相关资料；
2. 评级小组对《报告》编写过程及披露内容进行评价，拟定评级报告；
3. 评级报告提交评级专家委员会副主席及评级小组组长共同签字。

三、评级结论

过程性（★★★★★）

企业管理部牵头成立报告编制小组，公司副总经理负责报告基调、主题审定；编制小组对利益相关方进行识别，并通过意见征求会、研讨会、问卷调查、访谈等形式收集相关方意见；根据公司重大事项、国家相关政策、行业对标分析、利益相关方问卷调查等识别实质性议题；计划依托南方电网"社会责任周"活动平台发布报告，并将以电子版、印刷版、新媒体等形式呈现报告，具有卓越的过程性表现。

实质性（★★★★★）

《报告》系统披露了减少停电时间、提高电能质量、提升服务水平、规范安

全管理、打造绿色电网、降低运营损耗、加强科技创新、保障员工权益等电力供应业关键性议题，叙述详细充分，具有卓越的实质性表现。

完整性（★★★★☆）

《报告》从"电力供应"、"绿色环保"、"经济绩效"、"社会和谐"等角度系统披露了电力供应业核心指标的82.0%，完整性表现领先。

平衡性（★★★★★）

《报告》披露了"全年综合线损率"、"电能计量差错率"、"百万客户抱怨数"、"全年用户重复停电率"、"全年恶性误操作设备事件"等负面数据信息，并以案例形式详述企业"破解城中村用电管理难题"的过程，平衡性表现卓越。

可比性（★★★★）

《报告》披露了"主营业务收入"、"售电量"、"客户年平均停电时间"、"综合电压合格率"、"对外捐赠总额"等30余个关键指标连续3年以上的数据；并就"客户满意度"、"综合线损率"、"产电比"等数据与国内外同行进行横向比较，可比性表现优秀。

可读性（★★★★☆）

《报告》框架清晰，篇幅适宜，语言流畅；开篇"关于我们"板块，用插画立体展现了公司业务范围和流程，各篇头的"大鹏展翅"设计，精致华美，以图画形式展现了"深圳特色"及该板块重点，使读者一目了然，整体设计也很好地呼应了文字内容；《报告》还使用丰富的案例对社会责任理念和实践进行阐述，具有领先的创新性表现。

创新性（★★★★☆）

《报告》以"改革"为主题，各篇章均以改革的背景、态度、行动、畅想开篇，提纲挈领地阐述了篇章重点及履责亮点；设置"微谈深供"模块，通过微信对话形式回应利益相关方关注点和期望，创新沟通方式；多处嵌入利益相关方"声音"，提升了报告的可信度，创新性表现领先。

综合评级（★★★★☆）

经评级小组评价，《深圳供电局有限公司2015年社会责任实践》为四星半级，是一份领先的企业社会责任报告。

四、改进建议

增加企业历史关键数据的披露，提高报告的纵向可比性。

评级小组

组长：中国电力企业联合会党组成员、专职副理事长　王志轩

成员：商道纵横总经理　郭沛源

　　　过程性评估员　张蕙、方小静

评级专家委员会副主席　　　　　评级小组组长

出具时间：2016 年 4 月 29 日

三十五、《天津生态城投资开发有限公司 2015 年社会责任报告》评级报告

受天津生态城投资开发有限公司委托，"中国企业社会责任报告评级专家委员会"抽选专家组成评级小组，对《天津生态城投资开发有限公司 2015 年社会责任报告》（以下简称《报告》）进行评级。

一、评级依据

《中国企业社会责任报告编写指南（CASS – CSR 3.0)》暨《中国企业社会责任报告评级标准（2014)》。

二、评级过程

1. 过程性评估小组访谈《报告》编制组主要成员，并现场审查编写过程相关资料；

2. 评级小组对《报告》编写过程及披露内容进行评价，拟定评级报告；

3. 评级报告提交评级专家委员会副主席及评级小组组长共同签字。

三、评级结论

过程性（★★★★）

公司投资发展部牵头成立报告编写组，公司董事长、总经理对报告进行最终审定；编写组对利益相关方进行识别，根据公司重大事项、国家相关政策、行业对标分析、利益相关方访谈等识别实质性议题；计划在公司相关活动及新闻发言人平台上发布报告，并将以电子版、印刷版、微信、微博等形式呈现报告，具有优秀的过程性表现。

实质性（★★★★☆）

《报告》系统披露了贯彻宏观政策、提供优质服务、保障安全生产、应对客户投诉、维护员工权益、节约能源资源等行业关键性议题，叙述详细充分，实质

性表现领先。

完整性（★★★★）

《报告》从"培育增长动力"、"确保稳健步伐"、"建设生态家园"、"实现繁荣与共"、"创建和谐社会"等角度披露了行业核心指标的 72.0%，完整性表现优秀。

平衡性（★★★★）

《报告》披露了"员工流失率"、"客户投诉解决率"、"职业病发病次数"、"工伤事故发生次数"、"安全生产重伤死亡事故数"等负面数据信息，具有优秀的平衡性表现。

可比性（★★★★★）

《报告》披露了"在建绿建面积"、"在建绿建项目数"、"市民满意度"、"员工培训投入"、"人均带薪休假天数"等 30 余个关键指标连续 3 年以上的数据，并就"绿色建筑标识数"等指标与国内同行进行横向比较，可比性表现卓越。

可读性（★★★★☆）

《报告》以"绿色谋发展，改革创新机"为主题，框架清晰，篇幅适宜，语言流畅，案例丰富；封面创意和各章开篇设计均以绿色为主色调，凸显"生态城市实践者"的企业定位，同时多元化的设计元素提升了报告的悦读性；多处设置"延伸阅读"，对重点议题的履责举措进行扩展，利于读者进一步了解相关行动和成效，具有领先的可读性表现。

创新性（★★★★）

《报告》框架围绕"创新、协调、绿色、开放、共享"五大发展理念展开，紧扣国家"十三五"规划，凸显国企责任担当；开辟"悦邻里，优生活"专版，生动介绍企业主营业务，创新性表现优秀。

综合评级（★★★★☆）

经评级小组评价，《天津生态城投资开发有限公司 2015 年社会责任报告》为四星半级，是一份领先的企业社会责任报告。

四、改进建议

1. 加强报告过程性管理，提高利益相关方参与度。

2. 增加行业核心指标的披露，提高报告的完整性。

评级小组

组长：中国企业公民委员会副会长　刘卫华

成员：北方工业大学经济管理学院副教授　魏秀丽

　　　过程性评估员　方小静

评级专家委员会副主席　　　　　评级小组组长

出具时间：2016 年 5 月 6 日

三十六、《国家开发投资公司 2015 年企业社会责任报告》评级报告

受国家开发投资公司委托，"中国企业社会责任报告评级专家委员会"抽选专家组成评级小组，对《国家开发投资公司 2015 年企业社会责任报告》（以下简称《报告》）进行评级。

一、评级依据

《中国企业社会责任报告编写指南（CASS－CSR 3.0）》暨《中国企业社会责任报告评级标准（2014）》。

二、评级过程

1. 过程性评估小组访谈《报告》编制组主要成员，并现场审查编写过程相关资料；

2. 评级小组对《报告》编写过程及披露内容进行评价，拟定评级报告；

3. 评级报告提交评级专家委员会副主席及评级小组组长共同签字。

三、评级结论

过程性（★★★★）

公司设置社会责任工作委员会，董事长担任社会责任工作委员会主任；国投研究中心牵头成立报告编写组，公司董事长、副总裁对报告进行审定；编写组对利益相关方进行识别，根据公司重大事项、国家相关政策、行业对标分析等识别实质性议题；计划召开专项发布会，并将以 H5 版、简版、APP 版等形式呈现报告，具有优秀的过程性表现。

实质性（★★★★☆）

《报告》系统披露了响应国家政策、推进科技创新、开发清洁能源、发展循环经济、保障安全生产、维护员工权益、开展诚信经营等行业关键性议题，实质

性表现领先。

完整性（★★★★）

《报告》从"经济发展责任"、"环境保护责任"、"安全生产责任"、"员工发展责任"、"企业公民责任"等角度披露了行业核心指标的 72.0%，完整性表现优秀。

平衡性（★★★★☆）

《报告》披露了"安全生产事故死亡人数"、"煤炭百万吨死亡率"、"外委承包商伤亡人数"等负面数据信息，并以案例形式，详细阐述了国投新集刘庄煤矿机电设备事故的处理经过和改进措施，具有领先的平衡性表现。

可比性（★★★★★）

《报告》披露了"营业总收入"、"利润总额"、"万元产值综合能耗"、"能源消费总量"、"安全生产投入"、"公益捐赠"等 26 个关键指标连续 3 年以上的数据，并就"国有资产保值增值率"、"硫酸钾全球单厂产能规模"、"汽车油箱销售量"等指标与国内外进行横向比较，可比性表现卓越。

可读性（★★★★☆）

《报告》框架清晰，语言流畅，案例丰富；封面设计以企业主要产业图画为背景，加入指纹印章，构思新颖，体现了企业的责任承诺；整体设计以手绘为主元素，图文并茂，生动展示企业履责实践；以"长知识"的方式对专业词汇进行解释，提高了报告的易读性，可读性表现领先。

创新性（★★★★）

《报告》各章开篇简述本章责任理念和关键绩效，提纲挈领，总领性强；设置"超低排放点亮绿色生活"、"国小宝关爱陪伴行动"等专题，深度阐述企业的优秀责任实践；创新报告传播方式，在专业 APP 中系统展现企业报告情况，具有优秀的创新性表现。

综合评级（★★★★☆）

经评级小组评价，《国家开发投资公司 2015 年企业社会责任报告》为四星半级，是一份领先的企业社会责任报告。

四、改进建议

1. 加强报告过程性管理，进一步提高利益相关方参与度。

2. 增加行业核心指标的披露，进一步提高报告的完整性。

评级小组

组长：中国企业公民委员会副会长　刘卫华

成员：中国社科院经济学部企业社会责任研究中心常务副主任　张蕙

　　　过程性评估员　方小静、王志敏

评级专家委员会副主席　　　　　评级小组组长

出具时间：2016 年 5 月 18 日

三十七、《太原钢铁（集团）有限公司 2015 年社会责任报告》评级报告

受太原钢铁（集团）有限公司委托，"中国企业社会责任报告评级专家委员会"抽选专家组成评级小组，对《太原钢铁（集团）有限公司 2015 年社会责任报告》（以下简称《报告》）进行评级。

一、评级依据

《中国企业社会责任报告编写指南 3.0 之钢铁业》暨《中国企业社会责任报告评级标准（2014）》。

二、评级过程

1. 过程性评估小组访谈《报告》编制组主要成员，并现场审查编写过程相关资料；

2. 评级小组对《报告》编写过程及披露内容进行评价，拟定评级报告；

3. 评级报告提交评级专家委员会副主席及评级小组组长共同签字。

三、评级结论

过程性（★★★★☆）

企业文化部牵头成立报告编写组，公司总经理负责报告编写统筹和审定，并由董事会进行终稿审定；编写组对利益相关方进行识别，并通过意见征求会、研讨会、访谈等形式收集相关方意见；根据公司重大事项、国家相关政策、行业对标分析等识别实质性议题；计划在"2016 中国工业行业企业社会责任报告发布会"发布报告，并将以电子版、印刷版、微信等形式呈现报告，具有领先的过程性表现。

实质性（★★★★★）

《报告》系统披露了贯彻宏观政策、产品质量管理、职业健康管理、安全生

产保障、环保技术和设备的研发与应用、节约能源资源等钢铁业关键性议题，叙述详细充分，具有卓越的实质性表现。

完整性（★★★★☆）

《报告》划分"经济"、"环境"、"社会"三个主体板块，从"钢铁主业发展"、"创新体系建设"、"供应链管理"、"环境方针"、"员工成长与关爱"、"行业可持续发展"等角度系统披露了钢铁业核心指标的82.0%，完整性表现领先。

平衡性（★★★★★）

《报告》披露了"资产负债率"、"人身伤亡事故数"、"千人负伤率"、"职业病发病率"、"员工辞职率"等负面数据信息，并对公司安全生产事故处理结果和扬尘污染事件发生的原因及改进措施进行阐述，平衡性表现卓越。

可比性（★★★★）

《报告》披露了"钢产量"、"实现利润"、"吨钢综合能耗"、"固废综合利用率"、"员工满意度"等34个关键指标连续3年以上的绩效数据，并就"不锈钢出口量"、"吨钢COD排放量"、"新水消耗量"等数据与国内外同行进行横向比较，可比性表现优秀。

可读性（★★★★☆）

《报告》框架清晰，语言流畅，内容翔实；图片、图表设计感强，且具行业特色，与文字描述相得益彰；多处设置"延伸阅读"，对报告内容进行扩展，利于读者进一步了解相关行动和成效；使用丰富案例对社会责任理念和实践进行阐述，具有领先的可读性表现。

创新性（★★★★☆）

《报告》开篇设置"钢铁转型升级，助力制造强国建设"专题，并以漫画形式形象展现企业产业现状，深度阐述了企业的履责实践；各章开篇简述本章责任理念和关键绩效，提纲挈领，总领性强；对实质性议题识别和利益相关方沟通进行专题式披露，提升了相关方参与度，创新性表现领先。

综合评级（★★★★☆）

经评级小组评价，《太原钢铁（集团）有限公司2015年社会责任报告》为四星半级，是一份领先的企业社会责任报告。

四、改进建议

增加关键绩效数据的披露，进一步提高报告的可比性。

评级小组

组长：中国企业公民委员会副会长　刘卫华

成员：中国社科院企业社会责任研究中心常务副主任　张蒽

　　　过程性评估员　王志敏

评级专家委员会副主席　　　　　评级小组组长

出具时间：2016 年 6 月 6 日

三十八、《中国储备棉管理总公司 2015 年社会责任报告》评级报告

受中国储备棉管理总公司委托，"中国企业社会责任报告评级专家委员会"抽选专家组成评级小组，对《中国储备棉管理总公司 2015 年社会责任报告》（以下简称《报告》）进行评级。

一、评级依据

《中国企业社会责任报告编写指南（CASS – CSR 3.0）之仓储业》暨《中国企业社会责任报告评级标准（2014）》。

二、评级过程

1. 过程性评估小组访谈《报告》编制组主要成员，并现场审查编写过程相关资料；

2. 评级小组对《报告》编写过程及披露内容进行评价，拟定评级报告；

3. 评级报告提交评级专家委员会副主席及评级小组组长共同签字。

三、评级结论

过程性（★★★★☆）

公司综合部牵头成立报告编写组，公司总经理任组长，把控报告编写关键节点，并对报告进行审定；编写组对利益相关方进行识别，并通过研讨会、访谈等形式收集相关方意见；根据公司重大事项、国家相关政策、行业对标分析、利益相关方调查等对实质性议题进行界定；计划在官方网站发布报告，并将以电子版、印刷版、H5 版、简版等形式呈现报告，具有领先的过程性表现。

实质性（★★★★☆）

《报告》系统披露了贯彻宏观政策、仓储管理、保障安全生产、科技创新、建设绿色仓储、保护员工权益、信息化建设等仓储业关键性议题，叙述详细充

分，具有领先的实质性表现。

完整性（★★★★☆）

《报告》从"服务国家宏观调控"、"保证生产运营安全"、"致力社会和谐共赢"、"推动员工关爱计划"、"维护绿色生态家园"、"促进企业永续发展"等方面披露了仓储业核心指标的81.5%，完整性表现领先。

平衡性（★★★★★）

《报告》披露了"资产负债率"、"员工流失率"、"一般安全隐患"、"重大安全生产事故数"、"员工伤亡人数"等负面数据信息，并简述企业积极应对"承储单位债务纠纷"、"库存管理突发事件"的过程和改进措施，平衡性表现卓越。

可比性（★★★★★）

《报告》披露了"国有资产保值增值率"、"储备棉出入库总量"、"纳税总额"、"女性管理者比例"、"安全生产投入"、"能源消耗总量"等32个关键绩效指标连续3年以上的数据，可比性表现卓越。

可读性（★★★★★）

《报告》以"棉泽天下，惠工济农"为主题，围绕"志洁如棉"、"谨肃如棉"、"敦惠如棉"、"煦润如棉"、"纯善如棉"、"坚韧如棉"六条主线展开叙述，框架清晰，文笔流畅，逻辑性强；排版精致美观，风格清新淡雅，封面和通篇设计融入较多棉花元素，并以"棉株"形式描绘了报告编写流程，凸显行业特色，提高了报告的悦读性，具有卓越的可读性表现。

创新性（★★★★☆）

《报告》开篇设置"我们共同走过的2015"专版，聚焦企业履责亮点实践，便于相关方快速了解；各章开篇结合传统文化理念简述本章关键责任议题，提纲挈领，总领性强；设置利益相关方证言，提高了报告的可信度，创新性表现领先。

综合评级（★★★★☆）

经评级小组评价，《中国储备棉管理总公司2015年社会责任报告》为四星半级，是一份领先的企业社会责任报告。

四、改进建议

增加行业核心指标的披露，进一步提高报告的完整性。

评级小组

组长：中国企业公民委员会副会长　刘卫华

成员：北京工商大学经济学院教授　郭毅

　　　过程性评估员　方小静、王志敏

评级专家委员会副主席　　　　　评级小组组长

出具时间：2016 年 7 月 4 日

三十九、《2015～2016 丰田中国 CSR 企业社会责任报告》评级报告

受丰田汽车（中国）投资有限公司委托，"中国企业社会责任报告评级专家委员会"抽选专家组成评级小组，对《2015～2016 丰田中国 CSR 企业社会责任报告》（以下简称《报告》）进行评级。

一、评级依据

《中国企业社会责任报告编写指南（CASS－CSR 3.0）之汽车制造业》暨《中国企业社会责任报告评级标准（2014）》。

二、评级过程

1. 过程性评估小组访谈《报告》编制组主要成员，并现场审查编写过程相关资料；

2. 评级小组对《报告》编写的过程管理及披露内容进行评价，拟定评级报告；

3. 评级报告提交评级专家委员会副主席及评级小组组长共同签字。

三、评级结论

过程性（★★★★☆）

公司社会贡献部牵头成立报告编写组，公司董事长、总经理、执行副总负责报告关键环节、编写内容及设计风格的整体把控和审定；编写组对利益相关方进行识别，并通过研讨会、问卷调查、访谈等形式收集部分相关方意见；根据公司重大事项、国家相关政策、行业对标分析、利益相关方调查等对实质性议题进行界定；计划在官方网站发布报告，并将以电子版、印刷版、中日文版、微信、APP 版等形式呈现报告，具有领先的过程性表现。

实质性（★★★★★）

《报告》系统披露了贯彻宏观政策、客户关系管理、提供安全的汽车产品、加强水管理、支持科技创新、职业健康管理、绿色产品研发、节约资源能源等汽车制造业关键性议题，叙述详细充分，具有卓越的实质性表现。

完整性（★★★★☆）

《报告》从"公司治理"、"合规管理"、"企业社会责任管理"、"丰田造车，共创未来移动生活"、"丰田育人，营造和谐劳资氛围"、"丰田公益，创造美好幸福生活"等方面披露了汽车制造业核心指标的83.0%，完整性表现领先。

平衡性（★★★☆）

《报告》披露了"百万工时休业事故率"、"环境违法事件数"、"重大泄漏事故数"等负面数据信息，平衡性表现良好。

可比性（★★★☆）

《报告》披露了"单台车能源减少情况"、"减少水使用量"、"减少VOC使用量"、"单台废弃物排放量"等关键绩效指标3年以上的数据，可比性表现良好。

可读性（★★★★★）

《报告》框架清晰，语言流畅，篇幅适宜；各章开篇简述本章责任理念和关键绩效，提纲挈领，总领性强；封面创意及正文设计融入较多"汽车"元素，并贯穿全文，凸显行业特色；设计风格明快大气，令人耳目一新，同时加入漫画元素，提高了报告的悦读性，具有卓越的可读性表现。

创新性（★★★★☆）

《报告》开篇设置"丰田在中国2015环境和社会足迹"板块，集中展现企业在经济、环境、员工、公益等方面的履责成效；设置"油电混合双擎动力总成国产化，将环保进行到底"专题，深度阐述企业在节能减排和环境保护方面的履责亮点；全篇多处设置二维码，对报告内容进行扩展，利于相关方了解更多相关知识，创新性表现领先。

综合评级（★★★★☆）

经评级小组评价，《2015~2016丰田中国CSR企业社会责任报告》为四星半级，是一份领先的社会责任报告。

四、改进建议

1. 增加负面数据信息及履责不足之处的披露，提高报告的平衡性。

2. 增加企业连续 3 年以上关键绩效数据的披露，提高报告的可比性。

评级小组

组长：中国社科院经济学部企业社会责任研究中心主任　钟宏武

成员：北京工商大学经济学院教授　郭毅

　　　过程性评估员　方小静、王志敏

评级专家委员会副主席　　　　　评级小组组长

出具时间：2016 年 6 月 23 日

四十、《2015 年中国黄金国际资源有限公司社会责任报告》评级报告

受中国黄金国际资源有限公司委托，"中国企业社会责任报告评级专家委员会"抽选专家组成评级小组，对《2015 年中国黄金国际资源有限公司社会责任报告》（以下简称《报告》）进行评级。

一、评级依据

《中国企业社会责任报告编写指南（CASS‒CSR 3.0）之一般采矿业》暨《中国企业社会责任报告评级标准（2014）》。

二、评级过程

1. 过程性评估小组访谈《报告》编制组主要成员，并现场审查编写过程相关资料；

2. 评级小组对《报告》编写过程及披露内容进行评价，拟定评级报告；

3. 评级报告提交评级专家委员会副主席及评级小组组长共同签字。

三、评级结论

过程性（★★★★☆）

公司董秘事务处和生产运营与技术部共同牵头成立报告编写组，主持工作副总裁负责报告终审；编写组对利益相关方进行识别，并通过意见征求会、问卷调查、访谈等形式收集相关方意见；根据公司重大事项、国家相关政策、行业对标分析、相关方调查等对实质性议题进行界定；计划在官方网站发布报告，并将以电子版、印刷版、中英文版等形式呈现报告，具有领先的过程性表现。

实质性（★★★★★）

《报告》系统披露了贯彻宏观政策、数字矿山建设、职业健康管理、保障安全生产、环保技术研发与应用、减少"三废"排放、矿区生态环境保护等一般

采矿业关键性议题，叙述详细充分，具有卓越的实质性表现。

完整性（★★★★）

《报告》从"社会责任理念"、"责任管理"、"环保节能"、"安全生产"、"员工权益"、"科技创新"、"和谐共赢"等角度披露了一般采矿业核心指标的77.0%，完整性表现优秀。

平衡性（★★★★）

《报告》披露了"资产负债率"、"职工伤亡人数"、"年度新增职业病病例"、"环境污染事故次数"、"百万吨工亡率"、"员工流失率"等负面数据信息，平衡性表现优秀。

可比性（★★★★★）

《报告》披露了"营业收入"、"产品合格率"、"环保总投资"、"吨矿处理综合能耗"、"安全生产投入"、"科研总投入"、"纳税总额"等79个关键绩效指标连续3年以上的数据，并就"污染物排放控制水平"、"安全生产水平"、"科研成果水平"等数据在国内外进行横向比较，可比性表现卓越。

可读性（★★★★☆）

《报告》框架清晰，语言流畅，篇幅适宜，并使用丰富案例对履责实践进行阐述；封面主体元素与报告框架及关键议题相呼应，通篇采用金色为报告主色调，凸显了行业特色；充分披露关键指标数据，利于利益相关方全方位了解企业履责成效，可读性表现领先。

创新性（★★★★）

《报告》对年度社会责任工作绩效进行较详细披露，便于相关方了解企业社会责任工作发展现状；创新社会责任组织体系，利于挖掘和提升公司社会责任工作的潜力和效率，创新性表现优秀。

综合评级（★★★★☆）

经评级小组评价，《2015年中国黄金国际资源有限公司社会责任报告》为四星半级，是一份领先的企业社会责任报告。

四、改进建议

1. 增加行业核心指标的披露，提高报告的完整性。

2. 增加履责不足之处的披露，进一步提高报告的平衡性。

评级小组

组长：中国社科院经济学部企业社会责任研究中心主任　钟宏武

成员：商道纵横总经理　郭沛源

　　　过程性评估员　方小静、王志敏

评级专家委员会副主席　　　　　评级小组组长

出具时间：2016 年 6 月 23 日

四十一、《中国民生银行 2015 年社会责任报告》评级报告

受中国民生银行股份有限公司委托，"中国企业社会责任报告评级专家委员会"抽选专家组成评级小组，对《中国民生银行 2015 年社会责任报告》（以下简称《报告》）进行评级。

一、评级依据

《中国企业社会责任报告编写指南（CASS–CSR 3.0）》暨《中国企业社会责任报告评级标准（2014）》。

二、评级过程

1. 过程性评估小组访谈《报告》编制组主要成员，并现场审查编写过程相关资料；

2. 评级小组对《报告》编写过程及披露内容进行评价，拟定评级报告；

3. 评级报告提交评级专家委员会副主席及评级小组组长共同签字。

三、评级结论

过程性（★★★★☆）

公司办公室社会责任管理处牵头成立报告编写组，公司董事长把控报告编写关键环节，董事会对报告进行最终审议；编写组对利益相关方进行识别，并通过意见征求会、访谈等形式收集相关方意见；根据公司重大事项、国家相关政策识别实质性议题；计划在中国银行业协会报告集中发布会上发布报告，并将以电子版、印刷版形式呈现报告，具有领先的过程性表现。

实质性（★★★★★）

《报告》系统披露了贯彻宏观政策、产品服务创新、保护客户信息安全、确保资费透明、小额信贷、反洗钱、推进实施新资本协议、IT 灾备、绿色信贷等银

行业关键性议题，叙述详细充分，具有卓越的实质性表现。

可读性（★★★★☆）

《报告》从"坚持客户至上"、"优化信贷布局"、"助力生态文明"、"探索国际运营"、"全情回馈社会"等方面披露了银行业核心指标的83.0%，完整性表现领先。

平衡性（★★★★）

《报告》披露了"内控缺陷或问题数"、"违规积分人次"、"可疑交易报告数"等守法经营管理方面的负面数据信息，平衡性表现优秀。

可比性（★★★★★）

《报告》披露了"营业收入"、"纳税总额"、"员工人数"、"公益捐赠额"、"绿色采购金额"、"产能过剩贷款率"等40个关键指标连续3年以上的绩效数据，并对"中国手机银行评测综合评分排名"、"世界1000家大银行排名"等数据在行业内进行横向比较，可比性表现卓越。

可读性（★★★★☆）

《报告》以"民生20年，善行20年"为主题，围绕"创新"、"协调"、"绿色"、"开放"、"共享"五条主线展开叙述，框架清晰，篇幅适宜；设计风格简洁清新，蓝绿主色调采用企业Logo色，提升了报告辨识度；报告案例丰富，可读性强，较好地反映了章节内容；多处设置"延伸阅读"，并对专业术语进行解释，具有领先的可读性表现。

创新性（★★★★★）

《报告》开篇设置"二十年，与民共生"专题，对企业历年履责亮点进行回顾，便于相关方全面了解企业；各章开篇紧扣国家"十三五"规划五大发展理念，凸显企业时代责任担当；各篇章"责任聚焦"以故事形式，对利益相关方案例进行专题式披露，提升了相关方参与度和报告的可信度，创新性表现卓越。

综合评级（★★★★☆）

经评级小组评价，《中国民生银行2015年社会责任报告》为四星半级，是一份领先的企业社会责任报告。

四、改进建议

增加负面数据及负面事件分析的披露，提高报告的平衡性。

评级小组

组长：清华大学公共管理学院教授、博士生导师　邓国胜

成员：北方工业大学经济管理学院副教授　魏秀丽

　　　过程性评估员　方小静、王志敏

评级专家委员会副主席　　　　评级小组组长

出具时间：2016 年 7 月 4 日

四十二、《中国航空工业集团公司 2015 社会责任报告》评级报告

受中国航空工业集团公司委托，"中国企业社会责任报告评级专家委员会"抽选专家组成评级小组，对《中国航空工业集团公司 2015 社会责任报告》（以下简称《报告》）进行评级。

一、评级依据

《中国企业社会责任报告编写指南（CASS – CSR 3.0)》暨《中国企业社会责任报告评级标准（2014)》。

二、评级过程

1. 过程性评估小组访谈《报告》编制组主要成员，并现场审查编写过程相关资料；

2. 评级小组对《报告》编写过程及披露内容进行评价，拟定评级报告；

3. 评级报告提交评级专家委员会副主席及评级小组组长共同签字。

三、评级结论

过程性（★★★★★）

集团综合管理部社会责任处牵头成立报告编写组，经济技术研究院承担报告编制，集团董事长、总经理负责报告重点内容的把控和终稿的审定；编写组对利益相关方进行识别，并通过研讨会、问卷调查、访谈等形式收集相关方意见；根据公司重大事项、国家相关政策、行业对标分析、利益相关方调查等对实质性议题进行界定；计划召开专项发布会发布报告，并将以电子版、印刷版、多语种版本、微信、简版等形式呈现报告，具有卓越的过程性表现。

实质性（★★★★★）

《报告》系统披露了贯彻宏观政策、客户关系管理、科技创新、质量责任管

理、职业安全健康管理、安全生产、环保技术研发、节约资源能源等特种设备制造业关键性议题，叙述详细充分，具有卓越的实质性表现。

完整性（★★★★）

《报告》从"飞越天安门——致敬蓝天"、"走进新时代——创翔蓝天"、"大国重器——守望蓝天"、"军民融合——妆点蓝天"、"世界公民——海外蓝天"、"质量安全——平安蓝天"、"法治中航——秩序蓝天"、"达济天下——和谐蓝天"、"节能环保——清洁蓝天"等方面披露了特种设备制造业核心指标的73.0%，完整性表现优秀。

平衡性（★★★★）

《报告》披露了"员工流失率"连续5年以上的数据，并简述了公司责任管理的不足之处及改进方向，以及对内部巡视问题的处置措施，平衡性表现优秀。

可比性（★★★★）

《报告》披露了"依法纳税"、"员工社保参保率"、"员工志愿者数量"、"培训总人次"等27个关键指标连续3年以上的绩效数据，并就"《财富》世界500强企业排名"、"新飞房车销售增长率"、"非航空民品排名"等数据进行横向比较，可比性表现优秀。

可读性（★★★★★）

《报告》以"致敬蓝天"为主题，围绕"守望蓝天、平安蓝天、和谐蓝天、清洁蓝天"等九条主线展开叙述，框架合理，逻辑清晰，篇幅适宜；图片丰富，气势恢宏，通篇设计融入企业产品标志，与文字描述相辅相成，凸显了行业特色；多处设置二维码，利于利益相关方进一步了解企业履责实践和成效；使用丰富案例对社会责任理念和实践进行阐述，具有卓越的可读性表现。

创新性（★★★★☆）

《报告》开篇设置"责任关键绩效图说'十二五'"板块，集中展现企业履责成效；单独开辟"飞越天安门——致敬蓝天"章节，对年度履责重点——接受"9·3阅兵"检阅进行专题式展开与阐述，体现企业履责特色，凸显央企责任担当；各章开篇简述板块责任关键绩效，一目了然；创新报告传播方式，设计"一张图看懂中航工业2015社会责任报告"宣传页，利于提升报告传播效果，创新性表现领先。

综合评级（★★★★☆）

经评级小组评价，《中国航空工业集团公司 2015 社会责任报告》为四星半级，是一份领先的企业社会责任报告。

四、改进建议

1. 增加行业核心指标的披露，进一步提高报告的完整性。

2. 增加负面数据及履责不足之处的披露，进一步提高报告的平衡性。

评级小组

组长：中国企业联合会企业创新工作部主任　程多生

成员：中国社会科学院经济学部企业社会责任研究中心常务副主任　张蒽

　　　过程性评估员　方小静

评级专家委员会副主席　　　　　评级小组组长

出具时间：2016 年 6 月 28 日

四十三、《神华国华电力 2015 年社会责任报告》评级报告

受神华国华电力公司委托，"中国企业社会责任报告评级专家委员会"抽选专家组成评级小组，对《神华国华电力 2015 年社会责任报告》（以下简称《报告》）进行评级。

一、评级依据

《中国企业社会责任报告编写指南（CASS – CSR 3.0）之电力生产业》暨《中国企业社会责任报告评级标准（2014）》。

二、评级过程

1. 过程性评估小组访谈《报告》编制组主要成员，并现场审查编写过程相关资料；

2. 评级小组对《报告》编写过程及披露内容进行评价，拟定评级报告；

3. 评级报告提交评级专家委员会副主席及评级小组组长共同签字。

三、评级结论

过程性（★★★★☆）

公司总经理工作部牵头成立报告编写组，公司董事长、总经理负责报告编写关键环节把控和最终审定；编写组对利益相关方进行识别，并通过意见征求会、相关方调查、访谈等形式收集相关方意见；根据公司重大事项、国家相关政策、相关方访谈等识别实质性议题；计划在公司环保开放日发布报告，并将以电子版、印刷版、中英文版等形式呈现报告，具有领先的过程性表现。

实质性（★★★★★）

《报告》系统披露了贯彻宏观政策、保障电力供应、安全生产、新建项目环评、节约资源能源、发展循环经济、减少"三废"排放、厂区及周边环境治理

等电力生产业关键性议题，叙述详细充分，具有卓越的实质性表现。

完整性（★★★★）

《报告》从"责任管理"、"履行经济责任"、"履行环境责任"、"履行社会责任"等角度披露了电力生产业核心指标的75.0%，完整性表现优秀。

平衡性（★★★★）

《报告》披露了"资产负债率"、"人身伤亡事故数"、"隐患总数"、"职业病危害事故"、"重大劳动争议"等负面数据信息，平衡性表现优秀。

可比性（★★★☆）

《报告》披露了"年发电量"、"装机容量"、"供电煤耗"、"净资产收益率"、"经济增加值"、"社保覆盖率"等18个关键指标连续3年以上的绩效数据，并就"度电利润"、"火电市场占有率"、"科技创新能力"等数据进行横向比较，具有一定的可比性。

可读性（★★★★☆）

《报告》以"超低排放，洁净每一度电"为主题，从经济、环境、社会等方面展开叙述，框架清晰，篇幅适宜，文笔流畅；设计风格清新自然，绿色主元素贯穿全文，呼应报告主题；多处设置"延伸阅读"，对报告内容进行扩展，并对专业术语进行解释，显著提高了报告的易读性，具有领先的可读性表现。

创新性（★★★★☆）

《报告》设置"高效清洁，超低排放"、"打造海上丝绸之路的电力名片"两个责任专题，深度阐述企业在环境保护、海外履责方面的优秀实践；"发展历程"板块重点展现企业10年履责成效，利于相关方快速全面了解；委托专业机构对报告环保数据进行审验，提升了报告的可信度，创新性表现领先。

综合评级（★★★★☆）

经评级小组评价，《神华国华电力2015年社会责任报告》为四星半级，是一份领先的企业社会责任报告。

四、改进建议

1. 增加关键绩效数据的披露，提高报告的可比性。

2. 增加行业核心指标的披露，进一步提高报告的完整性。

评级小组

组长：中国电力企业联合会党组成员、专职副理事长　王志轩

成员：中国社科院经济学部企业社会责任研究中心常务副主任　张蒽

　　　过程性评估员　王梦娟、贾晶

评级专家委员会副主席　　　　　评级小组组长

出具时间：2016 年 7 月 7 日

四十四、《中国交通建设股份有限公司 2015 社会责任报告》评级报告

受中国交通建设股份有限公司委托，"中国企业社会责任报告评级专家委员会"抽选专家组成评级小组，对《中国交通建设股份有限公司 2015 社会责任报告》（以下简称《报告》）进行评级。

一、评级依据

《中国企业社会责任报告编写指南（CASS – CSR 3.0）之建筑业》暨《中国企业社会责任报告评级标准（2014）》。

二、评级过程

1. 过程性评估小组访谈《报告》编制组主要成员，并现场审查编写过程相关资料；
2. 评级小组对《报告》编写过程及披露内容进行评价，拟定评级报告；
3. 评级报告提交评级专家委员会副主席及评级小组组长共同签字。

三、评级结论

过程性（★★★★☆）

公司党委工作部牵头成立报告编写组，董事长负责报告议题把控和报告终审；编写组对利益相关方进行识别，并通过意见征求会、问卷调查、访谈等形式收集相关方意见；根据公司重大事项、国家相关政策、利益相关方调查等识别实质性议题；计划在公司党建工作会等活动中发布报告，并将以电子版、印刷版、中英文版、H5 版等形式呈现报告，具有领先的过程性表现。

实质性（★★★★★）

《报告》系统披露了贯彻宏观政策、建筑质量管理、产品服务创新、农民工权益保护、供应商管理、安全生产保障、发展循环经济、绿色治理等建筑业关键

性议题，叙述详细充分，具有卓越的实质性表现。

完整性（★★★★☆）

《报告》从"责任管理"、"维护股东利益"、"开发员工价值"、"提供社区服务"、"加强环境保护"等角度系统披露了建筑业核心指标的 81.5%，完整性表现领先。

平衡性（★★★★）

《报告》披露了"员工流失率"、"重特大安全事故次数"、"重特大安全事故死亡人数"、"重大质量事故数"等负面数据信息，并对机械伤害事故多发的应对措施进行简述，平衡性表现优秀。

可比性（★★★★★）

《报告》披露了"营业收入"、"利润总额"、"上缴税费"、"建成各类码头泊位数"、"本地采购率"、"绿色采购率"等 33 个关键指标连续 3 年以上的数据；并就"盈利能力"、"价值创造能力"等数据进行横向比较，可比性表现卓越。

可读性（★★★★★）

《报告》框架清晰，逻辑清楚，篇幅适宜，语言流畅；图片、图表丰富多样，与文字叙述相辅相成；封面设计结合企业主营业务，并以水墨画意境贯穿全文，凸显行业特色，别具韵味；采用中英文对应排版形式，满足了国内外读者的阅读需求，具有卓越的可读性表现。

创新性（★★★★☆）

《报告》开篇设置"'一带一路'新平台，注入发展新动力"、"回眸'十二五'成就辉煌"专题，深度阐述企业履责亮点和成效；对企业履责关键绩效进行醒目处理，利于相关方了解；创新报告编写问卷调查方式，有效提升问卷调查的针对性，创新性表现领先。

综合评级（★★★★☆）

经评级小组评价，《中国交通建设股份有限公司 2015 社会责任报告》为四星半级，是一份领先的企业社会责任报告。

四、改进建议

增加负面数据及履责不足之处的披露，提高报告的平衡性。

评级小组

组长：中国社科院经济学部企业社会责任研究中心主任　钟宏武

成员：中国企业公民委员会副会长　刘卫华

　　　过程性评估员　方小静、王志敏

评级专家委员会副主席　　　　　　评级小组组长

出具时间：2016 年 7 月 15 日

四十五、《中国黄金行业社会责任报告2016版》评级报告

受中国黄金协会委托，"中国企业社会责任报告评级专家委员会"抽选专家组成评级小组，对《中国黄金行业社会责任报告2016版》（以下简称《报告》）进行评级。

一、评级依据

《中国企业社会责任报告编写指南（CASS－CSR 3.0)》暨《中国企业社会责任报告评级标准（2014)》。

二、评级过程

1. 过程性评估小组访谈《报告》编制组主要成员，并现场审查编写过程相关资料；

2. 评级小组对《报告》编写过程及披露内容进行评价，拟定评级报告；

3. 评级报告提交评级专家委员会副主席及评级小组组长共同签字。

三、评级结论

过程性（★★★★☆）

协会全国黄金行业社会责任工作办公室牵头成立报告编写组，协会会长、副会长负责报告关键环节把控和终稿审定；编写组对利益相关方进行识别，并通过研讨会、访谈等形式收集相关方意见；根据行业重大事项、国家相关政策等识别实质性议题；计划通过中国国际黄金大会发布报告，并将以电子版、印刷版等形式呈现报告，具有领先的过程性表现。

实质性（★★★★★）

《报告》系统披露了贯彻宏观政策、数字矿山建设、职业健康管理、安全生产、环保技术和设备的研发与应用、资源储备、减少"三废"排放、残矿回收、

绿色矿山建设等所在行业关键性议题，叙述详细充分，具有卓越的实质性表现。

可完整性（★★★★）

《报告》从"社会责任管理"、"践行国家黄金战略"、"守护家园绿水青山"、"呵护国民和职工平安健康"、"构建新型行业文明"、"孕育独特黄金文化"、"创新助力科技黄金"、"共享黄金发展成果"等方面披露了所在行业核心指标的75.0%，完整性表现优秀。

平衡性（★★★★☆）

《报告》披露了成员企业"资产负债率"、"安全隐患数"、"死亡事故数"等负面数据信息，并简述了会员单位违法违规事件的经过和应对措施，平衡性表现领先。

可比性（★★★★★）

《报告》披露了"选矿回收率"、"综合利用价值"、"绿色环保投入"、"黄金消费量"、"尾矿利用率"、"科技开发投入"、"捐赠总额"等40个关键指标连续3年以上的绩效数据，并就"黄金产量"、"黄金消费量"、"实物黄金交易量"等数据指标进行横向比较，可比性表现卓越。

可读性（★★★★☆）

《报告》框架以"责任"为主线贯穿全文，框架清晰，篇幅适宜，案例丰富；采用金黄色为报告主色调，凸显行业特征；各板块开篇设计恢宏大气，内文图片丰富，提高了报告的悦读性，具有领先的可读性表现。

创新性（★★★★）

《报告》开篇展示"中国黄金行业社会责任承诺宣言"，凸显行业履责诚意；设置"黄金行业发展进程"板块，系统梳理行业履责历程，利于相关方全面了解，创新性表现优秀。

综合评级（★★★★☆）

经评级小组评价，《中国黄金行业社会责任报告2016版》为四星半级，是一份领先的企业社会责任报告。

四、改进建议

1. 增加行业核心指标的披露，提高报告的完整性。
2. 优化部分案例写作，进一步提高报告的可读性。

评级小组

组长：中国企业公民委员会副会长　刘卫华

成员：北京工商大学经济学院教授　郭毅

　　　过程性评估员　方小静、王志敏

评级专家委员会副主席　　　　　　评级小组组长

出具时间：2016 年 7 月 15 日

四十六、《2015 LG（中国）社会责任报告》评级报告

受中国 LG 社会责任委员会委托，"中国企业社会责任报告评级专家委员会"抽选专家组成评级小组，对《2015 中国 LG 社会责任报告》（以下简称《报告》）进行评级。

一、评级依据

《中国企业社会责任报告编写指南（CASS – CSR 3.0）》暨《中国企业社会责任报告评级标准（2014）》。

二、评级过程

1. 过程性评估小组访谈《报告》编制组主要成员，并现场审查编写过程相关资料；

2. 评级小组对《报告》编写的过程管理及披露内容进行评价，拟定评级报告；

3. 评级报告提交评级专家委员会副主席及评级小组组长共同签字。

三、评级结论

过程性（★★★★★）

公司 CSR 事务局牵头成立报告编写组，高层领导负责报告编写协调、关键节点把控和终稿审定；编写组对利益相关方进行识别，并通过实地调研、问卷调查、访谈等形式收集相关方意见；根据公司重大事项、国家相关政策、行业对标分析、利益相关方调查等识别实质性议题；计划在官方网站发布报告，并将以电子版、印刷版、简版等形式呈现报告，具有卓越的过程性表现。

实质性（★★★★★）

《报告》系统披露了产品质量管理、产品技术创新、供应商 CSR 管理、安全生

产保障、职业健康管理、环保产品研发、重金属管理、产品和包装回收再利用等电子产品与电子元器件制造业关键性议题，叙述详细充分，具有卓越的实质性表现。

完整性（★★★★☆）

《报告》从"可持续发展战略"、"创美好生活"、"享智能生活"、"爱绿色生活"、"悦和谐生活"角度系统披露了电子产品与电子元器件制造业核心指标的82.0%，完整性表现领先。

平衡性（★★★★☆）

《报告》披露了"安全生产事故数"、"职业病事故数"、"员工因公受伤人数"、"员工因公死亡人数"等负面数据信息，并简述"劳务派遣企业风险管理"事件的过程和改进措施，平衡性表现领先。

可比性（★★★★★）

《报告》披露了"营业收入总额"、"纳税总额"、"研发投入"、"环保总投资"、"年度新鲜水用水量"、"安全生产投入"等38个关键指标连续3年以上的绩效数据，可比性表现卓越。

可读性（★★★★☆）

《报告》框架以"生活"为主线贯穿全文，框架清晰，逻辑清楚，篇幅适宜，语言流畅；封面设计融入企业主营业务，并采用红色与灰色为报告主色调，呼应企业品牌标识，凸显企业特色；案例丰富，图片、图表等表达方式多样，可读性表现领先。

创新性（★★★★☆）

《报告》以创美好生活开篇，通过介绍LG前沿产品，拉近了与读者的距离；多处嵌入相关方证言，加强利益相关方参与，提升报告的可信度；创新报告传播方式，设计简版报告并采用多渠道进行新闻宣传，利于提升报告传播效果，创新性表现领先。

综合评级（★★★★☆）

经评级小组评价，《2015中国LG社会责任报告》为四星半级，是一份领先的社会责任报告。

四、改进建议

增加行业核心指标的披露，进一步提高报告的完整性。

评级小组

组长：中国企业联合会企业创新工作部主任　程多生

成员：北方工业大学经济管理学院副教授　魏秀丽

　　　过程性评估员　方小静、王志敏

评级专家委员会副主席　　　　　评级小组组长

出具时间：2016 年 7 月 25 日

四十七、《LG 化学（中国）2015 社会责任报告》评级报告

受 LG 化学（中国）委托，"中国企业社会责任报告评级专家委员会"抽选专家组成评级小组，对《LG 化学（中国）2015 社会责任报告》（以下简称《报告》）进行评级。

一、评级依据

《中国企业社会责任报告编写指南（CASS－CSR 3.0）之石油化工业》暨《中国企业社会责任报告评级标准（2014）》。

二、评级过程

1. 过程性评估小组访谈《报告》编制组主要成员，并现场审查编写过程相关资料；

2. 评级小组对《报告》编写过程及披露内容进行评价，拟定评级报告；

3. 评级报告提交评级专家委员会副主席及评级小组组长共同签字。

三、评级结论

过程性（★★★★☆）

公司总务 Team 牵头成立报告编写组，大中华区总裁、公司总经理负责重要节点把控和报告终审；编写组对利益相关方进行识别，并通过意见征求会、访谈等收集相关方意见；根据公司重大事项、国家相关政策、行业对标分析、利益相关方调查等识别实质性议题；计划召开嵌入式发布会，并将以电子版、印刷版、微信等形式呈现报告，具有领先的过程性表现。

实质性（★★★★★）

《报告》系统披露了守法合规经营、产品质量管理、维护职业健康、保障安全生产、科技与创新、积极应对气候变化、环保产品研发、减少"三废"排放

等石油化工业关键性议题，叙述详细充分，具有卓越的实质性表现。

完整性（★★★★☆）

《报告》从"与顾客共同成长的 Solution Partner"、"致力安全健康环境经营"、"为培养人才付出全方位努力"、"持续推进社会贡献活动"等方面系统披露了石油化工业核心指标的81.0%，完整性表现领先。

平衡性（★★★★）

《报告》披露了"产品不良率"、"客户投诉解决率"、"安全事故总数"、"安全事故率"、"职业病发生率"、"事务职员工流失率"等负面数据信息，平衡性表现优秀。

可比性（★★★★★）

《报告》披露了"销售额"、"产品生产量"、"员工总数"、"社会贡献活动费用"、"能源消耗总量"、"温室气体排放总量"等80个关键绩效指标连续3年以上的历史数据，可比性表现卓越。

可读性（★★★★★）

《报告》以"LG 化学在您身边"为主题，围绕"顾客、安全健康环境、员工、社会贡献"四个方面展开叙述，逻辑清晰，语言流畅，案例丰富；封面设计融入企业核心产品元素，并采用红灰相间的设计风格，与企业品牌标识相呼应；采用"小知识"的方式对相关专业词汇进行解释，提高了报告的易读性，具有卓越的可读性表现。

创新性（★★★★☆）

《报告》开篇设置"速读 LG 化学 2015"板块，提炼各章履责绩效，简明扼要，使读者一目了然；各章开篇简述篇章责任理念和关键行动，提纲挈领，总领性强，并以"责任聚焦"结尾，通过典型案例详述企业履责亮点，首尾呼应，创新性表现领先。

综合评级（★★★★☆）

经评级小组评价，《LG 化学（中国）2015 社会责任报告》为四星半级，是一份领先的企业社会责任报告。

四、改进建议

增加负面数据及负面事件分析的披露，进一步提高报告的平衡性。

评级小组

组长：中国企业公民委员会副会长　刘卫华

成员：北京工商大学经济学院教授　郭毅

　　　过程性评估员　方小静、王志敏

评级专家委员会副主席　　　　评级小组组长

出具时间：2016 年 7 月 26 日

四十八、《斗山（中国）2015社会责任报告》评级报告

受斗山（中国）投资有限公司委托，"中国企业社会责任报告评级专家委员会"抽选专家组成评级小组，对《斗山（中国）2015社会责任报告》（以下简称《报告》）进行评级。

一、评级依据

《中国企业社会责任报告编写指南（CASS－CSR 3.0)》暨《中国企业社会责任报告评级标准（2014)》。

二、评级过程

1. 过程性评估小组访谈《报告》编制组主要成员，并现场审查编写过程相关资料；

2. 评级小组对《报告》编写过程及披露内容进行评价，拟定评级报告；

3. 评级报告提交评级专家委员会副主席及评级小组组长共同签字。

三、评级结论

过程性（★★★★☆）

公司公共事务与管理部牵头成立报告编写组，副总裁负责报告整体方向的把控；编写组对利益相关方进行识别，并通过意见征求会、问卷调查等形式收集相关方意见；通过公司重大事项、国家相关政策、行业对标分析、利益相关方调查等识别实质性议题；计划在官方网站发布报告，并将以电子版、印刷版、微信等形式呈现报告，具有领先的过程性表现。

实质性（★★★★★）

《报告》系统披露了产品质量管理、产品创新、职业健康管理、安全生产、环保产品研发、减少"三废"排放、产品回收再利用等机械设备制造业关键性

议题，叙述详细充分，具有卓越的实质性表现。

完整性（★★★★☆）

《报告》从"责任管理，引领发展"、"携手客户，全心投入共度时艰"、"携手员工，同心协力共建家园"、"携手环境，绿色生产共担责任"、"携手社区，积极履责共创和谐"等角度系统披露了机械设备制造业核心指标的 84.0%，完整性表现领先。

平衡性（★★★★★）

《报告》披露了"员工流失率"、"企业累计职业病"、"安全生产事故数"、"员工因事故受伤人数"等负面数据信息，并以案例形式，对"员工轻伤事故频发"事件的原因、经过及改进措施进行详述，平衡性表现卓越。

可比性（★★★★★）

《报告》披露了"销售收入"、"纳税总额"、"产品出厂合格率"、"女性管理者比例"、"安全生产投入"、"环保总投入"等 66 个关键绩效指标连续 3 年以上的数据，并就"行业社会责任发展指数排名"进行横向比较，可比性表现卓越。

可读性（★★★★★）

《报告》以"携手并进，砥砺前行"为主题，围绕"责任管理、客户、员工、环境、社区"五个方面展开叙述，框架清晰，语言流畅，篇幅适宜；整体设计融入产品元素，并采用蓝色、绿色为报告主色调，呼应企业品牌标识；采用"小知识"的方式对相关专业词汇进行解释，提高了报告的易读性，具有卓越的可读性表现。

创新性（★★★★☆）

《报告》各篇章均以"我们的挑战、我们的机遇、我们的成绩"开篇，提纲挈领地阐述了篇章重点及履责绩效，总领性强；设置"Doosan CARE 感动常在"责任专题，深度阐述企业在客户服务方面的亮点实践；多处嵌入利益相关方评价，提升了报告的可信度，创新性表现领先。

综合评级（★★★★☆）

经评级小组评价，《斗山（中国）2015 社会责任报告》为四星半级，是一份领先的企业社会责任报告。

四、改进建议

加强报告过程性管理，进一步提升利益相关方参与度。

评级小组

组长：清华大学公共管理学院教授、博士生导师　邓国胜

成员：中国企业联合会雇主工作部副主任、全球契约中国网络执行秘书长
　　　韩斌

　　　过程性评估员　王志敏

评级专家委员会副主席　　　　　评级小组组长

出具时间：2016 年 7 月 28 日

四十九、《中国港中旅集团公司 2015 企业社会责任报告》评级报告

受中国港中旅集团公司委托，"中国企业社会责任报告评级专家委员会"抽选专家组成评级小组，对《中国港中旅集团公司 2015 企业社会责任报告》（以下简称《报告》）进行评级。

一、评级依据

《中国企业社会责任报告编写指南（CASS – CSR 3.0）》暨《中国企业社会责任报告评级标准（2014）》。

二、评级过程

1. 过程性评估小组访谈《报告》编制组主要成员，并现场审查编写过程相关资料；

2. 评级小组对《报告》编写过程及披露内容进行评价，拟定评级报告；

3. 评级报告提交评级专家委员会副主席及评级小组组长共同签字。

三、评级结论

过程性（★★★★☆）

集团办公厅牵头成立报告编写组，高层领导负责关键节点把控和报告审核；编写组对利益相关方进行识别，并通过意见征求会、问卷调查、访谈等形式收集相关方意见；根据公司重大事项、国家相关政策、行业对标分析等识别实质性议题；计划在官方网站发布报告，并将以电子版、印刷版、H5 版等形式呈现报告，具有领先的过程性表现。

实质性（★★★★☆）

《报告》系统披露了贯穿宏观政策、提供优质服务、丰富旅游产品、导游规范管理、积极应对客户投诉、确保游客安全、员工权益保护、打造绿色景区等所

在行业关键性议题，叙述详细充分，具有领先的实质性表现。

完整性（★★★★）

《报告》从"服务客户，共创快乐"、"服务伙伴，共筑双赢"、"服务员工，共建幸福"、"服务环境，共享绿色"、"服务社会，共造和谐"等角度披露了所在行业核心指标的71.0%，完整性表现优秀。

平衡性（★★★★☆）

《报告》披露了"设备损坏事故"、"重伤及以上人身事故"等负面数据信息，并以案例形式，对"旅游突发事件"、"嵩山景区环境整治"的经过及改进措施进行简述，平衡性表现领先。

可比性（★★★☆）

《报告》披露了"总营业收入"、"利润总额"、"员工总数"、"劳动合同签订率"、"女性管理者比例"等少量关键绩效指标3年以上的数据，可比性表现有待加强。

可读性（★★★★★）

《报告》框架清晰，逻辑清楚，语言流畅，案例丰富；封面创意融入企业主营业务，并与企业品牌标识相呼应，凸显企业特色，设计风格淡雅清新，令人耳目一新，显著提高了报告的悦读性；采用"'游'知识"的方式展示行业信息，利于相关方快速了解，具有卓越的可读性表现。

创新性（★★★★☆）

《报告》开篇"数说2015"板块列举企业关键履责绩效并进行醒目处理，便于相关方快速了解企业发展现状；设置"优化产业布局，走质量、效益和可持续发展之路"、"拓展海外布局，加快推进国际化进程"两个责任专题，深度阐述企业在产业布局、海外履责方面的亮点实践；多处以"'游'声音"形式嵌入利益相关方评价，提升了报告的可信度，创新性表现领先。

综合评级（★★★★☆）

经评级小组评价，《中国港中旅集团公司2015企业社会责任报告》为四星半级，是一份领先的企业社会责任报告。

四、改进建议

增加企业历史关键绩效数据的披露，提高报告的可比性。

评级小组

组长：中国企业联合会雇主工作部副主任、全球契约中国网络执行秘书长
　　　韩斌

成员：北方工业大学经济管理学院副教授　魏秀丽
　　　过程性评估员　方小静、王志敏

评级专家委员会副主席　　　　　评级小组组长

出具时间：2016 年 7 月 29 日

五十、《2015 浦项（中国）社会责任报告》
评级报告

受中国浦项投资有限公司委托，"中国企业社会责任报告评级专家委员会"抽选专家组成评级小组，对《2015 浦项（中国）社会责任报告》（以下简称《报告》）进行评级。

一、评级依据

《中国企业社会责任报告编写指南（CASS – CSR 3.0）之钢铁业》暨《中国企业社会责任报告评级标准（2014）》。

二、评级过程

1. 过程性评估小组访谈《报告》编制组主要成员，并现场审查编写过程相关资料；
2. 评级小组对《报告》编写过程及披露内容进行评价，拟定评级报告；
3. 评级报告提交评级专家委员会副主席及评级小组组长共同签字。

三、评级结论

过程性（★★★★☆）

公司公共关系部牵头成立报告编写组，总经理、副总经理负责报告关键节点把控和报告终审；编写组对利益相关方进行识别，并通过问卷调查、访谈等形式收集相关方意见；根据公司重大事项、国家相关政策、利益相关方调查等识别实质性议题；计划召开嵌入式发布会发布报告，并将以电子版、印刷版、微信等形式呈现报告，具有领先的过程性表现。

实质性（★★★★★）

《报告》系统披露了贯彻宏观政策、产品质量管理、科技创新、责任采购、职业健康管理、安全生产、环保技术和设备的研发与应用、节约能源资源、发展循环经济等钢铁业关键性议题，叙述详细充分，具有卓越的实质性表现。

完整性（★★★★☆）

《报告》从"锻造内核，铸就实力强企"、"创新经营，奉献优质产品"、"关爱环境，守护碧水蓝天"、"熔炼激情，打造人本浦项"、"汇聚力量，实现成果共享"等角度披露了钢铁业核心指标的81.5%，完整性表现领先。

平衡性（★★★★）

《报告》披露了"员工伤亡人数"、"安全生产事故数"、"年度新增职业病人数"、"企业累计职业病人数"、"员工流失率"等负面数据信息，平衡性表现优秀。

可比性（★★★★★）

《报告》披露了"销售额"、"净利润"、"纳税总额"、"员工人数"、"安全生产投入"、"环保总投入"、"吨钢化学需氧量"等42个关键绩效指标连续3年以上的数据，并就"中国地区客户满意度"、"钢铁公司竞争力"等数据与国内外进行横向比较，可比性表现卓越。

可读性（★★★★☆）

《报告》框架清晰，语言流畅，篇幅适宜，并使用丰富案例对企业责任实践进行阐述；整体设计风格淡雅清新，配色和谐，各章开篇设计融入钢铁元素，凸显行业特色；设置"小知识"栏目，对专业术语进行解释，便于读者理解，具有领先的可读性表现。

创新性（★★★★☆）

《报告》开篇设置"为客户创造持续价值的 Solution Marketing"责任专题，详细阐述企业在履行客户责任方面的亮点实践；各章开篇简述企业责任理念、行动和关键绩效，提纲挈领，总领性强；多处嵌入利益相关方评价，提升了报告的可信度，创新性表现领先。

综合评级（★★★★☆）

经评级小组评价，《2015 中国浦项社会责任报告》为四星半级，是一份领先的企业社会责任报告。

四、改进建议

增加负面数据及履责不足之处的披露，提高报告的平衡性。

评级小组

组长：中国企业公民委员会副会长　刘卫华

成员：商道纵横总经理　郭沛源

　　　过程性评估员　方小静、王志敏

评级专家委员会副主席　　　　评级小组组长

出具时间：2016 年 8 月 2 日

五十一、《广百集团 2015 年社会责任报告》评级报告

受广州百货企业集团有限公司委托，"中国企业社会责任报告评级专家委员会"抽选专家组成评级小组，对《广百集团 2015 年社会责任报告》（以下简称《报告》）进行评级。

一、评级依据

《中国企业社会责任报告编写指南（CASS - CSR 3.0）》暨《中国企业社会责任报告评级标准（2014）》。

二、评级过程

1. 过程性评估小组访谈《报告》编制组主要成员，并现场审查编写过程相关资料；

2. 评级小组对《报告》编写过程管理及披露内容进行评价，拟定评级报告；

3. 评级报告提交评级专家委员会副主席及评级小组组长共同签字。

三、评级结论

过程性（★★★★☆）

公司设立社会责任工作委员会，由董事长担任委员会主任；社会责任管理部负责报告编写工作，高层领导负责框架把控和报告审定；编写组对利益相关方进行识别，并通过意见征询、员工访谈等形式收集部分相关方意见；延用公司社会责任模型，结合公司战略筛选实质性议题；计划召开报告专项发布会，并组织"社会责任周"扩大影响力；计划以电子版、印刷版、H5 版等形式呈现报告，具有领先的过程性表现。

实质性（★★★★★）

《报告》系统披露了产品质量管理、售后服务管理、问题产品处理、服务特

殊人群、责任采购、绿色物流、环保产品推广、员工权益保护、带动当地就业、节能建筑与绿色门店等零售业关键性议题，叙述详细充分，具有卓越的实质性表现。

完整性（★★★★☆）

《报告》从"顾客权益责任"、"员工权益责任"、"商品质量责任"、"环境保护责任"、"安全生产责任"、"伙伴权益责任"、"社会公益责任"等角度系统披露了零售业核心指标的85.5%，完整性表现领先。

平衡性（★★★★★）

《报告》披露了"顾客申诉解决率"、"顾客投诉事件数"、"安全隐患项"、"供应商社会处罚数"等负面数据信息，并简述了企业积极应对"商品质量不合格"、"供应商拖欠员工工资"等事件的经过和处置措施，具有卓越的平衡性表现。

可比性（★★★★★）

《报告》披露了"主营业务收入"、"客户满意度"、"女性管理者比例"、"商品质量合格率"、"捐赠总额"、"环保总投入"等63个关键指标连续3年以上的数据，并就"中国零售百强企业排名"、"广东省企业500强排名"等指标进行横向比较，可比性表现卓越。

可读性（★★★★☆）

《报告》以"流通天下，让生活更美好"为主题，围绕"顾客权益、商品质量、环境保护、安全生产"等七个方面展开叙述，框架清晰，语言流畅，篇幅适宜；整体风格明快艳丽，过页设计虚实结合，显著提高了报告的悦读性；使用丰富案例对企业责任理念和实践进行阐述，具有领先的可读性表现。

创新性（★★★★☆）

《报告》封面设计融入企业印章并贯穿全文，构思新颖，凸显企业履责承诺；开篇设置"关键绩效"、"我们的荣誉"、"广百集团2015年十大实事"等板块，聚焦企业年度履责成效和亮点实践；通过专项发布、展板等多渠道、多形式呈现报告，利于提升报告传播效果，具有领先的创新性表现。

综合评级（★★★★☆）

经评级小组评价，《广百集团2015年社会责任报告》为四星半级，是一份领先的企业社会责任报告。

四、改进建议

增加外部相关方参与度，进一步加强报告过程性管理。

评级小组

组长：中国社科院经济学部企业社会责任研究中心主任　钟宏武

成员：北方工业大学经济管理学院副教授　魏秀丽

　　　过程性评估员　王梦娟

评级专家委员会副主席　　　　评级小组组长

出具时间：2016 年 8 月 15 日

五十二、《广汽丰田 2015 年企业社会责任报告》评级报告

受广汽丰田汽车有限公司委托，"中国企业社会责任报告评级专家委员会"抽选专家组成评级小组，对《广汽丰田 2015 年企业社会责任报告》（以下简称《报告》）进行评级。

一、评级依据

《中国企业社会责任报告编写指南（CASS - CSR 3.0）之汽车制造业》暨《中国企业社会责任报告评级标准（2014）》。

二、评级过程

1. 过程性评估小组访谈《报告》编制组主要成员，并现场审查编写过程相关资料；

2. 评级小组对《报告》编写的过程管理及披露内容进行评价，拟定评级报告；

3. 评级报告提交评级专家委员会副主席及评级小组组长共同签字。

三、评级结论

过程性（★★★★★）

公司成立社会责任委员会，下设社会责任事务局牵头编制报告，高层领导负责环节把控和报告审定；编写组对利益相关方进行识别，并通过内部研讨、访谈等形式收集相关方意见；根据公司发展战略、国家相关政策、行业对标分析、利益相关方调查等对实质性议题进行界定；计划在官方网站发布报告，并将以电子版、印刷版、中日文版、H5 版等形式呈现报告，具有卓越的过程性表现。

实质性（★★★★★）

《报告》系统披露了响应国家政策、客户关系管理、产品安全、支持科技创

新、产品召回机制、职业健康管理、环保汽车的研发与销售、节约资源能源等汽车制造业关键性议题，叙述详细充分，具有卓越的实质性表现。

完整性（★★★★☆）

《报告》从"更优的广丰"、"更好的汽车"、"更美的社会"、"更闪亮的未来"等角度披露了汽车制造业核心指标的 84.0%，完整性表现领先。

平衡性（★★★★☆）

《报告》披露了"车型不良率"、"员工离职率"、"安全事故数"等负面数据信息，并对"雅力士车型召回"的原因、经过及改进措施进行简述，平衡性表现领先。

可比性（★★★★）

《报告》披露了"汽车销量"、"销售额"、"员工培训投入"、"安全生产投入"等 22 个关键绩效指标 3 年以上的数据，并就"汉兰达车型市场销量"等指标进行横向比较，可比性表现优秀。

可读性（★★★★☆）

《报告》以"我们用心"为主题，从"匠心"、"诚心"、"开心"、"绿芯"等角度分别阐述企业在产品质量、价值链管理、员工关爱、绿色环保等方面的责任实践，脉络清晰，逻辑清楚；设计风格清新简洁，多处融入"汽车"元素，行业特色明显，具有领先的可读性表现。

创新性（★★★★☆）

《报告》设置责任专题，详细阐述企业以"匠心"打造品质产品，以"双擎动力"保卫碧水蓝天的责任之道；多处嵌入相关方声音，提升报告可信度，具有领先的创新性表现。

综合评级（★★★★☆）

经评级小组评价，《广汽丰田 2015 年企业社会责任报告》为四星半级，是一份领先的社会责任报告。

四、改进建议

增加企业连续 3 年以上关键绩效数据的披露，提高报告的可比性。

评级小组

组长：中国社科院经济学部企业社会责任研究中心主任　钟宏武

成员：北京工商大学经济学院教授　郭毅

过程性评估员　王梦娟

评级专家委员会副主席　　　　评级小组组长

出具时间：2016 年 9 月 7 日

五十三、《中国航天科技集团公司 2015 年社会责任报告》评级报告

受中国航天科技集团公司委托，"中国企业社会责任报告评级专家委员会"抽选专家组成评级小组，对《中国航天科技集团公司 2015 年社会责任报告》（以下简称《报告》）进行评级。

一、评级依据

《中国企业社会责任报告编写指南（CASS－CSR 3.0）》暨《中国企业社会责任报告评级标准（2014）》。

二、评级过程

1. 过程性评估小组访谈《报告》编制组主要成员，并现场审查编写过程相关资料；

2. 评级小组对《报告》编写过程管理及披露内容进行评价，拟定评级报告；

3. 评级报告提交评级专家委员会副主席及评级小组组长共同签字。

三、评级结论

过程性（★★★★）

战略咨询中心牵头成立报告编写组，高层领导负责编写推进及报告审定；编写组对利益相关方进行识别，通过访谈收集部分相关方意见，根据公司战略、国内外标准、利益相关方意见等对实质性议题进行界定；计划在珠海航天展上发布报告，并将以印刷品、电子版、网页版等形式呈现报告，具有优秀的过程性表现。

实质性（★★★★☆）

《报告》系统披露了航空运载能力、空间基础设施构建、产品科技创新、助推航天技术与服务普及、助力国防发展、加强国际合作、共建绿色家园等特种设

备制造业关键性议题，具有领先的实质性表现。

完整性（★★★★）

《报告》从"承载人类梦想，探索浩瀚宇宙"、"肩负国家使命，维护国防安全，引领社会发展"、"回馈社会期待，共创和谐绿色环境"、"提升企业价值，实现可持续发展"等方面披露了特种设备制造业核心指标的71.5%，完整性表现优秀。

平衡性（★★★★☆）

《报告》披露了"型号平均单发（次）飞行质量问题数"、"卫星在轨平均单发质量问题数"等负面数据，并就中央专项巡视结果及整改情况、清理低效公司的经过及改进措施进行阐述，平衡性表现领先。

可比性（★★★★）

《报告》披露了"营业收入"、"利润总额"、"在岗职工"等23个关键绩效指标连续3年以上的历史数据，并就"2015年全球运载火箭发射情况"进行国际比较，可比性表现优秀。

可读性（★★★★☆）

《报告》框架合理，逻辑严密，以第一人称的叙事方式展开，更具亲和力；封面设计呼应"航天科技承载未来之路"的主题，使用运载火箭、宇宙空间等照片，增强报告科技感，凸显行业特色，具有领先的可读性表现。

创新性（★★★★☆）

《报告》系统回顾"珠海航展上的航天科技"，充分展示企业成长历程及先进的航天能力；各章节以"责任相关度"的方式与读者拉近距离；增设"重点关注"栏目，聚焦报告重要案例，具有领先的创新性表现。

综合评级（★★★★☆）

经评级小组评价，《中国航天科技集团公司2015年社会责任报告》为四星半级，是一份领先的企业社会责任报告。

四、改进建议

1. 增加行业核心指标的披露，进一步提高报告完整性。

2. 增加企业历史关键数据的披露，进一步提高报告的可比性。

3. 加强企业实质性议题管理，进一步以报告编写促进社会责任管理。

评级小组

组长：中国社科院经济学部企业社会责任研究中心主任　钟宏武

成员：北京工商大学经济学院教授　郭毅

　　　过程性评估员　王梦娟

评级专家委员会副主席　　　　　　评级小组组长

出具时间：2016 年 8 月 23 日

五十四、《2015 台达中国区企业社会责任报告》评级报告

受台达中国区 CSR 委员会委托，"中国企业社会责任报告评级专家委员会"抽选专家组成评级小组，对《2015 台达中国区企业社会责任报告》（以下简称《报告》）进行评级。

一、评级依据

《中国企业社会责任报告编写指南（CASS－CSR 3.0)》暨《中国企业社会责任报告评级标准（2014)》。

二、评级过程

1. 过程性评估小组访谈《报告》编制组主要成员，并现场审查编写过程相关资料；

2. 评级小组对《报告》编写过程管理及披露内容进行评价，拟定评级报告；

3. 评级报告提交评级专家委员会副主席及评级小组组长共同签字。

三、评级结论

过程性（★★★★☆）

公司成立中国区 CSR 委员会，负责报告编写并定期推动 CSR 工作开展；编写组对利益相关方进行识别，通过专家意见征求、业务访谈、问卷调查等方式收集相关方意见；根据公司发展战略、国内外标准、行业对标分析等对实质性议题进行界定；计划在公司重大活动中嵌入发布报告，并将以电子版、网页版等形式呈现报告，具有领先的过程性表现。

实质性（★★★★★）

《报告》系统披露了产品技术创新、供应链管理、职业健康管理、安全生产、产品和包装回收再利用、环保产品的研发与应用等电子产品与电子元器件制

造业关键性议题，叙述详细充分，具有卓越的实质性表现。

完整性（★★★★☆）

《报告》从"台达与企业社会责任"、"对创新的承诺"、"对环境的承诺"、"对伙伴的承诺"、"对未来的承诺"等角度系统披露了电子产品与电子元器件核心指标的 84.0%，完整性表现领先。

平衡性（★★★★★）

《报告》披露了"安全生产事故数"、"中国区工伤事故统计"、"年度新增职业病数量"等负面数据信息，并对供应商风险评估的经过、结果及改进措施进行详细阐述，平衡性表现卓越。

可比性（★★★★★）

《报告》披露了"营业收入"、"纳税总额"、"责任采购比率"、"绿色建筑数量"等 88 个关键绩效数据，并就台达通信电源系统的"市场份额"进行横向比较，可比性表现卓越。

可读性（★★★★☆）

《报告》框架清晰，案例丰富，以"承诺"为关键词展开叙述；选用企业援建的绿色建筑校园为封面，设计以企业 Logo 中的蓝色为主色，简约大方，具有领先的可读性表现。

创新性（★★★★☆）

《报告》设置主题故事，以"台达的绿色承诺"开篇，凸显企业"环保、节能、爱地球"的责任理念；报告左侧设置目录栏，超链接设计便于读者快速检索及定位章节内容，具有领先的创新性表现。

综合评级（★★★★☆）

经评级小组评价，《2015 台达中国区企业社会责任报告》为四星半级，是一份领先的企业社会责任报告。

四、改进建议

提炼报告内容，进一步增强报告可读性。

评级小组

组长：中国企业联合会企业创新工作部主任　程多生

成员：清华大学公共管理学院教授、博士生导师　邓国胜

过程性评估员　王梦娟

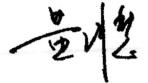

评级专家委员会副主席　　　　评级小组组长

出具时间：2016 年 9 月 1 日

五十五、《中国盐业总公司 2015 社会责任报告》评级报告

受中国盐业总公司委托，"中国企业社会责任报告评级专家委员会"抽选专家组成评级小组，对《中国盐业总公司 2015 社会责任报告》（以下简称《报告》）进行评级。

一、评级依据

《中国企业社会责任报告编写指南（CASS－CSR 3.0)》暨《中国企业社会责任报告评级标准（2014)》。

二、评级过程

1. 过程性评估小组访谈《报告》编制组主要成员，并现场审查编写过程相关资料；

2. 评级小组对《报告》编写过程及披露内容进行评价，拟定评级报告；

3. 评级报告提交评级专家委员会副主席及评级小组组长共同签字。

三、评级结论

过程性（★★★★）

公司办公厅牵头成立报告编写组，董事长、党委副书记负责报告编写把控和审定；编写组对利益相关方进行识别，并通过访谈、舆情监测等形式收集相关方意见；根据公司重大事项、国家相关政策等识别实质性议题；计划在官方网站发布报告，并将以电子版、印刷版、微信等形式呈现报告，具有优秀的过程性表现。

实质性（★★★★★）

《报告》系统披露了食盐安全管理、食盐信息披露和广告宣传合规、应对客户投诉、绿色采购、员工权益保护、节约能源资源、发展循环经济等食品行业关

键性议题，叙述详细充分，具有卓越的实质性表现。

完整性（★★★★☆）

《报告》从"提供优质盐品，服务民本民生"、"创新行业价值，引领盐业发展"、"坚持以人为本，构建幸福中盐"、"凝聚点滴力量，勇担央企责任"、"践行绿色运营，奉献友好环境"等角度系统披露了食品行业核心指标的81.5%，完整性表现领先。

平衡性（★★★★）

《报告》披露了"员工流失率"、"安全生产死亡人数"、"重大化学品泄漏事故发生次数"等负面数据信息，并简述企业积极应对"经销商产品过度广告行为"的经过和改进措施，具有优秀的平衡性表现。

可比性（★★★★★）

《报告》披露了"营业收入"、"利润总额"、"研发投入"、"女性管理者比例"、"捐赠总额"、"节能环保总投入"等45个关键指标连续3年以上的数据，并就"盐业企业规模"、"食品行业社会责任指数排名"等指标进行横向比较，可比性表现卓越。

可读性（★★★★☆）

《报告》以"引领现代盐业，创造美好生活"为主题，围绕"产品质量、员工权益、社会公益、环境保护"等五个方面展开叙述，框架清晰，篇幅适宜，案例丰富；封面和各章开篇设计融入"盐"元素，行业特色突出；通过"小贴士"、"小知识"等形式对专业术语进行解释，显著提高了报告的易读性，具有领先的可读性表现。

创新性（★★★★☆）

《报告》开篇呈现"优化布局，聚焦'十三五'"责任专题，深度阐述企业发展战略；设置"2015责任大事记"板块，聚焦企业年度履责亮点实践；多处嵌入相关方评价，提升了报告的可信度，创新性表现领先。

综合评级（★★★★☆）

经评级小组评价，《中国盐业总公司2015社会责任报告》为四星半级，是一份领先的企业社会责任报告。

四、改进建议

1. 增加负面数据或履责不足之处的披露，提高报告的平衡性。

2. 加强报告过程性管理，进一步提高利益相关方参与度。

评级小组

组长：商道纵横总经理　郭沛源

成员：北方工业大学经济管理学院副教授　魏秀丽

　　　过程性评估员　王志敏、贾晶

评级专家委员会副主席　　　　　　评级小组组长

出具时间：2016 年 9 月 6 日

五十六、《北京三元食品股份有限公司 2015 年企业社会责任报告》评级报告

受北京三元食品股份有限公司委托，"中国企业社会责任报告评级专家委员会"抽选专家组成评级小组，对《北京三元食品股份有限公司 2015 年企业社会责任报告》（以下简称《报告》）进行评级。

一、评级依据

《中国企业社会责任报告编写指南 3.0 之食品行业》暨《中国企业社会责任报告评级标准（2014）》。

二、评级过程

1. 过程性评估小组访谈《报告》编制组主要成员，并现场审查编写过程相关资料；

2. 评级小组对《报告》编写过程及披露内容进行评价，拟定评级报告；

3. 评级报告提交评级专家委员会副主席及评级小组组长共同签字。

三、评级结论

过程性（★★★★）

公司市场管理部牵头成立报告编写组，总经理、副总经理负责报告关键节点把控和报告终审；编写组对利益相关方进行识别，并通过意见征求会、研讨会等方式收集相关方意见；根据公司重大事项、国家相关政策、行业对标分析等识别实质性议题；计划在公司重大专项会议上发布报告，并将以电子版、印刷版等形式呈现报告，具有优秀的过程性表现。

实质性（★★★★☆）

《报告》系统披露了原材料安全卫生管理、产品质量管理、科技创新、保障安全生产、应对客户投诉、绿色采购、员工权益保护、节约能源资源、发展循环

经济等食品行业关键性议题，叙述详细充分，具有领先的实质性表现。

完整性（★★★★）

《报告》从"责任管理"、"坚守良心，让生活多一点健康"、"奉献爱心，让社会多一些感动"、"秉持责任心，让相关方多一分信任"等角度披露了食品行业核心指标的 78.5%，完整性表现优秀。

平衡性（★★★☆）

《报告》披露了"安全生产事故数"、"员工流失率"、"客户投诉处理绩效"等负面数据信息，负面数据指标整体披露较少，平衡性表现有待加强。

可比性（★★★★★）

《报告》披露了"营业收入"、"利润总额"、"安全生产投入"、"科技研发投入"、"产品合格率"、"污水回收再利用率"、"环保总投资"等 46 个关键指标连续 3 年以上的数据，可比性表现卓越。

可读性（★★★★）

《报告》框架清晰，篇幅适宜，案例丰富；封面设计融入企业产品元素，并采用红色和白色为报告主色调，呼应企业品牌标识，凸显企业特色；设置"小元大讲堂"栏目对行业专业术语进行解释，提高了报告的易读性，具有优秀的可读性表现。

创新性（★★★★☆）

《报告》开篇呈现"365 天始终如一，及递每一份温度"、"'牛进城了'，为梦想护航"两个责任专题，聚焦企业履责亮点；设置"三元里程碑"板块，便于相关方了解企业履责历程；多处以"'元'声"形式嵌入利益相关方证言，提升了报告的可信度，创新性表现领先。

综合评级（★★★★☆）

经评级小组评价，《北京三元食品股份有限公司 2015 年企业社会责任报告》为四星半级，是一份领先的企业社会责任报告。

四、改进建议

1. 加强报告过程性管理，提高利益相关方参与度。

2. 增加负面数据或履责不足之处的披露，提高报告的平衡性。

评级小组

组长：中国企业联合会企业创新工作部主任　程多生

成员：清华大学公共管理学院教授、博士生导师　邓国胜

　　　过程性评估员　王志敏、贾晶

评级专家委员会副主席　　　　　评级小组组长

出具时间：2016 年 9 月 21 日

五十七、《中国一汽 2015 社会责任报告》评级报告

受中国第一汽车集团公司委托，"中国企业社会责任报告评级专家委员会"抽选专家组成评级小组，对《中国一汽 2015 社会责任报告》（以下简称《报告》）进行评级。

一、评级依据

《中国企业社会责任报告编写指南（CASS – CSR 3.0）之汽车制造业》暨《中国企业社会责任报告评级标准（2014）》。

二、评级过程

1. 过程性评估小组访谈《报告》编制组主要成员，并现场审查编写过程相关资料；

2. 评级小组对《报告》编写过程及披露内容进行评价，拟定评级报告；

3. 评级报告提交评级专家委员会副主席及评级小组组长共同签字。

三、评级结论

过程性（★★★★☆）

集团公司设置社会责任工作委员会，社会责任办公室牵头成立报告编写组，社会责任工作委员会主任负责对报告进行审定；编写组对利益相关方进行识别，并通过意见征求会、问卷调查、访谈等形式收集相关方意见；根据公司重大事项、国家相关政策、行业对标分析、利益相关方调查等识别实质性议题；通过"2016 中国工业行业企业社会责任报告发布会"发布报告，并以电子版、印刷版、中英文版、H5 版、海报版等形式呈现报告，具有领先的过程性表现。

实质性（★★★★★）

《报告》系统披露了贯彻宏观政策、客户关系管理、加强质量管理、致力技

术创新、缺陷产品召回、职业安全健康、安全生产管理、绿色产品研发、节约能源资源、产品回收利用等汽车制造业关键性议题，叙述详细充分，具有卓越的实质性表现。

完整性（★★★★）

《报告》从"管理提升，行转型之路"、"产品创新，稳自主之路"、"绿色运营，致环保之路"、"社会共赢，远和谐之路"等角度披露了汽车制造业核心指标的 78.5%，完整性表现优秀。

平衡性（★★★★★）

《报告》披露了"重大人身伤亡事故数"、"职业病人数"、"工伤人数"、"重大设备事故次数"、"自主产品千车索赔频次"、"有害物质泄漏次数"等负面数据信息，并以案例形式，详述了公司"速腾后轴召回"事件的发生原因、处理过程和改进措施，平衡性表现卓越。

可比性（★★★★★）

《报告》披露了"营业总收入"、"利润总额"、"社会公益捐赠金额"、"研发投入"、"综合能耗"、"氮氧化物排放总量"等 70 个关键绩效指标 3 年以上的数据，并就"中国汽车行业品牌价值排名"、"中央企业盈利能力排名"、"客户满意度"等指标进行横向比较，可比性表现卓越。

可读性（★★★★☆）

《报告》以"行稳致远"为主题，围绕"管理提升、产品创新、绿色运营、社会共赢"四个方面展开叙述，框架清晰，篇幅适宜，语言流畅，案例丰富；封面创意和过页设计采用漫画形式，并融入汽车元素，凸显行业特色；多处设置"小贴士"栏目，对专业术语进行解释，显著提高了报告的易读性，具有领先的可读性表现。

创新性（★★★★☆）

《报告》开篇呈现"数读'十二五'"、"图说'挚途战略'"、"匠心造精品，红旗耀东方"三个责任专题，深度阐述企业年度履责亮点与成效；创新报告传播方式，设计报告海报版，利于提升报告传播效果；多处嵌入相关方证言，提升了报告的可信度，创新性表现领先。

综合评级（★★★★☆）

经评级小组评价，《中国一汽 2015 社会责任报告》为四星半级，是一份领先的企业社会责任报告。

四、改进建议

增加行业核心指标的披露，进一步提高报告的完整性。

评级小组

组长：中国社科院经济学部企业社会责任研究中心主任　钟宏武

成员：中国企业联合会雇主工作部副主任、全球契约中国网络执行秘书长
　　　韩斌

　　　过程性评估员　王志敏

评级专家委员会副主席　　　　　评级小组组长

出具时间：2016 年 10 月 17 日

五十八、《2015 年中国兵器装备集团公司社会 责任报告》评级报告

受中国兵器装备集团公司委托，"中国企业社会责任报告评级专家委员会"抽选专家组成评级小组，对《2015 年中国兵器装备集团公司社会责任报告》（以下简称《报告》）进行评级。

一、评级依据

《中国企业社会责任报告编写指南（CASS – CSR 3.0)》暨《中国企业社会责任报告评级标准（2014)》。

二、评级过程

1. 过程性评估小组访谈《报告》编制组主要成员，并现场审查编写过程相关资料；

2. 评级小组对《报告》编写过程管理及披露内容进行评价，拟定评级报告；

3. 评级报告提交评级专家委员会副主席及评级小组组长共同签字。

三、评级结论

过程性（★★★★☆）

集团改革与管理部牵头成立报告编写小组，高层领导参与编写推进及报告审定；编写组对利益相关方进行识别，通过意见征求等方式收集内外部相关方意见；根据国家相关政策、行业对标分析等对实质性议题进行界定；计划在官方网站发布报告，并将以印刷版、电子版、简版等形式呈现报告，具有领先的过程性表现。

实质性（★★★★☆）

《报告》系统披露了服务国家战略、产品质量管理、产品科技创新、安全生产、节约资源能源等特种设备制造业关键性议题，叙述详细充分，具有领先的实

质性表现。

完整性（★★★★）

《报告》从"持续发展"、"创新发展"、"共享发展"、"绿色发展"、"协同发展"等角度披露了特种设备制造业核心指标的 72.5%，完整性表现优秀。

平衡性（★★★★★）

《报告》披露了"安全生产事故死亡人数"、"职业病发生数"、"重大质量事故发生数"等负面数据信息，并以案例形式对嘉陵股份"7·13"死亡事故的发生原因、经过及改进措施进行详细阐述，平衡性表现卓越。

可比性（★★★★★）

《报告》披露了"营业收入"、"研发投入比例"、"捐赠资金总额"、"安全生产投入"等 62 个关键指标连续 3 年以上的数据；并就"集团公司汽车销量增速"、"自主品牌汽车销量"等进行横向比较，可比性表现卓越。

可读性（★★★★☆）

《报告》框架清晰，逻辑清楚，案例丰富；文字内容图形化处理，表达形式多样，封面设计与集团标识相呼应，并采用不同颜色对不同主题进行区隔，排版精美，具有领先的可读性表现。

创新性（★★★★）

《报告》以"五大发展理念"为基础设计框架，紧跟国家发展战略；关键绩效醒目标注，创新性表现优秀。

综合评级（★★★★☆）

经评级小组评价，《2015 年中国兵器装备集团公司社会责任报告》为四星半级，是一份领先的企业社会责任报告。

四、改进建议

1. 增加行业核心指标的披露，进一步提高报告完整性。

2. 提炼年度亮点实践，进一步提升报告创新性。

3. 加强社会责任报告管理，进一步提升利益相关方参与度。

评级小组

组长：中国社科院经济学部企业社会责任研究中心主任　钟宏武

成员：北方工业大学经济管理学院副教授　魏秀丽

过程性评估员　王梦娟、贾晶

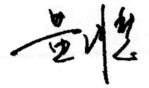

评级专家委员会副主席　　　评级小组组长

出具时间：2016 年 10 月 20 日

五十九、《新兴际华集团 2015 企业社会责任报告》评级报告

受新兴际华集团有限公司委托，"中国企业社会责任报告评级专家委员会"抽选专家组成评级小组，对《新兴际华集团 2015 企业社会责任报告》（以下简称《报告》）进行评级。

一、评级依据

《中国企业社会责任报告编写指南（CASS - CSR 3.0)》暨《中国企业社会责任报告评级标准（2014）》。

二、评级过程

1. 过程性评估小组访谈《报告》编制组主要成员，并现场审查编写过程相关资料；

2. 评级小组对《报告》编写过程及披露内容进行评价，拟定评级报告；

3. 评级报告提交评级专家委员会副主席及评级小组组长共同签字。

三、评级结论

过程性（★★★★）

集团公司设置社会责任管理委员会，办公室牵头成立报告编写组，总经理负责对报告进行审定；编写组对利益相关方进行识别，并通过意见征求会、访谈等形式收集相关方意见；根据公司重大事项、国家相关政策、行业对标分析等识别实质性议题；计划在官方网站发布报告，并将以电子版、印刷版、H5 版等形式呈现报告，具有优秀的过程性管理。

实质性（★★★★☆）

《报告》系统披露了响应国家政策、强化产品质量、产品服务创新、员工权益保护、保障安全生产、加强能源管理、减少"三废"排放、碳排放管理等所

在行业关键性议题，叙述详细充分，具有领先的实质性表现。

完整性（★★★★）

《报告》从"与时俱进，开拓创新"、"统筹兼顾，协调并进"、"关注环境，践行绿色"、"昂扬向前，积极开放"、"互利同好，共享和谐"等角度披露了所在行业核心指标的75.0%，完整性表现优秀。

平衡性（★★★★☆）

《报告》披露了"员工死亡人数"、"员工工伤事故次数"、"重大设备事故次数"、"铸管产品质量异议数"等负面信息数据，并对风险管控存在的问题及改进措施进行简述，具有领先的平衡性表现。

可比性（★★★★★）

《报告》披露了"资产规模"、"利润总额"、"纳税总额"、"研发投入"、"万元产值综合能耗"、"环保总投资"等54个关键指标连续3年以上的数据，并就"球墨铸管产销量"等指标在国内外进行横向比较，可比性表现卓越。

可读性（★★★★☆）

《报告》以"聚力谋发展，凝心促改革"为主题，围绕"开拓创新、协调并进、践行绿色"等五个方面展开叙述，框架清晰、语言流畅、篇幅适宜；封面设计采用漫画形式，并融入公司产品元素，凸显企业特色；使用丰富案例对企业履责实践进行阐述，具有领先的可读性表现。

创新性（★★★★☆）

《报告》全文围绕"创新、协调、绿色、共享、开放"五大发展理念展开，紧扣国家"十三五"规划，凸显央企责任担当；"发展历程"专版回顾企业60年来成长轨迹，便于利益相关方快速了解；设置"最美一线员工"特写专题，深度展现员工风采，凸显企业责任形象，创新性表现领先。

综合评级（★★★★☆）

经评级小组评价，《新兴际华集团2015企业社会责任报告》为四星半级，是一份领先的企业社会责任报告。

四、改进建议

1. 加强报告过程性管理，进一步提高利益相关方参与度。

2. 增加行业核心指标的披露，进一步提高报告的完整性。

评级小组

组长：中国企业联合会企业创新工作部主任　程多生

成员：中国社科院经济学部企业社会责任研究中心常务副主任　张蒽

　　　过程性评估员　王志敏

评级专家委员会副主席　　　　评级小组组长

出具时间：2016 年 11 月 29 日

第六章 评级报告展示（四星级）

六十、《上海海立（集团）股份有限公司 2015 年社会责任报告》评级报告

受上海海立（集团）股份有限公司委托，"中国企业社会责任报告评级专家委员会"抽选专家组成评级小组，对《上海海立（集团）股份有限公司 2015 年社会责任报告》（以下简称《报告》）进行评级。

一、评级依据

《中国企业社会责任报告编写指南（CASS – CSR 3.0）》暨《中国企业社会责任报告评级标准（2014）》。

二、评级过程

1. 过程性评估小组访谈《报告》编制组主要成员，并现场审查编写过程相关资料；
2. 评级小组对《报告》编写过程及披露内容进行评价，拟定评级报告；
3. 评级报告提交评级专家委员会副主席及评级小组组长共同签字。

三、评级结论

过程性（★★★☆）

公司设置社会责任委员会，由总经理办公室牵头成立报告编写组，公司董事

长对报告进行审定，副总经理负责组织报告编写；编写组对利益相关方进行识别，根据公司重大事项、国家相关政策、行业对标分析等识别实质性议题；计划在"2016 上海企业社会责任报告发布会"上发布报告，并将以电子版、印刷版、微信等形式呈现报告，过程性表现良好。

实质性（★★★★☆）

《报告》系统披露了产品质量管理、产品服务创新、职业健康管理、安全生产保障、环保产品的研发和销售、节约能源资源、减少"三废"排放、厂区周边环境治理等机械设备制造业关键性议题，叙述详细充分，具有领先的实质性表现。

完整性（★★★★☆）

《报告》从"责任管理"、"经济绩效"、"社会绩效"、"环境绩效"等角度，系统阐述了公司的社会责任理念、制度、行动和绩效，披露了机械设备制造业核心指标的 85.0%，完整性表现领先。

平衡性（★★★★☆）

《报告》披露了"员工流失率"、"职业病发生率"、"因工伤害事故数"、"千人负伤率"、"空调压缩机产品的场外质量不良率"等负面数据信息，并对2015 年工伤事故发生的原因及改进措施进行简要阐述，平衡性表现领先。

可比性（★★★★★）

《报告》披露了"营业收入"、"产品合格率"、"员工体检覆盖率"、"'三废'排放量"、"单位产值能耗"等 37 个关键指标连续 3 年以上的数据；并就"产品场外质量不良率"、"产品场外返回率"、"市场占有率"等数据与国内外同行进行横向比较，可比性表现卓越。

可读性（★★★☆）

《报告》框架清晰，语言流畅；以蓝色为主色调，清新淡雅，体现高科技、高效率的企业形象；运用较多案例呈现责任实践，具有良好的可读性表现。

创新性（★★★☆）

《报告》开篇设置"案例一览"，利于读者查阅企业亮点实践；创新报告发布方式，在微信公众号和《海立报》增设社会责任专栏传播报告，具有一定的创新性。

综合评级（★★★★）

经评级小组评价，《上海海立（集团）股份有限公司 2015 年社会责任报告》为四星级，是一份优秀的企业社会责任报告。

四、改进建议

1. 加强报告过程性管理，提高利益相关方参与度。

2. 优化报告写作和设计，进一步提高报告的可读性。

评级小组

组长：商道纵横总经理　郭沛源

成员：中国社会科学院经济学部企业社会责任研究中心常务副主任　张蒽
　　　过程性评估员　王志敏

评级专家委员会副主席　　　　　　评级小组组长

出具时间：2016 年 5 月 9 日

六十一、《爱茉莉太平洋中国社会责任报告2015》评级报告

受爱茉莉太平洋贸易有限公司委托，"中国企业社会责任报告评级专家委员会"抽选专家组成评级小组，对《爱茉莉太平洋中国社会责任报告2015》（以下简称《报告》）进行评级。

一、评级依据

《中国企业社会责任报告编写指南（CASS – CSR 3.0)》暨《中国企业社会责任报告评级标准（2014)》。

二、评级过程

1. 过程性评估小组访谈《报告》编制组主要成员，并现场审查编写过程相关资料；

2. 评级小组对《报告》编写过程及披露内容进行评价，拟定评级报告；

3. 评级报告提交评级专家委员会副主席及评级小组组长共同签字。

三、评级结论

过程性（★★★★☆）

CPR Team（公关部）牵头成立报告编写组，中国区总裁担任报告编写总负责人，总经理担任报告编写组组长，全程推进报告编写并进行最后审定。编写组对利益相关方进行识别，并通过问卷调查等方式收集利益相关方意见；根据公司重大事项、行业对标分析、利益相关方调查等识别实质性议题，并对工厂、研发中心及各部门进行调研访谈。计划以电子版、印刷版、H5版等形式呈现报告，具有领先的过程性表现。

实质性（★★★★☆）

《报告》系统披露了产品质量管理、产品服务创新、职业健康管理、安全生

产保障、危险化学品管理、产品包装减量化等日用化学品制造业关键性议题，叙述详细充分，具有领先的实质性表现。

完整性（★★★★）

《报告》从"绝对品质，创造卓越价值之美"、"绿色经营，创造友好环境之美"、"以人为本，创造互利共赢之美"、"热心公益，创造和谐社会之美"等角度披露了日用化学品制造业核心指标的72.0%，完整性表现优秀。

平衡性（★★★★）

《报告》披露了"员工流失率"、"安全生产事故数"等负面数据信息，并对企业应对客户投诉事件的过程进行披露，平衡性表现优秀。

可比性（★★★★☆）

《报告》披露了"销售额"、"产品合格率"、"员工总数"、"安全生产投入"、"社会公益投入"、"全年能源消耗总量"等37个关键指标连续3年以上的数据，可比性表现领先。

可读性（★★★★☆）

《报告》以"为了更加美好的世界"为主题，围绕"价值之美"、"环境之美"、"共赢之美"、"社会之美"四条主线展开叙述，语言流畅，框架清晰，逻辑性强；全篇以白色为主色调，清新淡雅，简约大气，使文字和设计元素更清晰地呈现出来；设置"小知识"栏目，对专业词汇进行解释，提升了报告的易读性，具有领先的可读性表现。

创新性（★★★★）

《报告》开辟"美丽长廊"板块，详述企业发展历程；各篇章开头列举关键议题及相关理念，提纲挈领，总领性强；多处嵌入利益相关方证言，提升了报告的可信度，创新性表现优秀。

综合评级（★★★★）

经评级小组评价，《爱茉莉太平洋中国社会责任报告2015》为四星级，是一份优秀的企业社会责任报告。

四、改进建议

1. 增加行业核心指标的披露，进一步提高报告的完整性。

2. 增加对负面数据及企业履责不足之处的披露，提高报告的平衡性。

评级小组

组长：清华大学公共管理学院教授、博士生导师　邓国胜

成员：中国企业联合会雇主工作部副主任、全球契约中国网络执行秘书长
　　　韩斌

　　　过程性评估员　方小静

评级专家委员会副主席　　　　　评级小组组长

出具时间：2016 年 5 月 10 日

六十二、《中芯国际 2015 年企业社会责任报告》评级报告

受中芯国际集成电路制造有限公司委托，"中国企业社会责任报告评级专家委员会"抽选专家组成评级小组，对《中芯国际 2015 年企业社会责任报告》（以下简称《报告》）进行评级。

一、评级依据

《中国企业社会责任报告编写指南（CASS－CSR 3.0）》暨《中国企业社会责任报告评级标准（2014）》。

二、评级过程

1. 过程性评估小组访谈《报告》编制组主要成员，并现场审查编写过程相关资料；

2. 评级小组对《报告》编写过程及披露内容进行评价，拟定评级报告；

3. 评级报告提交评级专家委员会副主席及评级小组组长共同签字。

三、评级结论

过程性（★★★★）

企业公共关系科 CSR 部门牵头成立报告编写组，公司总裁、副总裁制定 CSR 战略和目标，协调推进公司社会责任工作；编写组对利益相关方进行识别，并通过问卷调查等形式收集相关方意见；根据公司重大事项、行业对标分析、利益相关方调查等识别实质性议题；计划通过公司季度沟通会发布报告，并将以电子版、印刷版、英文版、微信等形式呈现报告，具有优秀的过程性表现。

实质性（★★★★★）

《报告》系统披露了产品质量管理、产品技术创新、供应链管理、职业健康管理、安全生产保障、环保产品的研发与应用等电子产品与电子元器件制造业关

键性议题，叙述详细充分，具有卓越的实质性表现。

完整性（★★★☆）

《报告》从"利益相关方沟通"、"公司治理"、"客户服务与供应链管理"、"以人为本"、"保护环境"等角度披露了电子产品与电子元器件制造业核心指标的 67.0%，完整性表现良好。

平衡性（★★★）

《报告》披露了"可记录工伤率"连续 8 年的数据，具有一定的平衡性。

可比性（★★★★☆）

《报告》披露了"授权专利数"、"客户满意度"、"本地化采购比例"、"直接温室气体排放量"、"电能消耗总量"、"废水排放量"等 30 个关键绩效指标连续 3 年以上的数据；并就"专利数量"、"产能利用率"、"可记录工伤率"等数据与国内外同行进行横向比较，可比性表现领先。

可读性（★★★★）

《报告》框架清晰，逻辑清楚，文字叙述详尽；封面和篇头跨页设计简约大气，突出公司品牌形象和行业特色；多处设置网址链接，对报告内容进行扩展，利于读者进一步了解责任行动和成效，具有优秀的可读性表现。

创新性（★★★☆）

《报告》设置"中芯国际发展历程"时间轴线图，便于相关方了解企业履责历程；"公司核心价值观图"很好地展现了企业在各板块的理念，创新性表现良好。

综合评级（★★★★）

经评级小组评价，《中芯国际 2015 年企业社会责任报告》为四星级，是一份优秀的企业社会责任报告。

四、改进建议

1. 加强报告过程性管理，提高利益相关方参与度。

2. 增加行业核心指标的披露，提高报告的完整性。

3. 增加负面数据及履责不足之处信息的披露，进一步提高报告的平衡性。

评级小组

组长：清华大学公共管理学院教授、博士生导师　邓国胜

成员：中国企业联合会雇主工作部副主任、全球契约中国网络执行秘书长
韩斌

过程性评估员　方小静、王志敏

评级专家委员会副主席　　　　评级小组组长

出具时间：2016 年 5 月 20 日

六十三、《中国互联网络信息中心 2015 年社会责任报告》评级报告

受中国互联网络信息中心（以下简称"中心"）委托，"中国企业社会责任报告评级专家委员会"抽选专家组成评级小组，对《中国互联网络信息中心 2015 年社会责任报告》（以下简称《报告》）进行评级。

一、评级依据

《中国企业社会责任报告编写指南（CASS－CSR 3.0）》暨《中国企业社会责任报告评级标准（2014）》。

二、评级过程

1. 过程性评估小组访谈《报告》编制组主要成员，并现场审查编写过程相关资料；

2. 评级小组对《报告》编写过程及披露内容进行评价，拟定评级报告；

3. 评级报告提交评级专家委员会副主席及评级小组组长共同签字。

三、评级结论

过程性（★★★★）

办公室公共关系部牵头成立报告编写组，高层领导把控报告编写关键环节，并对报告进行审定；编写组对利益相关方进行识别，根据中心重大事项、国家相关政策等识别实质性议题；计划在中心"19 周年"活动中发布报告，并将以电子版、印刷版、中英文版、微博、微信等形成呈现报告，具有优秀的过程性表现。

实质性（★★★★☆）

《报告》系统披露了响应国家政策、产品技术和服务创新、提高客户满意度、完善安全监测体系、打击不良应用、职业健康管理等所在行业关键性议题，

叙述详细充分，具有领先的实质性表现。

完整性（★★★☆）

《报告》从"社会责任管理"、"内核责任：立足本质责任，践行公益使命"、"中层责任：联合相关责任方，携手共成长"、"外延责任：参与创新，共建互联网美好未来"等角度披露了所在行业核心指标的65.0%，完整性表现良好。

平衡性（★★★）

《报告》披露了"客户投诉量"、"客户投诉解决率"等负面数据信息，具有一定的平衡性表现。

可比性（★★★）

《报告》披露了"CNNIC分配IPV4数量"、"投诉量"、"域名注册审核效率"、"男女员工比例"等8个关键指标连续3年以上的数据，并就"国家域名'.CN'注册保有量"、"SDNS‑S产品性能"、"员工离职率"等指标在国内外进行横向对比，具有一定的可比性。

可读性（★★★★☆）

《报告》框架清晰，语言流畅，篇幅适宜；封面创意及各章开篇设计融入互联网元素，凸显了行业特色；设计风格清新，图文结合紧密，提高了报告的悦读性；设置多个典型案例，对社会责任实践进行详细阐述，并在"外延责任"板块对履责实践进行专题式披露，具有领先的可读性表现。

创新性（★★★★）

《报告》封面加入中心微信公众平台二维码，便于利益相关方了解中心履责实践和绩效；从"内核"、"中层"、"外延"三方面，有层次地展现机构社会责任理念与实践，令人耳目一新，创新性表现优秀。

综合评级（★★★★）

经评级小组评价，《中国互联网络信息中心2015年社会责任报告》为四星级，是一份优秀的企业社会责任报告。

四、改进建议

1. 增加行业核心指标的披露，提高报告的完整性。

2. 增加负面数据和履责不足之处的披露，提高报告的平衡性。

3. 增加企业历史关键数据的披露，提高报告的可比性。

评级小组

组长：商道纵横总经理　郭沛源

成员：北京工商大学经济学院教授　郭毅

　　　中国社会科学院经济学部企业社会责任研究中心常务副主任　张蒽

　　　过程性评估员　方小静、王志敏

评级专家委员会副主席　　　　　评级小组组长

出具时间：2016 年 5 月 31 日

六十四、《强生在华 2015 年企业公民与可持续发展报告》评级报告

受强生（中国）投资有限公司委托，"中国企业社会责任报告评级专家委员会"抽选专家组成评级小组，对《强生在华 2015 年企业公民与可持续发展报告》（以下简称《报告》）进行评级。

一、评级依据

《中国企业社会责任报告编写指南（CASS – CSR 3.0)》暨《中国企业社会责任报告评级标准（2014)》。

二、评级过程

1. 过程性评估小组访谈《报告》编制组主要成员，并现场审查编写过程相关资料；

2. 评级小组对《报告》编写过程及披露内容进行评价，拟定评级报告；

3. 评级报告提交评级专家委员会副主席及评级小组组长共同签字。

三、评级结论

过程性（★★★★）

企业传播部牵头成立报告编写组，副总裁负责报告总体把控和审核；编写组对利益相关方进行识别，并通过访谈、实地调研等形式收集相关方意见；根据公司重大事项、利益相关方调查等识别实质性议题；计划召开嵌入式发布会发布报告，并将以电子版、印刷版、H5 版等形式呈现报告，具有优秀的过程性表现。

实质性（★★★★☆）

《报告》系统披露了产品质量管理、产品创新、安全生产、保障员工权益、供应链管理、环保产品研发、合规管理等医药生物制造业关键性议题，叙述详细充分，具有领先的实质性表现。

完整性（★★★☆）

《报告》从"可持续发展管理"、"关爱客户"、"关爱员工"、"关爱社会"等角度披露了医药生物制造业核心指标的 63.5%，完整性表现良好。

平衡性（★★★）

《报告》披露了"无损失工作日事故数"、"严重伤害/疾病事故数"、"损工事件数"等少量负面数据信息，具有一定的平衡性表现。

可比性（★★）

《报告》披露了"科技人员数量"、"员工总人数"、"员工志愿服务参与率"、"公益慈善总支出"等少量本年度关键绩效数据，但缺乏连续 3 年以上的历年数据；并就"全球制药企业排名"等数据进行横向比较，可比性有待加强。

可读性（★★★★☆）

《报告》以"因爱而生"责任理念为主题，围绕"客户、员工、社会"展开叙述，框架清晰，逻辑清楚，并使用丰富案例对企业责任理念和实践进行阐述；整体设计风格以红色和白色为主色调，呼应企业品牌标识，凸显企业特色，提升了报告的悦读性，具有领先的可读性表现。

创新性（★★★★☆）

《报告》开篇展示"我们的信条"，凸显企业履责诚意；多处嵌入相关方证言，提升了报告的可信度；对关键定量数据进行醒目处理，便于读者快速了解企业履责成效，具有领先的创新性表现。

综合评级（★★★★）

经评级小组评价，《强生在华 2015 年企业公民与可持续发展报告》为四星级，是一份优秀的企业社会责任报告。

四、改进建议

1. 增加企业历史关键绩效数据的披露，提高报告的可比性。

2. 增加负面数据及履责不足之处的披露，提高报告的平衡性。

3. 增加行业核心指标的披露，提高报告的完整性。

评级小组

组长：中国社科院经济学部企业社会责任研究中心主任　钟宏武

成员：中国企业联合会企业创新工作部主任　程多生

过程性评估员　方小静、冯丽

评级专家委员会副主席　　　　　评级小组组长

出具时间：2016 年 8 月 8 日

报告管理篇：
中国企业社会责任报告管理优秀案例

为引导中国企业社会责任报告的发展，发挥中国企业社会责任报告的综合价值，中国社会科学院经济学部企业社会责任研究中心（以下简称"中心"）先后制定了《中国企业社会责任报告评级标准（2010/2011/2012/2013/2014）》，先后为国内外320余家大型企业提供第三方报告评级服务，不断提高企业报告管理水平。

截至2016年11月底，中心应邀去往64家企业（以下简称"评级企业"）进行过程性评估，通过分析评级企业社会责任报告的组织、参与、界定、启动、撰写、传播、反馈七个过程要素，推动社会责任报告全生命周期管理①，研判评级企业的报告管理优势和改进建议。通过对64家国内外优秀企业社会责任报告管理过程进行研究分析，主要得到如下几个方面的亮点：一是企业高层领导的高度重视和支持，成立专门报告编写小组；二是识别和筛选关键利益相关方，并通过意见征求会、调研访谈、问卷调查等多种方式收集相关方意见；三是根据公司重大事项、国家相关政策、行业对标分析及相关方调查等方式科学识别企业实质性议题；四是通过电子版、印刷版、简版、微信等多元化传播方式对报告进行宣传；五是重视利益相关方期望并积极进行总结反馈；六是注重社会责任管理和实践方面的创新，提升企业社会责任报告的管理能力和水平。

通过对样本企业分析，选取10家优秀企业在社会责任管理过程中的企业实践和典型案例，辨析我国企业社会责任报告管理过程的阶段性特征，为我国企业更有效编制社会责任报告、提高报告质量、发挥报告综合价值提供借鉴和参考。

---

① 社会责任报告全生命周期管理是指企业在社会责任报告编写和使用的全过程中对报告进行全方位的价值管理，充分发挥报告在利益相关方沟通、公司社会责任绩效监控中的作用，将报告作为提升公司社会责任管理水平的有效工具。社会责任报告全生命周期管理涉及组织、参与、界定、启动、撰写、传播和反馈七个过程要素。其中，组织和参与是社会责任报告编写的保证，贯穿报告编写的全部流程；界定、启动、撰写、传播和反馈构成一个闭环的流程体系，通过持续改进报告编制流程提升报告质量和公司社会责任管理水平。

第七章 中国电子：引领信息未来

一、公司简介

中国电子信息产业集团有限公司（以下简称"中国电子"）成立于 1989 年 5 月，是中央管理的国有重要骨干企业，以提供电子信息技术产品与服务为主营业务，是中国最大的国有综合性 IT 企业集团。

中国电子主营业务分布于"新型显示、网络安全和信息化、集成电路、信息服务"等国家战略性、基础性电子信息产业领域，核心业务关系国家信息安全和国民经济发展命脉。经过多年的资产重组、业务整合、结构优化，目前中国电子拥有二级企业 23 家，控股上市公司 15 家，员工总数 13 万人。

近年来，中国电子基于自身转型升级和国家战略需求，积极应对复杂多变的国内外经济环境，全力提升综合竞争力，建设"显示技术、信息安全、信息服务"三大系统工程，并以此为基础打造五大业务板块协同发展，成效显著，经营规模和质量效益连创历史新高。2015 年，中国电子实现营业收入 1981.9 亿元，资产总额达 2477.8 亿元，位列电子百强三甲，连续 6 年入选《财富》世界 500 强，排名第 329 位。

"强国、惠民、绿色、协同、创新"是中国电子始终不渝的追求。中国电子拥有强大的电子信息产品研制能力和产业竞争优势：液晶显示器制造服务全球第一，液晶电视制造全球第三，拥有从操作系统、中间件、数据库、安全产品到应用系统的完整产业链，是国内领先的自主可控软硬件产品及信息安全服务提供商，实力最强的集成电路全产业链服务及最大的智能卡芯片供应商，一流的电子信息产品贸易与服务提供者，最具影响力的高科技创新产业园区建设者、运营者，智能制造和智慧城市的优秀供应商、服务商。

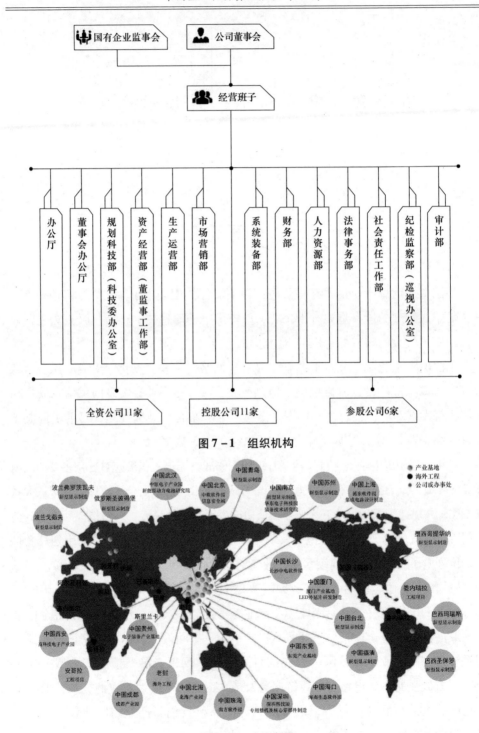

图 7-1 组织机构

图 7-2 产业版图

二、责任报告

（一）报告概览

中国电子信息产业集团有限公司自 2011 年发布第一份企业社会责任报告以来，至今已经连续 6 年发布企业社会责任报告，披露公司强国、惠民、绿色、协同、创新等方面的工作绩效。2014 年起，中国电子每年在海外地区发布社会责任报告英文版，加强与海外利益相关方的沟通。2015 年开始，创新运用新媒体手段，做好 H5 社会责任报告策划与同期发布，结合电子行业特点，以轻盈、欢快、创新的要素，制作出 H5 报告，实现了极佳的传播效果，在集团内部、外部也快速传播开来，产生了非常好的立体宣传效应。

2016 年 7 月，中国电子发布《2015 年企业社会责任报告》，这是公司第六份社会责任报告，从"强国，引领产业发展"、"惠民，建设和谐社区"、"绿色，保护生态文明"、"协同，创造共享价值"、"创新，促进持续发展"等方面全面披露公司在 2015 年的履责情况。

表 7 - 1　中国电子社会责任报告发布情况

发布年份	报告名称	报告页数	报告语言	报告版本	参考标准	第三方评价
2011	中国电子信息产业集团有限公司 2010 社会责任报告	67	中文	印刷版、电子版	CASS - CSR 2.0 GRI 3.0	中国企业社会责任报告评级专家委员会
2012	中国电子信息产业集团有限公司 2011 社会责任报告	75	中文	印刷版、电子版	CASS - CSR 2.0 GRI 3.0	中国企业社会责任报告评级专家委员会

续表

发布年份	报告名称	报告页数	报告语言	报告版本	参考标准	第三方评价
2013	中国电子信息产业集团有限公司 2012 社会责任报告	76	中文	印刷版、电子版	《关于中央企业履行社会责任的指导意见》 CASS – CSR 2.0 GRI 3.0	中国企业社会责任报告评级专家委员会
2014	中国电子信息产业集团有限公司 2013 社会责任报告	64	中英文	印刷版、电子版	ISO 26000 CASS – CSR 3.0 GRI 4.0	中国企业社会责任报告评级专家委员会
2015	中国电子信息产业集团有限公司 2014 社会责任报告	76	中英文	印刷版、电子版	ISO 26000 CASS – CSR 3.0 GRI 4.0	中国企业社会责任报告评级专家委员会
2016	中国电子信息产业集团有限公司 2015 社会责任报告	104	中英文	印刷版、电子版	ISO 26000 CASS – CSR 3.0 GRI 4.0	中国企业社会责任报告评级专家委员会

（二）报告投入

中国电子社会责任报告采用内外部相结合的方式编制，集团公司各职能部门以及各下属公司社会责任联络人负责收集数据、文字及照片等材料的提交，社会责任报告项目组进行资料整理和报告撰写。除了项目组成员积极参与编写以外，公司还邀请外部社会责任专家为报告编写提出意见或建议。每年报告编写投入资源如表7-2所示。

表7-2 中国电子社会责任报告投入

报告名称	投入人员	投入时间	搜集素材
中国电子信息产业集团有限公司 2010 社会责任报告	20人	3个月	24万字的文字素材及270多张照片
中国电子信息产业集团有限公司 2011 社会责任报告	24人	4个月	27万字的文字素材及300多张照片

续表

报告名称	投入人员	投入时间	搜集素材
中国电子信息产业集团有限公司 2012 社会责任报告	27 人	4 个月	28 万字的文字素材及 350 多张照片
中国电子信息产业集团有限公司 2013 社会责任报告	28 人	4 个月	30 万字的文字素材及 370 多张照片
中国电子信息产业集团有限公司 2014 社会责任报告	28 人	5 个月	30 万字的文字素材及 400 多张照片
中国电子信息产业集团有限公司 2015 社会责任报告	30 人	5 个月	32 万字的文字素材及 470 多张照片

三、报告管理

（一）组织

1. 社会责任组织体系

中国电子集团成立社会责任领导小组，明确社会责任归口管理部门，构建三级联动的社会责任组织体系，促进社会责任工作体系的上下一致、高效协同。

表 7-3　中国电子社会责任组织体系

集团公司社会责任工作领导小组	
所属二级单位社会责任工作领导小组	
社会责任工作部	社会责任、新闻宣传、文化实践、员工关爱、扶贫、援疆援藏、志愿服务、公益捐助管理
办公厅	信息化建设、对外合作、应急管理
董事会办公室	公司议事规则、法人治理
规划科技部	战略合作、科技创新、重大投资、重点工程、项目验收
资产经营部	业务重组、资本运作、资产管理、董监事管理

续表

生产运营部	管理创新、安全生产、园区建设、职业健康、节能减排
市场营销部	市场营销体系建设、市场拓展、展览展示、品牌管理
系统装备部	系统装备体系建立、能力提升
财务部	全面预算管理、业绩考核、降本增效、融资融券、内控管理
人力资源部	劳动用工、薪酬福利、教育培训、职业发展、员工关爱
法律事务部	全面风险管控、依法经营
纪检监察部	反腐倡廉、效能监察
审计部	财务收支审计、管理审计、内控评价

2. 社会责任制度

"十二五"期间，中国电子注重加强社会责任工作顶层设计，编制了《中国电子社会责任规划（2013～2015）》，梳理出"一二三四五"社会责任战略（即一个责任理念、两个显著提升、三个发展阶段、四个结合原则、五项重点工作），明确了"顶层设计、植入理念"，"确立体系、协同推进"，"专项发展、重在融合"的责任实施路径。制定了《社会责任工作管理办法》，进一步明确集团各部室及下属单位社会责任职责与分工。

2015年，中国电子滚动编制《社会责任新五年规划（2016～2020）》（以下简称《规划》），以及《社会责任基线文件》（以下简称《基线文件》）。《规划》对社会责任的总体环境、中国电子的社会责任现状、不足，以及社会责任发展目标、当前的重点工作进行详细阐述，将是指导未来五年中国电子社会责任工作的纲领性文件；《基线文件》是集团及所属二级、三级企业的社会责任工作标准和基本指引，是促进企业将社会责任内化为企业管理运营动力、提供保障的基石，有利于促进整个集团社会责任目标战略的早日实现。

3. 社会责任组织队伍

中国电子除集团设立社会责任领导部门以外，二级单位也成立社会责任工作领导小组，明确社会责任管理部门和专兼职工作人员；同时，三级单位指定社会责任联络员。

（二）参与

中国电子与内外部利益相关方进行坦诚有效的沟通交流，构建"四层次"社会责任沟通机制，根据利益相关方的诉求及建议，改进优化内部工作流程，不断加强自身能力建设，努力满足各方期望。

表7-4 "四层次"社会责任沟通机制

层次	沟通方式	2015年进展
实时沟通	官网社会责任固定专栏、官微社会责任问卷调查 利益相关方座谈会	在中国电子官方微信平台发布社会责任核心议题征集，形成互动 开展社会责任圆桌会议，听取利益相关方意见
定期沟通	依照国际通行标准，发布中、英文社会责任年度报告，系统披露企业信息	如期发布《中国电子2014年社会责任报告》中英文版及H5版、微信社会责任报告 7月初接受媒体社会责任议题专访
专项沟通	举办或广泛参与展览、论坛，阐释公司发展理念和主题观点，展示发展成果	参加第八届中美互联网论坛并进行合作交流 "乌镇世界互联网大会"核心展区展示公司最新网络信息安全产品及解决方案，公司高管发表主题演讲
实地沟通	深入企业调研，走近利益相关方，聆听利益相关方期望	中国社科院"分享责任企业行"走进中电熊猫，各界CSR专家、新闻媒体考察中电熊猫6代线、8.5代线项目，与企业和社区利益相关方代表座谈交流

表7-5 利益相关方期望以及中国电子的回应措施

利益相关方	对中国电子的期望	沟通渠道和方式	中国电子的对策
投资者	●资产保值增值 ●规范的企业治理 ●防范经营风险	●定期汇报 ●业务部门日常沟通 ●投资者会议 ●提供财务报表和拜访	●保护股东权益 ●提高经营效益 ●实现稳健回报
客户	●提升产品质量 ●确保产品安全 ●提供优质服务	●客户满意度调查 ●客户投诉 ●客户关系管理	●质量管理体系 ●产品全生命周期安全管理 ●积极应对投诉

续表

利益相关方	对中国电子的期望	沟通渠道和方式	中国电子的对策
合作伙伴	● 互相尊重与平等合作 ● 创造合作价值 ● 拓展合作领域	● 供应商管理 ● 分销商管理 ● 培训与交流 ● 座谈会	● 维护供应商权益 ● 维护分销商权益 ● 维护商业伙伴权益
员工	● 保障职工权益 ● 职业发展成长 ● 参与管理 ● 关爱员工生活	● 职工代表大会 ● 员工培训 ● 征求意见 ● 文化实践	● 完善收入分配和福利保障机制 ● 规范劳动用工机制 ● 加强员工培训 ● 人文关怀
政府	● 遵守国家法律法规 ● 落实政府管理要求 ● 提升经济与社会信息化水平 ● 不断发展及稳定就业	● 参加会议并落实 ● 专题汇报 ● 参与政府项目 ● 报告和拜访	● 执行行业标准并保证产品安全 ● 依法规范经营 ● 提高公司治理水平 ● 建立内部控制体系
社区与环境	● 共同发展 ● 扶危济困 ● 节能减排与环境保护	● 交流活动 ● 社区沟通 ● 社会公益活动 ● 社区共建	● 完善节能减排 ● 保护环境生态 ● 持续扶贫援藏 ● 参与社区公益

（三）界定

1. 议题确定流程

● 通过参考国家政策要求和社会舆论关注点形成一般议题；

● 通过分析相关行业企业形成行业议题；

● 结合公司发展战略规划和运营实践形成企业责任议题；

● 采取调查问卷的方式，征求内外部利益相关方意见。

2. 社会责任核心议题

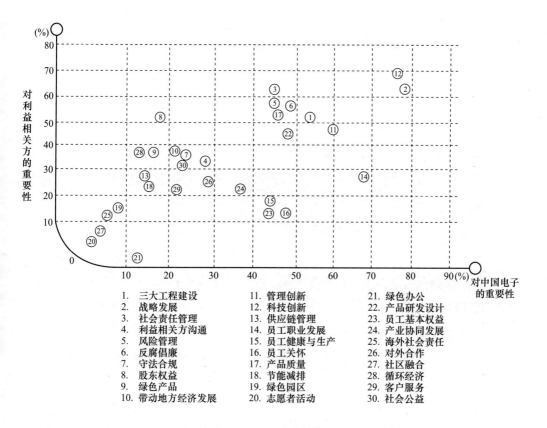

1. 三大工程建设	11. 管理创新	21. 绿色办公
2. 战略发展	12. 科技创新	22. 产品研发设计
3. 社会责任管理	13. 供应链管理	23. 员工基本权益
4. 利益相关方沟通	14. 员工职业发展	24. 产业协同发展
5. 风险管理	15. 员工健康与生产	25. 海外社会责任
6. 反腐倡廉	16. 员工关怀	26. 对外合作
7. 守法合规	17. 产品质量	27. 社区融合
8. 股东权益	18. 节能减排	28. 循环经济
9. 绿色产品	19. 绿色园区	29. 客户服务
10. 带动地方经济发展	20. 志愿者活动	30. 社会公益

图 7 - 3　社会责任核心议题

（四）启动

中国电子企业社会责任报告每年 3 月初以视频会议的形式召开启动会，党群工作部社会责任处牵头成立报告编写小组，分析前一年报告编制的优势与不足，公布报告编制计划及工作安排。为了更加深入地了解和学习国内外社会责任动态、知识，把握报告的最新标准，中国电子邀请外部专家从理论和行业动态两个层面为企业相关人员进行培训，以加深相关人员对企业社会责任工作的认识，并为报告的撰写打下坚实的理论基础。

（五）编写

1. 前期准备

● 下属企业调研

中国电子社会责任报告编制项目组深入下属开展调研工作，走访海南软件园、东莞产业园、合肥彩虹集团等，与企业员工、当地社区等内外部利益相关方开展座谈，了解需求。

● 实质性议题分析

中国电子社会责任处牵头，下发调查问卷，开展实质性议题分析。

● 形成报告框架

根据议题分析结果，形成报告框架。

● 资料收集

根据报告框架制作资料清单并下发，各职能部门、下属企业提交材料。

2. 报告编写

● 消化收集、内容撰写

将收集上来的资料整理分类，梳理总结出企业年度重点、亮点，按框架编制社会责任报告。

● 意见征求，定稿评级

在报告发布前多次邀请内外部利益相关方，包括主要部门负责人、员工、社区代表、企业社会责任专家等召开意见征求会，听取多方意见，积极回应相关方需求，进一步提升和改善企业社会责任工作和社会责任报告编制水平。

甄选意见征求会的反馈意见，对报告进行修订之后，将报告提交企业社会责任报告评级委员会。2015 年中国电子社会责任报告最终获得了五星的优秀评价。

（六）发布

2016 年 7 月，中国电子在安徽合肥彩虹集团举办"中国电子分享责任企业行——彩虹集团站"活动，并在活动现场发布了《中国电子信息产业集团有限公司 2015 年社会责任报告》，邀请企业领导、员工、内外部利益相关方等共同参与。

（七）使用

中国电子每年通过编制社会责任报告的过程，梳理前一年企业责任管理、实践情况，有效帮助企业高层掌控企业在经济、社会、环境等方面所面临的机遇与挑战，为新一年企业的战略制定提供有力参考。

中国电子利用每年发行的企业社会责任报告，将企业社会责任方面的成果向社会做积极的展示，多样化形式和渠道呈现社会责任报告，如在公司主页刊登电子版报告、官微刊登 H5 版报告、在集团重大活动中推送印刷版报告等，多样化开展责任传播，将报告作为责任沟通的工具，在与利益相关方进行沟通时充分使用。

第八章　中国港中旅：服务大众，创造快乐

一、公司简介

中国港中旅集团公司（中国旅游集团公司）根植香港 87 年，是中央直接管理的大型国有重要骨干企业之一。作为中国旅游产业链较为完整、旅游要素较为齐全、经营规模较大的大型旅游企业，港中旅集团多年来一直居于旅游行业首位。

通过产业优化调整，港中旅集团已构建了以七个板块公司（旅行社、酒店、景区、地产、金融、物流、资产）和证件事业部、邮轮事业部、渭河电厂及下属专业公司为主要经营载体的多元化集团架构体系，并控股香港中旅（股票代码 308，中资企业成份股）和华贸物流（股票代码 603128，上交所上市）两家上市公司。

作为中国旅游行业的领跑者，中国港中旅以"服务大众，创造快乐"为发展宗旨，将履行社会责任作为提升市场竞争力的必然选择，不断开拓创新、勇于探索，为大众提供便捷、舒适、优质、环保的旅游服务，致力于推动中国旅游行业的可持续发展。2015 年，中国港中旅坚持可持续发展的理念，进一步实现经济、社会、环境价值的最大化。

在经济价值创造方面，港中旅主动退出产能过剩的钢铁业，做强做优旅游文化主业，2015 年全年累计实现营业收入 338.7 亿元，同比增长 27.79%；实现利润总额 23.6 亿元，同比增长 54.77%，其中旅行社板块收益达历史新高。2015 年，成立了邮轮事业部，与招商局、中交建、海南省三亚市签订战略合作协议，

着手打造中国民族邮轮品牌和特色航线产品。

在社会价值创造方面，港中旅倡导和谐社会氛围，积极参与香港社会社区公益工作，助力香港繁荣稳定发展；我们探索建立"教育＋扶贫"一体两翼精准扶贫的开发模式，为定点扶贫地区群众脱贫致富不遗余力。

在环境价值创造方面，我们积极开展清洁生产管理，2015 年，渭河电厂供电标准煤耗实现 329 克／千瓦时；发电燃油总量控制在 350 吨以内，燃油单耗低于 5.28 吨／亿千瓦时，环保提升卓有成效。

未来，港中旅集团将重点发展旅游、地产、金融三大产业，同时加大力度培育房车、免税、邮轮、养老、旅游文化等新产业和新业务，争取实现"中国第一、亚洲前茅、世界一流"的发展目标，成为具有世界级影响力和品牌知名度的旅游集团。

二、责任报告

报告概览

企业社会责任报告是企业就社会责任议题与利益相关方进行沟通的重要平台。中国港中旅集团公司自 2011 年发布第一份社会责任报告以来，本着客观、透明、规范、全面的原则，已连续 6 年发布社会责任报告，系统披露公司服务于客户、员工、伙伴、社会、环境等利益相关方的社会责任实践及绩效。

《中国港中旅集团公司企业社会责任报告 2015》以"服务大众，创造快乐"为主题，设置两个"责任专题"，详细阐述公司战略布局及业务调整；从"服务客户，共创快乐"、"服务伙伴，共筑双赢"、"服务员工，共建幸福"、"服务环境，共享绿色"、"服务社会，共造和谐"五大方面展开，系统披露公司 2015 年的社会责任履责实践及绩效。报告被"中国企业社会责任报告评级专家委员会"评为四星半级，是一份领先的社会责任报告。

中国港中旅将每年的企业社会责任报告书视为与利益相关方沟通的重要桥梁，通过认真编写社会责任报告，公开透明地向社会披露履责情况，并在公司官网刊登报告电子版，为各相关机构背对背评价提供便利；发布 H5 报告，提炼履责工作亮点成效，充分结合新媒体，加强传播，提升传播效率；此外，积极联络企业社会责任专家进行评价沟通，主动提交报告成果，参与外部评价，以进一步提升和改善企业社会责任工作和社会责任报告编制水平。

表 8－1　中国港中旅集团社会责任报告发布情况

发布年份	报告名称	报告页数	报告语言	报告版本	参考标准	第三方评价
2011	中国港中旅集团公司 2010 企业社会责任报告	80	中文	印刷版、电子版	国务院国资委《关于中央企业履行社会责任的指导意见》 GRI 3.1 ISO 26000	国务院国有资产监督管理委员会研究局副局长 国家旅游局党组成员中国旅游协会副会长 《WTO 经济导刊》杂志社副社长
2012	中国港中旅集团公司 2011 企业社会责任报告	72	中文	印刷版、电子版	国务院国资委《关于中央企业履行社会责任的指导意见》 GRI 3.1 ISO 26000 CASS－CSR 2.0	国务院国有资产监督管理委员会研究局副局长 国家旅游局党组成员中国旅游协会副会长 《WTO 经济导刊》杂志社副社长
2013	中国港中旅集团公司 2012 企业社会责任报告	84	中文	印刷版、电子版	国务院国资委《关于中央企业履行社会责任的指导意见》 GRI 3.1 ISO 26000 CASS－CSR 2.0	国务院国有资产监督管理委员会研究局副局长 国家旅游局党组成员中国旅游协会副会长 《WTO 经济导刊》杂志社副社长
2014	中国港中旅集团公司 2013 企业社会责任报告	80	中文	印刷版、电子版	国务院国资委《关于中央企业履行社会责任的指导意见》 GRI 3.1 ISO 26000 CASS－CSR 3.0	—

续表

发布年份	报告名称	报告页数	报告语言	报告版本	参考标准	第三方评价
2015	中国港中旅集团公司 2014 企业社会责任报告	88	中文	印刷版、电子版	GR I4 ISO 26000 CASS - CSR 3.0	—
2016	中国港中旅集团公司 2015 企业社会责任报告	81	中文	印刷版、电子版	国务院国资委《关于中央企业履行社会责任的指导意见》 GRI 4 联合国全球契约十项原则 ISO 26000 CASS - CSR 3.0	中国企业社会责任报告评级专家委员会

三、报告管理

（一）组织

中国港中旅积极探索可持续发展之路，坚持从战略高度认识、部署和推进企业与社会、环境的和谐发展。大力加强和改进社会责任管理，把社会责任管理融入公司战略、企业文化和日常运营，持续提升履责能力，增强价值创造能力，实现优质高效可持续发展，持续提升公司的美誉度和影响力。

1. 社会责任组织体系

中国港中旅建立了覆盖集团公司、板块公司、专业公司的社会责任管理三级组织体系，稳步推进社会责任各项工作。在板块公司、专业公司明确责任部门，明确集团公司各职能部门社会责任专（兼）职工作人员为社会责任管理工作联络员。

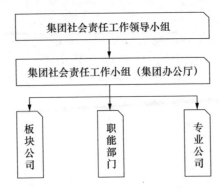

图8-1　港中旅社会责任管理体系

2. 社会责任制度

中国港中旅在推进社会责任实践的过程中，社会责任制度体系不断完善。自加入联合国全球契约以来，以集团《2011~2020 十年发展战略》为依据，将可持续发展理念纳入企业战略及日常管理中，在 2014 年制定《中国港中旅集团公司社会责任规划》的基础上，2015 年制定《中国港中旅集团公司社会责任工作管理办法》，并以此为指导方针，稳步推进企业社会责任管理工作。

3. 社会责任组织队伍

中国港中旅成立了社会责任管理三级组织体系，稳步推进社会责任各项工作：集团社会责任工作领导小组把控集团社会责任工作的战略方向，起草和发布社会责任专项规划；领导小组下设集团社会责任工作小组，归口集团办公厅，负责编制与发布年度社会责任报告，组织开展社会责任研究、培训等活动；各职能部门、板块、专业公司联动配合，共同推进集团社会责任工作开展。

（二）参与

中国港中旅高度重视利益相关方的沟通和参与，建立切实有效的沟通体系，在日常交流及议题识别、报告编写、报告传播等环节，通过意见征求会、专家研讨会、问卷调查、深度访谈等多种形式，最大限度地吸纳各利益相关方参与，及时了解利益相关方的关注点、建议和意见，回应利益相关方的需求，充分披露公司的履责实践和绩效。

表 8 - 2　利益相关方的沟通和参与

利益相关方	关注	回应
政府	遵守法律法规 国有资产保值增值 服务国计民生	严格依法经营 加快转变经济发展方式 持续创造就业机会 促进区域经济发展
出资人	业绩持续增长 公司治理 信息披露	强化风险管理 增强核心竞争力 提升信息透明度
客户	优质产品和服务 满足客户多元需求 为客户创造价值	提供多样化、个性化的产品和服务 开展优质服务活动 倡导诚信游 收集客户意见并积极回应
员工	基本权益 薪酬福利 职业发展空间 工作生活环境	依法签订劳动合同 建立完善的薪酬体系 制定全面的培训方案和发展计划 加强内部沟通和文化融合
供应商	公开、公平、公正采购 信守合约 互利共赢、长期发展	严格执行"三公"商业准则 恪守商业道德、按合同规定履约 发展长期战略合作
同行	公平竞争 行业发展	坚守行业准则 维护健康、有序的市场环境 经验分享、管理输出
社区	参与社区发展 支持公益事业	扶贫帮困、关爱儿童 支持教育事业 鼓励员工志愿者活动
环境	节约资源能源 减少污染物排放 生态保护	节能减排 倡导低碳旅游、打造绿色酒店、开发绿色地产 保护景区自然、人文景观 发展循环经济

（三）界定

1. 议题确定流程

●利益相关方关注点调查与分析；

- 企业发展规划；
- 标杆企业对标分析；
- 国内外 CSR 标准和指南分析；
- 政策研究。

2. 社会责任核心议题

中国港中旅以公司发展战略、企业管理现状和利益相关方关注焦点为基础，依据国内外社会责任报告主流编制依据（GRI G4、CASS – CSR 3.0、ISO 26000、联合国全球契约十项原则、国资委《关于中央企业履行社会责任指导意见》等）、行业焦点等，通过问卷调查、深度访谈、意见征求会等方法，搜集内外部相关方的意见和建议，梳理出包含一般议题、行业议题和企业议题的议题池。通过建立"利益相关方的关注度"和"对中国港中旅可持续发展的重要性"二维矩阵，对议题进一步识别和排序，确定中国港中旅的社会责任实质性议题为优质产品和服务、安全生产、景区环境保护、产品创新、文明旅游等。

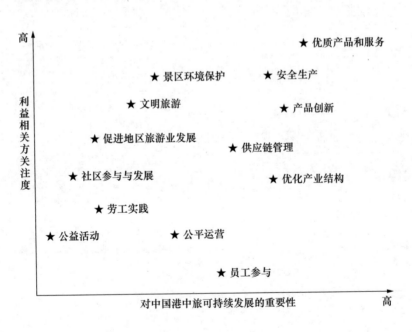

图 8 – 2　核心议题

（四）启动

中国港中旅通过建立报告编写组，下发报告编写通知，召开报告编制启动会，组织报告编制培训。2015 年 11 月 25 日启动社会责任报告的编制工作，下发资料清单，制定《港中旅集团 CSR 报告项目方案》并明确合作团队及项目进度，时间跨度为 2016 年 1 ~ 6 月。

（五）编写

中国港中旅通过以下方法收集报告编写素材：

（1）制定并下发部门/下属企业资料收集清单，通过 OA 系统、邮件、微信等提交资料；

（2）对高层管理者、利益相关方进行访谈；

（3）对企业存量资料进行案头分析。

中国港中旅集团公司 2015 年的企业社会责任报告从正式启动到编写，历时半年左右。通过对内外部利益相关方的调研访谈及行业对标分析等来确定报告需要披露的核心议题，制定报告编制方案、起草报告提纲、搜集素材，完成报告内容编写后征求相关方意见，进一步修改、完善，并由公司高层领导审议通过。

《中国港中旅集团公司企业社会责任报告 2015》全面阐述了公司战略布局及业务调整，以及集团服务于客户、员工、伙伴、社会、环境等利益相关方的社会责任实践及绩效。

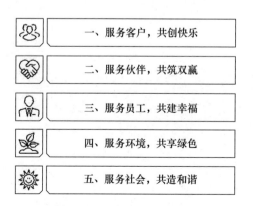

| 一、服务客户，共创快乐 |
| 二、服务伙伴，共筑双赢 |
| 三、服务员工，共建幸福 |
| 四、服务环境，共享绿色 |
| 五、服务社会，共造和谐 |

图 8 - 3 社会责任实践及绩效

（六）发布

截至目前，中国港中旅集团已经连续 6 年发布了企业社会责任报告。2016年，公司采取了网络发布的形式，在官方官网设置社会责任专栏，在醒目位置设置报告链接，方便利益相关方下载和查阅。

（七）使用

中国港中旅在报告发布后对报告编制工作开展了分析和总结，为下一年持续提升报告质量打下基础。2015 年企业社会责任报告在 2014 年的基础上，对报告结构、报告内容、报告表现形式与设计、报告传播做了全面改进。在结构上，优化框架、凸显行业特征和企业特色；在内容上，重视实质性议题识别、管理与信息披露，增加供应链管理内容，呈现年度绩效数据；在表现形式与设计上，采用利益相关方证言、可视化图表、延伸阅读等细节提升报告的可读性；在传播上，创新 H5 版本，提升报告沟通价值。

中国港中旅鼓励在与利益相关方的沟通过程中使用社会责任报告，例如发放给下属企业、接待外宾或领导出访时用作沟通材料、参加第三方会议时交流展示等，努力提升报告的沟通、交流价值。

第九章 中国移动通信集团公司：
连接，和你一起

一、公司简介

中国移动通信集团公司（简称"中国移动"）于 2000 年 4 月 20 日成立，注册资本 3000 亿元人民币，资产规模超过 1.6 万亿元，基站总数超过 260 万个，客户总数超过 8.3 亿户，是全球网络规模、客户规模最大、市值排名领先的电信运营企业。

中国移动全资拥有中国移动（香港）集团有限公司，由其控股的中国移动有限公司（简称"上市公司"）在国内 31 个省（自治区、直辖市）和香港特别行政区设立全资子公司，并在香港和纽约上市。主要经营移动语音、数据、宽带、IP 电话和多媒体业务，并具有计算机互联网国际联网单位经营权和国际出入口经营权。2016 年，中国移动深入贯彻党中央和国务院的总体要求，牢固树立"创新、协调、绿色、开放、共享"的发展理念，准确把握万物互联时代特征，立足当前，布局长远，全面实施"大连接"战略。着力做大连接规模，做优连接服务，做强连接应用，为实现"成为数字化创新的全球领先运营商"的中长期战略愿景而不懈努力。

作为国内电信运营企业中首家编制发布企业社会责任报告的企业，同时也是中央企业中最早关注并实施企业社会责任管理的企业之一，中国移动秉承"正德厚生 臻于至善"的核心价值观，真诚践行"以天下之至诚而尽己之性、尽人之性、尽物之性"的企业责任观，追求企业与利益相关方在经济、社会与环境方面共同可持续发展。中国移动自 2007 年起成为联合国全球契约（UNGC）正式成员，认可并努力遵守全球契约十项原则。

荣誉认可：

连续十一年在国资委中央企业负责人经营业绩考核中获得最高级别——A 级；

上市公司连续九年入选道琼斯可持续发展系列指数（DJSI），并连续七年入选恒生可持续发展指数；

集团公司在《财富》杂志世界 500 强中最新排名第 45 位；

上市公司在《福布斯》杂志"全球 2000 领先企业榜"排名第 18 位；

中国移动品牌连续第十一年入选明略行和《金融时报》发布的"BRANDZ™ 100 全球最强势品牌"排名，列全球第 15 位；

连续六届荣获中国公益慈善领域最高政府奖——"中华慈善奖"；

在中国社会科学院经济学部企业社会责任研究中心发布的在 2016 年"中国企业社会责任发展指数"中位列第 3 名，并位列通信服务业第 1 名；

连续三年获得 CDP（中国）授予的"应对气候变化领导力示范企业"称号，是国内首家也是唯一一家进入 CDP 气候变化最高评级 A 名单的中国企业；

在国资委举办的中央企业管理提升活动中，被选为企业社会责任管理三家标杆企业之一，并被评为"企业社会责任管理提升先进单位"；

中国移动的"战略性企业社会责任管理"、"绿色行动计划"、"新农合信息系统"、"情系三农惠万家"、"中国温暖 121 项目"等多项实践入选中央企业优秀社会责任实践；

中国移动"农村工程"、"绿色行动计划"、"新农合项目"分别入选哈佛商学院、密歇根大学、克兰菲尔德商学院案例，成为商业价值与社会价值双赢的范例。

二、责任报告

（一）报告概览

中国移动高度重视信息披露及与利益相关方的主动沟通对话，自 2006 年起逐年编制并发布企业社会责任报告（2010 年起更名为可持续发展报告以进一步突出履行社会责任与企业可持续发展的融合一致性）。中国移动可持续发展报告共分集团公司与上市公司中英文共四个版本，其中上市公司的可持续发展报告经公司司务会和上市公司董事会审核后，与公司年报同步发布；集团公司的可持续发展报告作为年度重点沟通活动，通过线上线下结合的方式，广泛对外发布传播。

中国移动可持续发展报告遵循全球报告倡议组织（GRI）可持续发展报告指南（G4）、中国企业社会责任报告编写指南（CASS – CSR 3.0）、全球契约十项原则、国际标准化组织社会责任指南标准（ISO 26000）、香港交易所《环境、社会及管治报告指引》、中华人民共和国国家标准《GB/T 36001 – 2015 社会责任报告编写指南》、《关于国有企业更好履行社会责任的指导意见》等国内外通行规范，同时突出企业与行业特色。从 2012 年起，报告引入第三方会计师事务所对关键数据提供独立鉴证，进一步提升客观性与公信力。自 2013 年起，报告引入中国社会科学院经济学部企业社会责任研究中心社会责任报告评级并连续三年获得五星级评价。此外，报告曾获得联合国全球契约中国企业社会责任典范报告、全球契约中国社会责任报告最佳实践、"金蜜蜂"优秀企业社会责任报告领袖型企业奖和长青奖、连续四年获得"公众透明度典范奖"等多项荣誉。

目前，中国移动黑龙江、上海、广西、广东等公司均已发布本省（市）的可持续发展报告，形成以集团公司可持续发展报告为主体，各省公司可持续发展报告为补充的利益相关方报告沟通体系。

表 9 – 1　中国移动可持续发展报告发布情况

年份	报告页数	报告语言	报告版本	参考标准
2006	70	中英文	印刷版、电子版	GRI G3
2007	64	中英文	印刷版、电子版	GRI G3
2008	70	中英文	印刷版、电子版	GRI G3
2009	64	中英文	印刷版电子版	GRI G3 CASS – CSR 1.0 联合国全球契约十项原则

年份	报告页数	报告语言	报告版本	参考标准
2010	62	中英文	印刷版、电子版	GRI G3 CASS – CSR 1.0 联合国全球契约十项原则
2011	56	中英文	印刷版、电子版	GRI G3.1 CASS – CSR 2.0 ISO 26000 联合国全球契约十项原则
2012	62	中英文	印刷版、电子版	GRI G3.1 CASS – CSR 2.0 ISO 26000 联合国全球契约十项原则 香港交易所《环境、社会及管治报告指引》
2013	66	中英文	印刷版、电子版、 手机版、 客户沟通专册	GRI G4 CASS – CSR 3.0 ISO 26000 联合国全球契约十项原则 香港交易所《环境、社会及管治报告指引》
2014	66	中英文	印刷版、电子版、 手机版、H5版、 游戏版等	GRI G3.4 CASS – CSR 3.0 ISO 26000 联合国全球契约十项原则 香港交易所《环境、社会及管治报告指引》
2015	64	中英文	印刷版、电子版、 手机版、H5版、 游戏版等	GRI G4 CASS – CSR 3.0 ISO 26000 联合国全球契约十项原则 香港交易所《环境、社会及管治报告指引》 中华人民共和国国家标准 《GB/T 36001 – 2015 社会责任报告编写指南》

（二）报告投入

中国移动可持续发展报告以内部编制为主，每年报告编制均组建报告编写的专门项目团队，由企业社会责任工作牵头部门（发展战略部）专职人员与总部各部门、各省公司、境外公司、专业公司、直属单位的工作接口人员共同组成的报告编制虚拟团队，2016 年虚拟团队成员近 70 人。为广泛征求利益相关方和社会责任专家的意见和建议，每年邀请第三方机构提供报告评估、议题研究和语言支持。每年报告编写投入资源如表 9 - 2 所示。

表 9 - 2　中国移动可持续发展报告投入资源

年份	投入专职人员	投入时间	搜集素材
2006	2 人	6 个月	50 万字，1000 多张照片
2007	2 人	6 个月	60 万字，1200 多张照片
2008	2 人	7 个月	60 万字，1200 多张照片
2009	2 人	7 个月	70 万字，1500 多张照片
2010	2 人	7 个月	70 万字，1500 多张照片
2011	2 人	7 个月	80 万字，1500 多张照片
2012	2 人	7 个月	80 万字，1500 多张照片
2013	2 人	7 个月	100 万字，1500 多张照片
2014	2 人	7 个月	100 万字，1500 多张照片
2015	2 人	7 个月	120 万字，1500 多张照片

三、报告管理

（一）组织

良好的组织体系是报告质量的保障，中国移动自 2008 年起设立 CSR 指导委员会（后更名为可持续发展指导委员会），建立起管理层深度参与、横向协调各专业部门、纵向覆盖各下属单位的 CSR 组织体系。

1. 社会责任组织体系

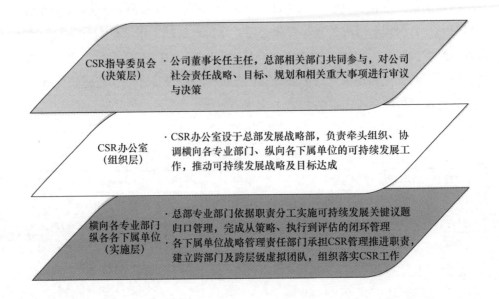

CSR指导委员会（决策层）·公司董事长任主任，总部相关部门共同参与，对公司社会责任战略、目标、规划和相关重大事项进行审议与决策

CSR办公室（组织层）·CSR办公室设于总部发展战略部，负责牵头组织、协调横向各专业部门、纵向各下属单位的可持续发展工作，推动可持续发展战略及目标达成

横向各专业部门纵各各下属单位（实施层）·总部专业部门依据职责分工实施可持续发展关键议题归口管理，完成从策略、执行到评估的闭环管理 ·各下属单位战略管理责任部门承担CSR管理推进职责，建立跨部门及跨层级虚拟团队，组织落实CSR工作

图9-1　中国移动企业社会责任组织体系

2. 社会责任制度

2007 年，《中国移动通信集团公司企业社会责任工作指导意见》下发全集团，初步明确了中国移动企业责任观及企业社会责任策略管理、执行管理、绩效管理和沟通管理四大工作模块。

2009 年，《中国移动通信集团公司企业社会责任管理办法（试行）》正式下发全集团，标志着通过三年的企业社会责任管理与实践探索，中国移动成功确立了企业社会责任管理的体系、制度与流程，建立了企业社会责任管理与实践的长效机制。

2013 年，中国移动修订下发《中国移动企业社会责任管理办法》（2013版）。该办法结合公司多年 CSR 管理实践经验及管理提升活动成果，从提炼和梳理 CSR 理念入手，进一步优化公司 CSR 管理流程，结合可持续发展最新趋势和管理要求，完善和明确了策略管理、执行管理、绩效管理和沟通管理四大管理模块的内涵和要求。该办法进一步细化了企业社会责任报告编制发布的流程和要求，将报告素材、数据采集及审核职责落实到各相关部门和单位，进一步完善了报告编制发布的规范性和制度化。

2016 年，中国移动根据国资委《关于国有企业更好履行社会责任的指导意见》要求和近年来企业社会责任工作实际，对《中国移动企业社会责任管理办法》做进一步修订，以更好地指导中国移动企业社会责任工作，推动战略落实。

3. 社会责任组织队伍

经过多年的建设和发展，中国移动已建立起一支覆盖全集团各个单位的社会责任工作人员队伍，负责组织落实和推动公司社会责任管理与实践活动。公司高度重视企业社会责任人员队伍建设，每年定期举办企业社会责任工作骨干专项培训，内容涉及集团社会责任战略、社会责任标准要求、社会责任议题趋势与最佳实践、社会责任实践策划等多方面。同时，中国移动明确要求各省公司每年需至少开展一次覆盖全公司的企业社会责任宣贯培训活动，以此来实现企业社会责任理念导入。在实施过程中，中国移动各级单位将企业社会责任理念的宣贯与企业文化建设工作相结合，通过多种形式开展主题文化传播活动，深入推进"责任"意识的传播，强化社会责任的自觉履行。仅 2013 ~ 2015 年，中国移动 CSR 专项宣贯培训覆盖 623900 人次。

（二）参与

利益相关方参与是企业履行社会责任的基石。中国移动的利益相关方由六类群体构成，分别是员工、股东与投资者、政府与监管机构、客户、价值链伙伴、社区及环境。为确保利益相关方沟通的有效性和实质性，中国移动明确了"学习—分享—合作"的利益相关方参与模式，形成了常态化的利益相关方沟通机制。

在日常沟通方面，公司通过总裁信箱、总经理接待日、官方微博、官方微信等，与相关方开展随时日常沟通，听取各方意见和反馈。总裁信箱自 2010 年 11 月正式开通以来，累计收到来自客户、合作伙伴和员工的来信近万件。对信中反映的建议和意见，公司及时跟进处理并予以反馈。总经理接待日近三年累计接待客户超过 27 万人次，解答客户咨询投诉超过 28 万件。官方微博粉丝总数超过 1000 万，粉丝总数、活跃度、转发评论数和阅读量等指标在中央企业中名列前茅。此外，围绕"透明消费"、"通信信息诈骗"等主题，公司积极与权威媒体合作，进行主动沟通和信息披露，并邀请媒体代表实地走访，认真听取相关方意见。

在专项沟通方面，与国际知名学术机构、社会责任国际组织进行了广泛的交流与对话，建立社会责任全球对话沟通机制和学习分享渠道。与剑桥大学联合开展"移动医疗"课题研究，先后与哈佛大学、密歇根大学、克兰菲尔德商学院合作编写中国移动社会责任商业案例，探讨社会责任与商业价值的融合及创新。作为全球报告倡议组织（GRI）相关方网络（OS）的首批中国会员，积极参与和支持全球可持续发展报告标准研究与制定，并成为中国内地首家参与 G4 Pioneer（后更名为 Standard Pioneer）项目和 GRI 报告分享计划的企业。密切关注和积极支持中国本土社会责任相关标准的研发和推广：2014 年，联合中国社会科学院经济学部企业社会责任研究中心共同开展《通信服务业企业社会责任报告编写指南 3.0》的制定。2015 年，公司积极参与国资委《中央企业"十三五"社会责任战略规划》课题调研和讨论。2016 年，公司深度参与中国通信企业协会《中国信息通信行业企业社会责任管理体系》标准的撰写、研讨工作，为促进企业社会责任事业发展做出了应有贡献。

表 9 - 3　中国移动利益相关方沟通表

相关方	2015 相关方重点关注议题（前五项）*	沟通渠道
客户	• 网络质量保障 • 电磁辐射管理 • 信息安全与隐私保护 • 客户权益保护 • 社会公益慈善	• 客户接待日 • 10086 热线 • 微博、微信互动 • 网络及手机营业厅 • 客户满意度调查 • 手机应用 APP • 总裁信箱
员工	• 信息安全与隐私保护 • 网络质量保障 • 职业健康与安全 • 促进信息惠民 • 员工培训与发展	• 职工代表大会 • 定期培训 • 绩效沟通机制 • 彩信刊物《移周刊》 • 员工评优机制 • 员工申诉机制 • 总裁信箱

续表

相关方	2015 相关方重点关注议题（前五项）*	沟通渠道
股东与投资者	• 促进信息惠民 • 网络质量保障 • 利益相关方沟通 • 公司治理与风险管控 • 经济价值创造	• 企业年报、中期报告与公告 • 召开股东大会 • 投资者见面会
政府与监管机构	• 促进信息惠民 • 利益相关方沟通 • 网络质量保障 • 社会公益慈善 • 缩小数字鸿沟	• 日常汇报沟通 • 专题调研与现场会 • 相关论坛交流活动 • 总裁信箱
价值链伙伴	• 网络质量保障 • 信息安全与隐私保护 • 供应链管理 • 客户权益保护 • 经济价值创造	• 采购活动 • 供应商门户网站、供应商服务站、供应商服务热线 • 培训与评估 • 论坛与大会 • 总裁信箱
社区与环境代表	• 社会公益慈善 • 利益相关方沟通 • 信息安全与隐私保护 • 碳排放与废弃物管理 • 促进信息惠民	• 社区活动 • 大众传媒 • 微博、微信等新媒体 • 公益项目平台 • 总裁信箱

（三）界定

1. 议题确定流程

为提升报告针对性与回应性，中国移动建立并完善实质性分析模型，开展相关方专项调研，分析比较不同议题对相关方的影响和对公司自身发展的重要性，识别筛选出需要在报告中重点披露的高实质性议题。

● 识别阶段

通过梳理国际标准要求和公司实践，并结合各个相关方与中国移动在过去一年内的沟通情况，共确定 16 项与中国移动相关的可持续发展议题。

● 评估阶段

针对16项可持续发展议题开展关键相关方专项调查，通过在线问卷方式，邀请不同类别相关方反馈不同议题对他们的重要程度，确定16项议题对利益相关方的重要性排序。2015年回收有效问卷1034份，内外部相关方代表占比约为1:1。

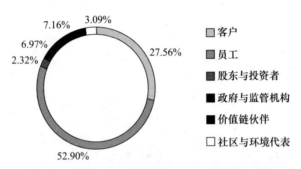

7.16%　3.09%
6.97%
2.32%
27.56%
52.90%

□ 客户
□ 员工
■ 股东与投资者
■ 政府与监管机构
■ 价值链伙伴
□ 社区与环境代表

图9-2　中国移动利益相关方调查样本分布

● 筛选阶段

邀请中国移动内部专家评估16项议题对于中国移动的重要程度，结合利益相关方打分情况形成议题实质性分析矩阵，确定报告重点披露议题内容。

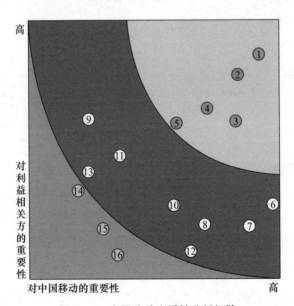

高

对利益相关方的重要性

对中国移动的重要性　　　　高

图9-3　中国移动实质性分析矩阵

（1）网络质量保障。

（2）信息安全与隐私保护。

（3）客户权益保护。

（4）促进信息惠民。

（5）利益相关方沟通。

（6）经济价值创造。

（7）公司治理与风险管控。

（8）反腐合规。

（9）社会公益慈善。

（10）职业健康与安全。

（11）电磁辐射管理。

（12）员工培训与发展。

（13）缩小数字鸿沟。

（14）碳排放与废弃物管理。

（15）环境资源节约。

（16）供应链管理。

2. 社会责任核心议题

通过上述实质性分析，中国移动确定了可持续发展相关议题，并在 2015 年可持续发展报告进行了相应披露：

表 9－4 中国移动企业社会责任议题及对应报告内容

	议题	对应报告内容	报告边界
高实质性议题	网络质量保障	连接·沟通、社会绩效	内部
	信息安全与隐私保护	连接·沟通、社会绩效	内部
	客户权益保护	连接·沟通、社会绩效	内部
	促进信息惠民	连接·创新、社会绩效	内部
	利益相关方沟通	责任十年路	内部
中实质性议题	经济价值创造	连接·创新、社会绩效	内部
	公司治理与风险管控	稳健成长·健康发展、经济绩效	内部
	反腐合规	稳健成长·健康发展、经济绩效	内部

续表

	议题	对应报告内容	报告边界
中实质性议题	社会公益慈善	连接·希望、社会绩效	内部
	职业健康与安全	连接·成长、社会绩效	内部
	电磁辐射管理	连接·沟通、社会绩效	内部
	员工培训与发展	连接·成长、社会绩效	内部
	缩小数字鸿沟	连接·沟通、社会绩效	内部
低实质性议题	碳排放与废弃物管理	连接·绿色、环境绩效	内部和外部
	环境资源节约	连接·绿色、环境绩效	内部和外部
	供应链管理	连接·成长、经济绩效	内部和外部

（四）启动

中国移动可持续发展报告启动阶段主要包括前期研究、相关方参与、启动培训三个模块。

一是系统开展前期研究。结合国家政策导向与外部舆论环境，对标国际最佳实践，识别利益相关方重点关注的责任议题，基于对上年度报告的客观评估和新一年度公司战略发展和企业社会责任履行的最新动向，最终研究确定报告的主题和关键议题。

二是广泛征求利益相关方意见和建议。通过电话、问卷、召开利益相关方座谈会等形式，邀请利益相关方对中国移动上一年度报告进行评估，第一手了解利益相关方对报告的反馈，系统分析报告中存在的优点与不足，并针对性地提出新报告的提升方向。

三是召开启动培训会。公司每年组织召开报告启动会，对总部各部门以及各下属单位的报告编制工作接口人员进行系统培训，详细讲解报告前期研究成果、年度关键议题和报告框架，明确报告素材和数据要求，为下一步报告编写做好准备。

（五）编写

中国移动可持续发展报告要求企业系统、全面回应利益相关方期望与诉求，报告既需言之有物，有针对性地对利益相关方的关注进行回应，同时又需体现宏观环境与企业自身运营发展的特点。

1. 信息收集

经过多年的实践，中国移动已经建立较为完善的企业社会责任信息收集体系。每年报告中的数据与案例主要通过以下渠道进行收集：

公司内部相关数据收集系统与相关统计报表；

各省公司每季度报送的企业社会责任实践案例；

公司年度优秀企业社会责任实践评选；

基于报告框架的定性及定量信息收集问卷。

2. 报告编写

在完成框架搭建和信息收集任务后，报告编写工作的关键在于如何按照相关方感兴趣的方式进行报告内容的组织和呈现。中国移动在 2015 年可持续发展报告中首次采用了"沟通报告"＋"绩效报告"的形式。"沟通报告"面向普通读者，侧重软性沟通，聚焦于相关方年度关注的重点议题；"绩效报告"面向专业人士，注重介绍可持续发展相关议题的管理体系、方法、事实和数据信息，力求满足可持续发展绩效披露的专业性要求。

3. 报告审核

报告的质量取决于全集团不同层级、不同专业条线的共同参与，包括多轮对报告框架、内容、数据、文字的沟通、反馈和把关。经过几年的实践，中国移动的报告编制工作已经实现了报告编写信息层层收集、数据层层审核、内容各方参与的全方位、常态化管理。从 2012 年起，中国移动将可持续发展报告编制列入公司"三重一大"事项，每年通过公司司务会议对可持续发展报告内容框架、关键指标数据进行审核。其中上市公司可持续发展报告还将提交上市公司董事会审核，进一步确保了报告编制、披露的规范性。

4. 报告鉴证

从 2012 年起，中国移动引入国际知名会计师事务所按照全球通行的 ISAE3000 标准，对报告关键数据的管理流程和收集方法进行检验审查，出具独立鉴证报告，进一步加强了报告的规范性和透明度。

表 9 - 5　中国移动 2015 年可持续发展报告鉴证概要

鉴证对象	数据：经济、环境和社会类共 34 个定量指标
	对象：8 个总部部门、专业机构及福建、湖南、贵州 3 家省公司
鉴证标准	ISAE3000
鉴证类型	有限性保证
鉴证产出	独立鉴证报告
	管理建议书
鉴证机构	安永华明会计师事务所（特殊普通合伙）

（六）发布

2007～2014 年，公司连续八年举办由公司主要领导参加的报告发布会，邀请关键利益相关方代表及媒体出席报告发布活动，出席现场发布会的利益相关方代表累计超过 2000 人。自 2015 年起，公司以自有渠道为主，线上线下结合的方式发布可持续发展报告。其中 2016 年的可持续发展报告发布活动，突出"连接"主题，以"1 个影像、2 大平台、3 个周期"作为发布传播方案。

"1 个影像"是指以报告主体内容为蓝本，制作了可持续发展报告宣传片，通过典型案例、人物故事和翔实数据，生动展示了公司 2015 年履责进展。

"2 大平台"是指发挥线下、线上两个平台的优势。采用"2 + 10"模式，即线下平台突出 2 个载体（报告宣传片 + 纸质报告），线上平台推出 10 种方式（HTML5 报告、游戏、图说、新闻通稿、CSR 网站专题、移动 LABS 专题、咪咕阅读、咪咕视频、移周刊专刊、社科院企责中心 CSR 公号推介）。面向不同受众，采取多个角度，利用多种途径开展立体传播活动。

"3 个周期"是指集中发布期，通过新闻通稿、宣传片、HTML5 报告，第一时间通报报告发布信息，迅速引发网络热点。特色专题期，通过报告游戏等强化与读者的互动，突出特色鲜明的精要内容；依托 GSMA 媒体见面会，向超过百家媒体和网络大 V 集中展现公司十年履责绩效。后续延展期，通过在国资委企业管理自我诊断座谈会、GRI 大中华区报告者会议等相关专业论坛会议进行经验分享，提升报告在专业领域的影响力。

据统计，报告宣传片在全集团 12500 个自有营业厅和超过 800 个公司楼宇的约 21200 块屏幕，累计滚动播放超过 30 万次。人民网、新华网等 106 家中央媒体和 415 家地方媒体进行了报道或转载，共发布报道 1481 篇（次）。相关微博、微信阅读量 292 万人次。报告手机游戏参与量超过 4.5 万人次。

（七）使用

可持续发展报告已成为中国移动向利益相关方全方位披露经济、社会和环境绩效表现的关键载体，也是中国移动企业社会责任管理体系的重要一环，是公司评估年度可持续发展绩效、收集利益相关方反馈、从而针对性提升管理水平的重要管理工具。每年中国移动都组织各单位面向当地关键利益相关方群体进行针对性的报告送达与反馈收集。为进一步强化与客户的沟通，公司针对客户关注的客户权益保护、社会公益支持等专题，以生动活泼的文字和设计风格对报告进行二次加工，通过微信专题、分报告的形式加以传播，使得报告作为相关方沟通平台的作用进一步凸显。

附：

《中国移动通信集团公司 2015 年可持续发展报告》评级报告

受中国移动通信集团公司委托，"中国企业社会责任报告评级专家委员会"抽选专家组成评级小组，对《中国移动通信集团公司 2015 年可持续发展报告》（以下简称《报告》）进行评级。

一、评级依据

《中国企业社会责任报告编写指南（CASS – CSR 3.0）之电信服务业》暨《中国企业社会责任报告评级标准（2014）》。

二、评级过程

1. 过程性评估小组访谈公司社会责任相关部门成员，并现场审查《报告》

编写过程相关资料。

2. 评级小组对《报告》编写的过程管理及披露内容进行评价，拟定评级报告。

3. 评级报告提交评级专家委员会副主席及评级小组组长共同签字。

三、评级结论

过程性（★★★★★）

发展战略部牵头成立报告编写工作组，公司高层把控报告进度并进行报告终审；编写组对利益相关方进行识别，通过意见征求会、研讨会、问卷调查等形式收集相关方意见；根据公司重大事项、国内外相关政策、国内外行业对标分析、利益相关方调查等对实质性议题进行界定；计划以新媒体方式发布报告，并将以印刷版、电子版、中英文版、精要版等形式呈现报告，具有卓越的过程性表现。

实质性（★★★★★）

《报告》系统披露了确保通信质量、产品服务创新、资费透明、应对客户投诉、客户信息保护、保障应急通信、缩小数字鸿沟、电磁辐射管理等电信服务业关键性议题，并以客户和"小移"的生动问答方式，对相关方关注的"手机流量跑得快"议题进行回应，具有卓越的实质性表现。

完整性（★★★★★）

《报告》从"连接·沟通"、"连接·创新"、"连接·希望"、"连接·绿色"、"连接·成长"以及"经济绩效"、"环境绩效"、"社会绩效"等角度系统披露了电信服务业核心指标的90.0%，完整性表现卓越。

平衡性（★★★★★）

《报告》披露了"百万客户申诉率"、"年度处理腐败案件数"、"3G/4G/GSM网掉话率"等负面数据信息，并以案例形式详述企业"完善电磁辐射沟通"、"开展制止利益输送问题专项治理"事件的过程，平衡性表现卓越。

可比性（★★★★★）

《报告》披露了"营业收入"、"纳税额"、"员工体检率"、"CO_2排放总量"、"应急通信保障总次数"等110余个关键指标连续3年以上的数据；并就"全球4G网络规模"、"4G客户净推荐值"、"整体客户满意度"等数据进行国内外横向比较，可比性表现卓越。

可读性（★★★★★）

《报告》以"连接，和你一起"为主题，围绕沟通、创新、希望、绿色、成长五条主线展开叙述，全篇浑然一体；各章节均以背景、行动、2015 成效、2016 努力开篇，总领性强；逻辑清晰，语言简洁，案例丰富；图片、表格等表达形式多样，与文字叙述相辅相成；设计风格艳丽明快，提高了报告的悦读性，具有卓越的可读性表现。

创新性（★★★★★）

利益相关方调查及绩效报告议题框架对接 DJS（道琼斯可持续发展指数）的相关要求，同责任管理、责任评估形成闭环；《报告》主体由"沟通报告"和"绩效报告"两部分构成，有效兼顾了普通读者和专业人士的阅读需求；"责任十年路"专题回顾了企业十年来在"责任实践"、"责任管理"、"荣誉认可"方面的成绩，利于相关方宏观了解企业责任历程；各篇多处设置二维码延伸阅读，对报告内容进行扩展，创新性表现卓越。

综合评级（★★★★★）

经评级小组评价，《中国移动通信集团公司 2015 年可持续发展报告》为五星级，是一份卓越的企业社会责任报告。

四、改进建议

增强案例与主题契合度，进一步加强报告的说服力与沟通作用。

评级小组

组长：中国企业联合会企业创新工作部主任　程多生

成员：中国社科院经济学部企业社会责任研究中心常务副主任　张蒽

　　　过程性评估员　方小静、王志敏

评级专家委员会副主席　　　　评级小组组长

出具时间：2016 年 4 月 19 日

第十章　天津生态城：
绿色谋发展　改革创新机

一、公司简介

2007 年 11 月，《中华人民共和国政府与新加坡共和国政府关于在中华人民共和国建设一个生态城的框架协议》签署。这是继苏州工业园之后，中新两国政府的第二个政府间合作项目。两国政府确定，要共同努力建设一个"资源节约、环境友好、经济蓬勃、社会和谐"的生态城市，实现人与人和谐共存、人与经济活动和谐共存、人与环境和谐共存，并且能实行、能复制、能推广。

天津生态城投资开发有限公司（以下简称"投资公司"）成立于 2007 年底，注册资本 30 亿元，是根据中新两国框架协议规定，经天津市政府批准，按照现代企业制度组建，具有完善公司治理结构的国有全资有限责任公司。主要负责中新天津生态城土地收购整理、基础设施／公共设施的投资、建设、运营、管理工作，并作为合资企业的中方股东，开发中新生态城区域内的住宅、商业与科研产业用地。

按照市场化、专业化的经营原则，投资公司组建了 11 家专业公司进行生态城的开发建设。

经过近八年的建设，投资公司已完成生态城南部片区 8 平方千米的基础设施、景观及路网建设，并加快推进中部、北部和东北部片区基础设施建设、生态修复和景观绿化建设，目前入驻企业上千家，入驻居民近 4 万人。一座聚集高科技绿色产业和 100% 绿色建筑的现代化生态新城已初具规模。

表 10 - 1　投资公司概况

序号	公司名称	主营业务
1	能源公司	供热、供水、燃气、通信等建设、管理、运营和维护，可再生能源建设、开发、利用
2	市政景观公司	市政设施及景观绿化工程的建设管理、运营维护
3	建设投资公司	公建项目投资、建设、维护和自营房地产开发
4	环保公司	污染治理、生态修复、环卫设施投资、建设、运营维护
5	产业园公司	国家动漫园开发、建设、运营及管理
6	公屋公司	公屋建设、管理
7	城市资源公司	城市资源统筹开发、建设、运营
8	水务公司	污水处理、水资源综合利用
9	绿色公交公司	班车运营、轨道交通建设、交通设施维护
10	信息园公司	生态城信息园的开发、建设、管理和运营
11	环境技术咨询公司	建设项目环境影响评价、生态与环境规划咨询、修复技术开发等

二、责任报告

（一）报告概览

企业社会责任报告是企业就社会责任议题与利益相关方进行沟通的重要平台。投资公司自 2011 年发布首份社会责任报告以来，本着不断加强责任管理，深化责任沟通的美好期许，连续 5 年发布企业社会责任报告，详细披露公司投资建设生态城市以及经济、环境和社会等方面的履责实践及成效。

2016 年 6 月，投资公司发布《天津生态城投资开发有限公司 2015 年社会责任报告》，这是投资公司连续第 5 年发布社会责任报告，报告结合党的十八届五中全会提出的"创新"、"协调"、"绿色"、"开放"、"共享"五大发展理念和投资公司"生态城市实践者"定位，以"创新发展，培育增长动力"、"协调发展，确保稳健步伐"、"绿色发展，建设生态家园"、"开放发展，实现繁荣与共"、

"共享发展，创建和谐社会"为主线搭建，以"绿色谋发展改革创新机"为主题，围绕运营模式、产业协同、生态友好、服务战略、社会和谐五个方面展开叙述，聚焦投资公司 2015 年的社会责任实践和经验，体现了"生态城市实践者"的浓浓情怀。

投资公司利用每年度发行的企业社会责任报告，将企业社会责任方面的成果向社会做积极的展示，并在公司主页刊登电子版，为各相关机构背对背评价方式提供便利。同时，积极联络企业社会责任专家进行评价沟通，主动提交报告成果，参与外部评价，以进一步提升和改善企业社会责任工作和社会责任报告编制水平。

表 10 – 2　投资公司社会责任报告发布情况

发布年份	报告名称	报告页数	报告语言	报告版本	参考标准	第三方评价
2012	天津生态城投资开发有限公司 2011 年社会责任报告	20	中文	印刷版、电子版	联合国全球契约十项原则	—
2013	天津生态城投资开发有限公司 2012 年可持续发展报告	54	中文	印刷版、电子版	—	—
2014	天津生态城投资开发有限公司 2013 年社会责任报告	70	中文	印刷版、电子版	《中国企业社会责任报告编写指南（CASS – CSR 2.0）》	中国企业社会责任报告专家评级委员会
2015	天津生态城投资开发有限公司 2014 年社会责任报告	66	中文	印刷版、电子版	国资委《关于中央企业履行社会责任的指导意见》、中国社科院《中国企业社会责任报告编制指南（CASS – CSR 3.0）》、全球报告倡议组织《可持续发展报告指南（G4）》	中国企业社会责任报告专家评级委员会

续表

发布年份	报告名称	报告页数	报告语言	报告版本	参考标准	第三方评价
2016	天津生态城投资开发有限公司 2015 年社会责任报告	56	中文	印刷版、电子版	国资委《关于中央企业履行社会责任的指导意见》、中国社科院《中国企业社会责任报告编制指南（CASS－CSR 3.0）》、全球报告倡议组织《可持续发展报告指南（G4）》	中国企业社会责任报告专家评级委员会

（二）报告投入

投资公司企业社会责任报告以内部编制为主，在每个职能部室设有社会责任报告联系人，下属专业公司提供报告编写资料并对相应内容进行审核，社会责任团队进行资料整理和报告撰写。除了内部人员积极参与编写以外，公司还邀请外部社会责任专家为报告编写提出意见或建议。

三、报告管理

（一）组织

建立至今，投资公司一直践行社会责任理念，将社会责任观融入企业发展战略、管理决策和生产运营之中，坚持"人与人、人与经济活动、人与环境和谐共存"的理念，全面推进"一二三四五"企业发展战略，诚信守约，公平合作，与利益相关方携手并进，共同打造一个生态之城、活力之城、示范之城、宜居之城、和谐之城、未来之城。

1. 社会责任组织体系

在国家推进治理体系和治理能力现代化的背景下，投资公司也在不断推进以组织体系、制度体系为抓手的责任治理机制的完善。

2. 社会责任组织队伍

投资公司总经理办公会是企业社会责任工作的决策单位，负责领导和推进公司社会责任战略，审批公司社会责任工作计划，处理社会责任工作中的重大问题，分析社会责任风险并进行有效管理。公司高层依据各自分工，落实总经理办公会决策，并领导所在单位社会责任的日常工作。

投资公司战略与资产管理部作为牵头部门，负责社会责任工作的统筹、协调和日常管理，搜集和整理投资公司系统社会责任信息，开展社会责任研究、培训和交流，建立社会责任报告的编写发布制度。各职能部门与专业公司均设置相关岗位，建立社会责任负责人制度，在社会责任工作推进、日常运营中肩负相应责任，推动建立全公司社会责任工作联动机制。

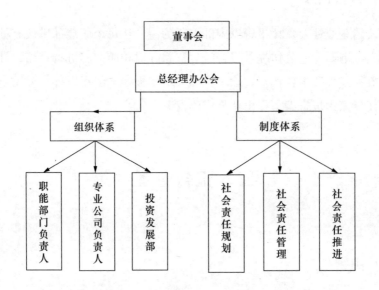

图 10 - 1   投资公司社会责任推进体系

（二）参与

投资公司2015年社会责任报告编制主要分为议题识别和报告编制两个阶段。

在议题识别方面，采取了相关方意见征求会/研讨会、董事会讨论、居民座谈会及问卷调查、各部门审阅报告进行相关内容/数据的确认、邮件、简报等方式收集了内外部利益相关方关注的议题。综合内外部利益相关方和社会责任研究机构的意见，确定了报告的核心议题。

在报告编制方面，报告编制工作小组围绕核心议题制定了报告编制方案、起草了报告框架、下发资料清单，收集并分析有关材料、编写报告内容并征求意见、修改完善，提交第三方评审机构评级，并提交董事会审议通过。

（三）界定

1. 议题确定流程

- 参考专业标准；
- 结合企业实践；
- 听取专家意见；
- 中高层领导访谈；
- 利益相关方访谈。

2. 社会责任核心议题

投资公司结合国家相关政策要求和公司战略布局，参考 ISO 26000、CASS 3.0、G4、联合国全球契约十项原则等国内外社会责任报告主流编制依据，聚焦行业热点问题，通过与利益相关方、社会责任专家进行沟通，以开展专家研讨会、问卷调查、利益相关方访谈等形式，从内外部收集和梳理出公司可持续发展议题库。建立议题筛选矩阵，对议题进一步识别排序，确定公司核心可持续发展议题。就可持续发展议题同时进行多次定期及时的内外部沟通，为报告编写奠定基础。

（四）启动

2015 年 11 月，投资公司与外部合作专家确定《天津生态城投资有限公司 2015 年社会责任报告合作方案》，就本年度报告创新思路讨论，并达成一致，内部启动报告编写工作。并制定报告编写推进计划，下发资料清单，按时间进度表推进资料收集、框架定稿、初稿写作、修改定稿、报告评级、报告设计印刷、报告发布传播等环节，时间跨度为 2015 年 11 月至 2016 年 6 月。

（五）编写

投资公司通过以下方法收集报告编写素材：

- 制定并下发各职能部室及下属专业公司的资料收集清单；
- 针对报告内容、报告数据对部门及专业公司领导进行访谈；
- 通过内部 OA 系统协同方式收集报告编写素材。

投资公司通过专家研讨会、问卷调查、利益相关方访谈等来确定报告需要披露的核心议题，以回应利益相关方关切的问题。在报告编制方面，报告编制工作小组围绕核心议题制定了报告编制方案、起草报告框架、下发资料清单收集并分析有关材料、编写报告内容并征求相关方意见、修改完善等，最终董事会审议通过。

投资公司 2015 年企业社会责任报告内容包括培育增长动力、确保稳健步伐、建设生态家园、实现繁荣与共、创建和谐社会等方面的内容，用图文并茂的形式全面阐述了投资公司在践行企业社会责任方面的实践和绩效。

（六）发布

2016 年 6 月 21 日在中新天津生态城新闻发布会正式发布了《天津生态城投资开发有限公司 2015 年社会责任报告》。

图 10 - 2　中新天津生态城新闻发布会

（七）使用

公司在报告发布后对报告编制工作开展了分析和总结，为下一年持续提升报告质量打下基础。2015 年的企业社会责任报告在 2014 年报告的编制基础上，充分借鉴同业优秀企业社会责任报告，结合企业自身的特点，把社会责任管理理念融入报告编制，从内容、框架、形式三方面进行创新和改进，进一步提升了报告整体质量。另外，投资公司利用多样化形式和渠道呈现社会责任报告，如发送给股东、管委会、各主管单位等，下发给各核心部门、专业公司，在公司领导日常接待中作为宣传材料使用，供研究单位研究使用，在发布会上展示等，以达到与利益相关方沟通的目的。

第十一章　华润电力：绿色能源，润泽生活

一、公司简介

　　华润电力控股有限公司（以下简称"华润电力"）成立于 2001 年 8 月，是世界 500 强企业华润集团的旗舰香港上市公司，是中国效率最高、效益最好的综合能源公司之一，业态涉及火电、风电、水电、光伏发电、分布式能源、煤炭等领域。华润电力于 2003 年 11 月 12 日在香港联合交易所主板上市（股份编号：0836. HK），2004 年 3 月纳入恒生综合行业指数（公用事业）、恒生香港中资企业指数，2005 年 5 月纳入摩根士丹利资本国际中国指数，2009 年 6 月 8 日纳入香港恒生指数成份股。

　　截至 2015 年底，华润电力总资产 2080.9 亿港元，运营业务主要分布在江苏、河南、河北、辽宁、黑龙江、山西、山东、内蒙古、湖南、湖北、安徽、浙江、云南、贵州、四川、甘肃、广东、广西、北京、江西、青海 21 个省、自治区和直辖市，运营可控装机容量 4044.41 万千瓦。连续第 9 年入选"普氏能源资讯全球能源企业 250 强"和《福布斯》全球上市公司 2000 强，综合排名分别列第 75 位和第 646 位。

　　华润电力紧扣国家能源和环保战略，致力于提高发展质量和经济效益，持续优化调整产业布局和发展模式，加强风险管控，深化精益管理，提升运营效率，经营业绩稳健增长，实现了国有资产保值增值和股东价值最大化；致力于资源节约与环境保护，不断优化火电装机结构，提高大容量高参数环保发电机组比例，推进燃煤机组节能减排技术改造，提升机组效能和清洁生产水平；加快发展新能

源项目，提升清洁能源占比；致力于资源高效利用，推进广西等一批循环经济园区规划建设，探索以最少的资源消耗和最低的环境代价获取最大的经济效益和最少的污染排放，努力为大众生活提供持续、优质、绿色能源供应。

华润电力感恩于社会各界和各利益相关方长期以来的关心、理解和支持，始终坚持诚实守信的核心价值观，在努力谋求企业发展的同时，积极推动合作伙伴履行社会责任，促进互利共赢、共同发展和社会进步，同时竭尽所能回报社会，推动大众生活不断改善和地区经济社会又好又快发展。

表 11 - 1　华润电力主要社会责任奖项

年份	奖项
2016	《亚洲能源》亚洲能源大奖之"中国地区年度最佳电力企业"及"年度技术创新奖——超低排放改造铜奖"
2016	香港"绿色社会关爱卓越奖"
2016	"2015 金蜜蜂企业社会责任·中国榜"金蜜蜂永续发展奖
2015	中国企业社会责任发展指数五星级企业；香港企业可持续发展指数首 20 家恒指公司
2015	"2015 第一财经·中国企业社会责任榜"优秀实践奖
2013 ~ 2016	"香港绿色企业大奖"之"优越环保管理奖""企业绿色管理奖"等
2011	《资本杂志》"杰出环保企业大奖"
2010	《亚洲周刊》2010 年"全球华商 1000 香港区最优级企业大奖"
2009	2008 年中国企业社会责任突出贡献企业
2008	中国十佳绿色责任企业
2005	《机构投资者》"中国及亚洲电力行业最佳投资者关系企业"

二、责任报告

（一）报告概览

2011 年，华润电力发布了第一本可持续发展报告，迄今为止已连续发布 6

年。华润电力将可持续发展报告作为与利益相关方沟通的重要渠道，并通过编制报告工作有效促进了公司社会责任管理和实践水平不断提升。报告主要从责任管理、环境责任、股东责任、伙伴责任、员工责任、公众责任等方面，向利益相关方披露公司年度履行社会责任的情况，全面回应利益相关方的关切，主动接受社会公众的监督，帮助公司不断提升履责能力和水平，这既是社会和利益相关方对企业的期望，也是企业自身健康可持续发展的要求。回顾六年来的报告编制历程，也是华润电力对企业社会责任和可持续发展工作的认识不断深化、社会责任管理和实践水平不断改进提升的过程，六份报告见证了华润电力6年来在履行社会责任的道路上的点滴进步，每一份报告从主题、框架、内容、形式等方面都力求更加突出企业行业特色，更加符合广大利益相关方的信息披露需求。报告主题从最初的"持续创造价值"，逐步调整为"绿色能源，润泽生活"，表明了华润电力对自身作为综合能源企业的核心责任和战略方向越来越清晰，认知和定位越来越准确。

为持续提高报告水平，华润电力自觉依据国际国内最新标准，学习借鉴国内外优秀企业社会责任报告，结合能源行业特点，建立并不断完善公司社会责任指标体系，使报告主题更加鲜明，内容更加丰富生动，更具行业特点和中华传统文化底蕴，可读性更强。同时，华润电力认识到借助外部权威机构的专业评价，对于提高报告水平、提升履责管理的重要作用，自2014年，连续三年邀请中国社科院企业社会责任研究中心对公司可持续发展报告进行评级，并逐步从报告编制的过程性、实质性、完整性、平衡性、可比性、可读性、创新性等维度，全方位持续地改进提升报告编写工作。经过不懈努力，华润电力可持续发展报告从2013年的四星评级、2014年四星半评级到2015年的五星评级，终于跨入了卓越的企业社会责任报告行列，成为中国社会责任发展指数五星级企业之一和香港企业可持续发展指数首20家恒指公司之一。

为了进一步提高公司报告的可信度和透明度，并识别工作中可改进的方面，2016年华润电力还首次邀请了独立第三方（Pricewaterhouse Coopers Limited，PwC Limited）就2015年的报告中主要排放指标开展了数据鉴证工作。

表 11 - 2　华润电力社会责任报告发布情况

报告名称	发布年份	报告页数	报告语言	报告形式	参考标准	第三方评价
华润电力控股有限公司 2010 年可持续发展报告	2011	87	中文	电子版、印刷版	《关于中央企业履行社会责任的指导意见》、GRI 3.0、CASS - CSR 1.0、华润集团《华润企业公民建设指引》	—
华润电力控股有限公司 2011 年可持续发展报告	2012	94	中文英文	电子版、印刷版	《关于中央企业履行社会责任的指导意见》、GRI3.0、CASS - CSR 1.0、华润集团《华润企业公民建设指引》	—
华润电力控股有限公司 2012 年可持续发展报告	2013	103	中英文	电子版、印刷版	《关于中央企业履行社会责任的指导意见》、GRI 3.0、CASS - CSR 1.0、华润集团《华润企业公司建设指引》	—
华润电力控股有限公司 2013 年可持续发展报告	2014	95	中英文	电子版、印刷版	GRI—G3、CASS - CSR 3.0、《华润集团社会责任工作管理办法》	中国社会科学院企业社会责任研究中心"四星"评级
华润电力控股有限公司 2014 年可持续发展报告	2015	92	中英文	电子版、印刷版、H5 版	GRI—G4、CASS - CSR 3.0、《华润集团社会责任工作管理办法》	中国社会科学院企业社会责任研究中心"四星半"评级
华润电力控股有限公司 2015 年可持续发展报告	2016	108	中英文	电子版、印刷版、视频版	GRI—G4、CASS - CSR 3.0 之电力生产业、HK - ESG、《华润集团社会责任工作管理办法》	中国企业社会责任报告专家评级委员会"五星"评级 罗宾咸永道数据鉴证

（二）报告投入

华润电力可持续发展报告为自主编制。一般于每年 12 月印发通知，公司各单位按照通知及社会责任绩效体系及责任分工要求收集、编写本单位的相关素材，报送华润电力控股董事会办公室，由董事会办公室组织有关单位人员成立报告编写小组，并统筹推进素材整理、报告框架确定、报告编写和反复修改、报告设计、英文翻译、印刷发行、宣传推广等各项工作。过程中，由公司内部管理层对报告审核并提出完善意见，并邀请外部专家对报告进行评审指导。近三年报告编写投入资源如表 11 - 3 所示。

表 11 - 3   华润电力社会责任报告编制投入

报告名称	投入人员	投入时间	搜集素材
华润电力控股有限公司 2013 年可持续发展报告	21 人	6 个月	43 万字的文字素材及 400 多张图片素材
华润电力控股有限公司 2014 年可持续发展报告	73 人	6 个月	46 万字的文字素材及 400 多张图片素材
华润电力控股有限公司 2015 年可持续发展报告	75 人	6 个月	50 万字的文字素材及 500 多张图片素材

三、报告管理

华润电力顺应能源发展大趋势，以可持续发展为主题，以创造价值为使命，以深化改革为动力，继续以体系建设、实践推动、品牌建设为抓手，努力推进由被动履责向责任引领、由普遍性履责向特色化履责、由责任管理向责任文化的提升转变。为了确保社会责任和报告编制工作科学有序开展，促进责任能力提升，近年来，华润电力坚持重点做好"三个体系"和"两个机制"建设工作，即组织管理体系、标准和制度体系、报告编写体系，及责任融合机制、责任沟通机制。

（一）管理体系

1. 组织管理体系

华润电力董事局下设可持续发展委员会，是华润电力可持续发展和社会责任管理的决策机构。成立了企业文化和社会责任指导委员会，负责根据董事局可持续发展委员会意见，对公司社会责任战略方向进行决策、领导和推进。董事会办公室是华润电力社会责任工作的统筹管理部门，负责日常社会责任管理和编制发布可持续发展报告。公司控股各部室、大区（含项目公司）、相关单位均设立了社会责任工作负责部门和联络人。

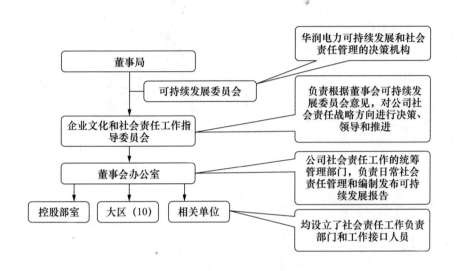

图 11 - 1 华润电力责任治理组织体系

2. 标准和制度体系

华润电力自觉依据最新的全球报告倡议组织《可持续发展报告指南（G4）》、中国社会科学院《中国企业社会责任报告编写指南（CASS - CSR 3.0）之电力生产业》、香港联交所《环境、社会及管治报告指引》（HK - ESG）等标准以及《华润集团社会责任工作管理办法》的要求，建立健全社会责任日常工作机制，完善公司的社会责任指标体系，制定《华润电力控股有限公司社会责任工作管理标准》，为企业社会责任工作的规范化、制度化、战略化管理奠定基础。

3. 报告编写体系

华润电力不断完善报告编制各个阶段的把控，逐步形成了从报告议题的识别确定、素材收集、组织编写、发布推广，到完善管理的全生命周期管理。每年制定社会责任报告编制计划后，首先，对公司利益相关方以及各相关方的关切点、公司年度重大核心议题以及国内外报告最新标准、趋势进行全面综合分析，在此基础上进一步完善公司报告指标体系，确定报告主题和编写框架、风格等。其次，印发报告素材收集的通知以及基于绩效指标体系的资料清单；成立报告编写领导小组、素材编写小组和报告编写小组，召开全公司范围的报告编制启动会暨社会责任培训会，提升相关人员的社会责任意识，明确报告编写计划和要求；报告编写小组根据报告框架和各单位提供的素材，编写形成报告初稿，并通过对报告内容的不断补充、修改、完善，进行设计排版，并形成完整形态的报告。最后，向公司管理层、内部专业人士、外部 CSR 专家征求意见，对报告进一步修改完善，并经公司总裁、董事局主席审定后，向社会公众发布。后续，公司根据各相关方的反馈，对该年度报告编制和社会责任工作进行总结，明确改进方向，制定提升计划。

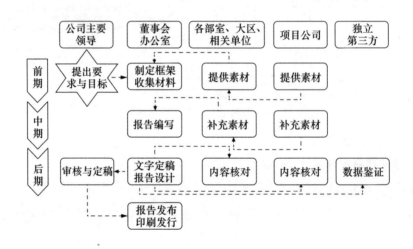

图 11 – 2　华润电力社会责任报告编写流程

（二）工作机制

1. 责任融合机制

公司坚持社会责任目标与公司战略目标高度统一，战略发展与责任承担有机统一，将公司治理、成本控制、安全生产、节能减排、文化建设等具体指标，融入发展战略和年度商业计划，层层分解，并纳入各级单位、经理人和员工的业绩考核，确保责任实践落地。

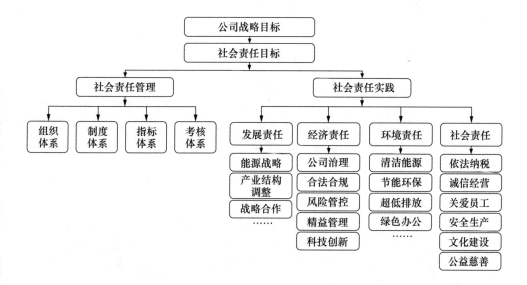

图 11 - 3　华润电力社会责任绩效指标体系示意图

2. 责任沟通机制

华润电力重视与利益相关方的沟通，通过信息报送、战略合作、股东会议、企业网站、微信公众号、公众开放日、媒体沟通、满意度调查等机制和方式，一方面，及时让利益相关方了解公司生产、经营、发展等方面的信息，增进理解、信任与支持；另一方面，及时了解利益相关方对企业的关注点，作为公司经营和社会责任工作的参考。

为了增强报告的针对性、实质性和可读性，在每年社会责任报告编制前，华润电力采用问卷调查、多渠道收集意见的方式，对利益相关方及排序、沟通方式、回应措施进行修订，对利益相关方关注的责任议题进行调研、筛选和提炼，以确保报告实质性议题和内容既与公司的发展战略相统一，又紧扣利益相关方的关注点和诉求点。

表 11 −4　华润电力利益相关方关注点与沟通及回应方式列表

利益相关方	主要关注点	沟通方式	回应措施
国务院国资委	国有资产保值增值 依法规范经营 信息披露	工作汇报 统计报表 信息报送 专题汇报	努力完成预算和国资委考核指标 认真落实国资委提出的各项要求 及时、准确报送企业情况
地方政府	遵章守法 安全环保 促进当地经济发展 创造税收、就业 保持公司稳定	制定法规政策 战略合作 工作汇报 统计报表	遵守法律法规，依法经营 采取措施，降低安全生产风险，预防重特大安全事故发生，环保指标满足国家标准 保障员工薪酬福利，做好思想工作
投资者	公司治理 业绩增长 股息分配 投资者关系 股价表现	股东会议 信息披露 实地考察	建立科学决策、执行与监督机制，加强内部管控 坚持高质量增长，为股东创造价值 做好信息披露，增加透明度，组织和参与多项与股东沟通的活动
员工	合法权益 薪酬福利 职业发展 培训体系 职业健康及工作环境 员工关爱	员工代表会议 合理化建议 内外网站 座谈、联谊等活动	依法签订劳动合同，保障员工利益 开展各类培训，鼓励人才内部流动 推行职业健康计划，改善生产和办公环境 开展员工敬业度调查，完善人力资源政策
客户	安全稳定的电力、热力供应	满意度调查 协议合同	提供充足、可靠、环保的电力、热能
合作伙伴	重合同，守信誉 平等合作，互利双赢 长期合作	高层会晤 协议合同 产品服务	开展阳光采购，杜绝商业贿赂 坚持诚信和良好的商业道德 签订长期战略合作协议
社区与环境	环境保护 安全稳定 和谐社区 公益事业 公共关系	慈善活动 社区共建	致力于保护环境，各项污染物达标排放，发展循环经济，开展绿色办公 强化安全管理，预防重大安全事件发生 参与社区共建，支持慈善公益事业 参与建设华润希望小镇

续表

利益相关方	主要关注点	沟通方式	回应措施
媒体与 非政府组织	信息公开 与媒体互动 对非政府组织的贡献 对可持续发展的影响	组织活动 实地考察 信息披露	组织媒体行开放日活动 及时提供外宣资料，邀请媒体访问 参加行业交流会议、专业技术竞赛活动 与非政府组织开展沟通、对话，良性互动

（三）议题界定

1. 议题确定流程

（1）企业战略发展规划分析；

（2）报告标准分析；

（3）政策趋势分析；

（4）优秀报告分析；

（5）相关方期望分析。

2. 社会责任核心议题

通过比照国内和国际最新相关标准，包括全球报告倡议组织《可持续发展报告指南（G4）》、中国社会科学院《中国企业社会责任报告编写指南（CASS－CSR 3.0）之电力生产业》、香港联合交易所《环境、社会及管治报告指引》（HK－ESG）等标准，并结合华润电力企业发展的实际，甄别和筛选相关议题。同时，通过对利益相关方关注的问题进行调研，识别和筛选出最具实质性的年度关键议题，进一步完善报告实质性分析模型。通过分析各种背景信息，华润电力梳理确定了与公司可持续发展活动相关的议题 31 项，包括环境议题 5 项、经济议题 12 项、社会议题 14 项。通过发放调查问卷，请内外部利益相关方对责任议题进行评分。根据反馈问卷的评分结果对议题进行排序，并通过建立"对利益相关方的重要性"和"对华润电力发展的重要性"二维矩阵，识别出公司的实质性社会责任议题。

表11-5 华润电力社会责任相关议题

环境议题	• 降低生产能耗　• 污染达标排放　• 发展清洁能源　• 加强生态保护　• 资源高效利用
经济议题	• 国有资产保值增值　• 稳定持续回报　• 强化股东参与　• 完善公司治理　• 合规经营 • 依法纳税 • 公平部分　• 合作共赢　• 责任采购　• 引领产业发展　• 强化自主创新　• 战略合作
社会议题	• 安全生产　• 提供安全稳定的电能热能　• 惩治预防腐败　• 推动供应链履责 • 关爱员工生活　• 员工成长　• 企业文化　• 强化风险管理　• 职业健康与安全 • 维护市场环境　• 支持社会公益　• 社区交流与沟通　• 倡导志愿服务　• 保障合法权益

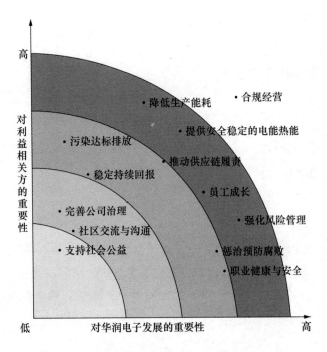

图11-4 华润电力社会责任实质性议题分布

（四）启动

　　华润电力每年组织社会责任管理和报告编制人员进行相关培训，提高社会责任基础理论、发展趋势及报告编制标准、方法的认识和把握。2016年1月19日，华润电力首次举办了全公司范围的可持续发展报告编制启动会暨培训会，邀请中国社科院企业社会责任研究中心、责扬天下（北京）管理顾问有限公司的专家、华润集团社会责任工作负责人进行授课，主要结合国内外优秀社会责任案例，对中国企业社会责任发展、社会责任报告现状与趋势、报告编写标准和方法等进行讲解，为公司各级单位高质高效地做好报告素材收集、编写工作奠定了基础。

（五）编写

华润电力可持续发展报告的编制工作由控股董事会办公室牵头组织，控股各部室、大区及其所属企业共同参与，成立报告编制工作组，包括素材编写小组和报告编写小组，明确任务、职责与分工。董事会办公室负责制定编制工作计划和版位表，组织报告的编写、设计、发布、宣传与推广，其他各单位协助提供素材。以华润电力2015年的社会责任报告为例，从报告素材搜集到编制完成历时6个月。报告确立了以"润"为核心的概念和主线，从责任管理（润·道）、环境责任（润·净）、股东责任（润·沃）、伙伴责任（润·诚）、员工责任（润·厚）、大众责任（润·济）六个方面进行解读，紧紧围绕绿色发展、节能环保等行业和时代主题，彰显了华润电力与社会环境相融相生的企业内核。

（六）发布

华润电力积极利用报告发布的机会加强与社会公众的沟通，不断创新、丰富报告发布形式。每年的报告除发行印刷版外，也通过华润电力官网发布电子版，并提供阅读和下载。2014年的报告在发布中英文印刷版、电子版的基础上，还同步发布了报告H5版，并首次举办社会责任报告新闻发布会；2015年报告再次创新了发布形式，推出了3分钟视频报告，通过华润电力官方微信发布，进一步提升报告传播效果，让更广泛的公众快速了解华润电力的社会责任实践及绩效。

（七）使用

报告的发布并非生命周期的完结。华润电力在每本报告后都附上了读者意见反馈表，同时通过将报告寄送给利益相关方的方式，获得利益相关方对报告本身以及华润电力社会责任工作的意见与建议反馈。同时，华润电力在报告发布后开展了对报告编制工作的分析与总结，为报告质量的持续提升打下基础。社会责任报告是企业与利益相关方沟通并促进其参与的重要工具，也是企业社会责任工作的重要档案，亦是对企业未来社会责任工作的指导文件，无论是在华润电力与利益相关方的沟通中，还是日常社会责任工作中，这些报告都在被不断使用，并必将不断发挥其更大的价值。

第十二章　北控集团：让城市生活更美好

一、公司简介

北京控股集团有限公司（以下简称"北控集团"）成立于 2005 年 1 月，是北京市人民政府出资设立，由原京泰实业集团、北京控股和北京燃气集团联合组建的市属大型国有企业集团。2011 年 7 月，与北京京仪集团有限公司实施联合重组，企业实力进一步增强。2014 年，北控集团被确定为北京市国有资本投资运营公司。

北控集团已成为地跨境内外市场、兼具实业经营和资本运营的国有控股集团，资本证券化率达 72%，拥有各级控股、参股企业 300 余家，旗下有 10 家上市公司，其中 8 家香港上市公司。截至 2015 年底北控系上市公司总市值 1825 亿元，总资产达 2077 亿元，位列"中国企业 500 强"第 217 位。

北控集团是因改革而生，在改革中成长的大型市属国有企业，在新一轮的改革发展中积极发挥带头和示范作用，为北京市产业结构调整，全面提高创新发展能力做出了贡献。集团科学合理利用资本力量，以市场化的方式推进各个业务板块的改革和发展，在资本投资运营管理方面积累了一定经验，通过产融结合的模式，做强做大国有资本、促进公用事业改革、促进产业协同发展。

以"让城市生活更美好"为集团社会责任使命，围绕"用心奉献，共享尊重"的核心价值观，北控集团紧抓现代城市建设的重要引擎，契合国家战略需要，重点投向公共服务、基础设施、生态环保、民生改善及战略性新兴产业，促进公共服务均等化、基础设施互联互通，致力于提供国内领先、国际一流的现代城市一体化综合服务，覆盖全国 371 个城市，海外业务发展延伸至欧洲、美洲和东南亚。

二、责任报告

（一）报告概况

北控集团将企业社会责任报告作为公司责任管理的切入点，围绕企业社会责任的实质性议题、关键指标、利益相关方需求与沟通等多方面，全面推进企业的社会责任管理工作。北控集团自 2013 年发布北京市属国企第一份社会责任报告以来，目前已连续发布四份社会责任报告中英文版本，系统地披露公司在政治责任、经济责任、环境责任和社会责任等方面的实践和绩效，形成与国内利益相关方有效的沟通平台。

2015 年，作为企业社会责任的重要组成部分，北控集团发布了《服务首都可持续发展报告》，从政治担当、基础设施、公用事业、环境保护等方面，披露北控集团十年来扎根北京、服务首都发展的履责实践。

《北控集团 2015 年社会责任报告》于 2016 年 7 月发布，是公司第四份社会责任报告，报告从公司公益活动中提炼"七色花"作为主题元素，主体结构分为上下篇章，将企业业务（"打造绿色城市，让生活更健康"、"提升城市品质，让生活更舒心"、"建设智慧城市，让生活更便捷"）和责任管理（"责任夯实治理基础"、"责任保障环境友好"、"责任促进合作共赢"、"责任助力和谐社区"）分别呈现，突出北控集团特色。

表 12-1　北控集团企业社会责任报告发布情况

报告名称	报告页数	报告语言	报告版本	参考标准	第三方评价
北控集团 2012 年社会责任报告		中文	印刷版、电子版	GRI 3.0 ISO 26000 CASS - CSR 2.0 等	中国企业社会责任报告评级专家委员会

报告名称	报告页数	报告语言	报告版本	参考标准	第三方评价
北控集团 2013 年社会责任报告		中英文	印刷版、电子版	GRI 3.0 ISO 26000 CASS – CSR2.0 等	中国企业社会责任报告评级专家委员会
北控集团 2014 年社会责任报告		中英文	印刷版、电子版	GRI 4.0 ISO 26000 CASS – CSR 3.0 等	中国企业社会责任报告评级专家委员会
北控集团 2015 年社会责任报告		中英文	印刷版、电子版、H5 版	GRI 4.0 ISO 26000 GB 36000 CASS – CSR 3.0 等	中国企业社会责任报告评级专家委员会

（二）报告投入

北控集团社会责任报告以内部自主编制为主，旗下各级公司社会责任联络人负责收集数据及案例素材，集团公司各职能部门进行数据汇总整合，社会责任团队进行资料整理和报告撰写。除了内部人员积极参与编写以外，公司还邀请外部社会责任专家为报告内容提出意见或建议。每年报告编写投入资源如表 12 – 2 所示。

表 12 – 2　北控集团社会责任报告投入

报告名称	投入人员	投入时间	搜集素材
北控集团2015 年社会责任报告	12 人	7 个月	实际使用：2.8 万字，122 张照片 搜集素材：39.5 万字，1870 张照片

三、报告管理

北控集团不断探索社会责任报告的管理模式，优化报告编制流程，逐步形成适合自身的报告管理机制。同时，以社会责任报告为突破口，不断将社会责任管理融入企业战略和日常运营，提升企业履责能力，以企业、环境和社会的可持续发展作为努力方向。

表 12 − 3　报告编制流程

编号	事项名称	具体内容
1	项目规划	制定项目进度计划
2	项目启动	举办启动仪式、召开会议、印发文件
3	核心议题识别确认	会议研讨或研究分析，包括利益相关方关注点、公司年度重大核心议题、国内外政策热点、国内外社会责任相关标准和指南等
4	制定版位图	制定报告主题、三级框架及详细版位图，发至各级企业、总部职能部室，有针对性地收集素材
5	收集报告素材	成员企业、总部职能部室素材，存量资料分析，媒体报道素材汇总整理
6	编写报告	形成报告初稿
7	意见征求	集团社会责任领导小组、总部职能部室、各级企业、利益相关方、社会责任专家等
8	报告完善	整合意见、文字修订、数据核实、对标自查
9	报告设计	根据报告主题，设计主题元素，增强报告可读性和创新性
10	报告评级	中国企业社会责任报告评级标准
11	报告发布	通过多种方式和渠道向内外部利益相关方传递
12	总结提升	与社科院专家共同分析不足，制定提升方案

（一）组织

北控集团高度重视社会责任工作，形成了企业高管领导决策、各级公司深入参与的组织及工作体系，将企业社会责任融入管理中。

1. 社会责任组织体系

北控集团成立了完整的社会责任组织体系，从集团到各级分子公司都明确社会责任专（兼）职部门和人员。

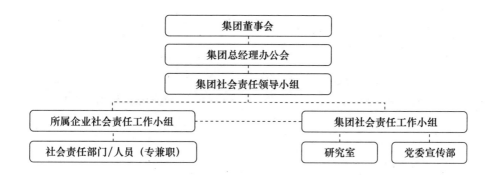

图 12 - 1   北控集团社会责任组织架构图

2. 社会责任制度

北控集团不断完善社会责任管理体系，制定《北控集团社会责任工作管理办法》，并于 2015 年开展试运行，在实行期间进一步修订和完善管理制度。

3. 社会责任组织队伍

北控集团首先设立了社会责任领导小组，其中董事会是社会责任工作的最高决策机构，负责对集团社会责任目标、规划、制度等重大事项进行决议。同时，公司成立社会责任工作小组作为社会责任工作的执行部门，负责社会责任报告编制、培训、宣传、研究，形成社会责任工作的常态化。

（二）参与

加强与利益相关方沟通，是企业社会责任报告的重要职能。北控集团十分关注利益相关方的诉求，通过行业协会、社会责任平台、责任倡议、责任基地等多种方式形成互动，通过媒体、微信平台等披露信息并分享履责实践，切实回应利益相关方的需求。

表 12 - 4　北控集团利益相关方诉求与回应

利益相关方	期望与需求	沟通和回应措施
政府	遵纪守法，合规经营 依法纳税 增加就业 促进经济持续、健康发展 履行政府政治责任 承担"在商言商，在商言政"双重职责	建立政府间合作机制 依法合规管理 纳税额稳定增长 不断拓展业务，增加就业机会 承担重大项目，满足公共需求
股东	提升盈利和核心竞争力 确保国有资产保值增值 满意的投资回报 良好的市值水平 国有企业改革	完成预算及国资委考核指标 稳健经营，提高盈利能力 加强投资者关系管理，及时披露信息 资本运营性投资 规范董事会制度试点
供应商	诚实守信 合作共赢 长期合作	阳光采购，禁止商业贿赂 实现交易公平、公正 开展战略合作
客户	优质安全的产品 贴心及时的服务	注重产品质量与安全 提升服务品质，关注客户体验 加强技术创新，提供高科技产品 开展满意度调查，改进不足
员工	完备的权益保障 良好的职业生涯规划和成长机会 职业健康及工作环境	尊重员工权益，签订劳动合同 建立三级人才培养体系，实施人才交流机制 员工参与民主管理 关注员工发展、改善薪酬激励
媒体、 非政府组织	与媒体建立良好互动关系 对非政府组织的贡献	建立良好的媒体合作关系，主动提供宣传资料，邀请媒体参观访问 非政府组织开展沟通交流，关注了解其标准
社区	关注社区发展 共建和谐社区	支持教育、科研、卫生事业 支持慈善公益事业 提供志愿者服务
环境	关注气候变化，支持低碳经济 倡导节能减排，构建节约型社会	发展燃气、污水处理、固废环保、太阳能等绿色产业 发展循环经济，减少三废排放

（三）界定

1. 议题确定流程

- 利益相关方关注点；
- 企业中高层领导、员工访谈；
- 公司年度重大核心议题；
- 国内外政策热点；
- 国内外社会责任相关标准和指南。

2. 社会责任核心议题

北控集团将社会责任核心议题与企业管理战略紧密结合，2014年开展社会责任实质性议题专项工作，通过三个阶段，建立议题池、划分优先等级、审核确定执行，参照国内外社会责任标准及指南（GRI G4、CASS - CSR 3.0），对核心利益相关方进行访谈，形成实质性议题矩阵，并融入管理和运营系列工作基础。

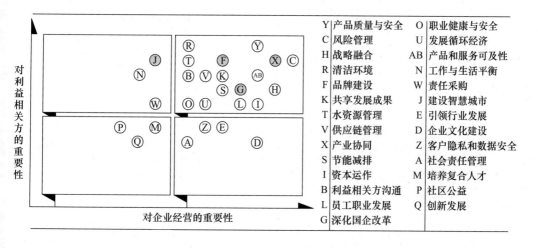

Y 产品质量与安全	O 职业健康与安全
C 风险管理	U 发展循环经济
H 战略融合	AB 产品和服务可及性
R 清洁环境	N 工作与生活平衡
F 品牌建设	W 责任采购
K 共享发展成果	J 建设智慧城市
T 水资源管理	E 引领行业发展
V 供应链管理	D 企业文化建设
X 产业协同	Z 客户隐私和数据安全
S 节能减排	A 社会责任管理
I 资本运作	M 培养复合人才
B 利益相关方沟通	P 社区公益
L 员工职业发展	Q 创新发展
G 深化国企改革	

图 12 - 2　北控集团社会责任核心议题

（四）启动

北控集团社会责任报告编制工作于每年12月启动，由研究室和宣传部组成社会责任工作小组牵头负责，首先上报总办会关于启动社会责任报告编制的议题，议题通过后，下发报告编制启动及资料收集通知，组织各级企业及社会责任专家共同召开报告启动工作研讨会，并开展社会责任培训，通过以上实质性工作启动年度社会责任报告编制。

（五）编写

在时间规划、实质性议题、报告边界、报告主题等前期筹备事项完成之后，北控集团 2015 年的社会责任报告编写过程历时 5 个月左右，包括框架确定、版位图编制、素材收集整理、指标体系完善、文稿撰写修订。

1. 框架确定

北控集团 2015 年的社会责任报告从集团公益活动中选取"七色花"作为主题元素，并设计与之相配合的七个章节，通过上下篇章的形式，分别展现公司负责任的业务和责任管理两方面的社会责任实践。

表 12 - 5　北控集团 2015 年社会责任报告基本框架

结构	一级标题	二级标题
开篇	2015 携手城市	2015 北控见证、陪伴、共历、保障城市的荣耀时刻
	高管致辞	董事长致辞
		总经理致辞
	走进北控	公司简介
		公司治理
上篇：聚焦城市服务，让生活更美好	打造绿色城市，让生活更健康	提供清洁能源
		奉献美好环境
	提升城市品质，让生活更舒心	产品服务品质
		养老居住品质
		交通物流品质
	建设智慧城市，让生活更便捷	智慧服务
		智能仪器
下篇：践行企业责任，让发展可持续	责任夯实治理基础	责任战略
		责任推进
		责任沟通
		责任荣誉

续表

结构	一级标题	二级标题
下篇：践行企业责任，让发展可持续	责任保障 环境友好	绿色管理 低碳运营 创新发展
	责任促进 合作共赢	协同发展 股东权益 服务客户 携手伙伴
	责任助力 和谐社区	关爱员工 热心公益
后记	附录	关键绩效 报告评级 指标索引 意见反馈

2. 版位图编制

确定报告框架之后，进一步明确每级框架内容范围、字数、版面位置、配图数量等，形成详细的报告版位图，便于各级企业更具针对性地提交素材。

3. 素材收集整理

以版位图和素材收集清单为纲，面向北控集团总部职能部室和各级企业收集相关资料，同时，对存量资料、社会责任征文、集团报、微信公众号等媒体信息进行整理分析。

素材收集还会在报告编制过程中不断补充，针对特定专题或意见，单独向相关职能部室和企业进行征集。

4. 指标体系完善

北控集团已形成了较为系统的指标体系，包括管理指标和业务指标，并将指标体系的完善工作细分到各级企业。鉴于指标数量较多的现状，各级企业根据自身实际情况，制定年度目标及规划，通过 3 年的时间形成较为完善的社会责任指标体系，并在指标体系的完善过程中，将责任管理融入企业战略，真正协助企业提升管理水平。

5. 文稿撰写修订

收集的素材需要以统一、专业性的语言进行编辑，撰写报告初稿。报告初稿经过社会责任工作小组组长及中国社科院专家三次审阅修订，再由各职能部室和各级企业反馈意见和建议。经过内部五次意见收集及修订后，北控集团召开利益相关方专家研讨会，邀请行业专家、研究机构、合作企业、媒体专家等利益相关方代表针对报告提出修订建议，社会责任工作小组甄选反馈意见，并对报告修订完善后形成文字终稿。

6. 创新提升

北控集团 2015 年社会责任报告编写过程中，不断研究报告的创新性提升，如每个章节都通过案例引入，增强内容可读性；融入公司"十三五"规划内容；通过"特色索引"将重点案例和数字专栏突出展示，以便读者查阅；特色栏目创新使用，加入"十五"、"十一五"、"十二五"的数据对比专栏；通过"反思与改进"专栏，集中展现存在的不足和改进措施；通过二维码，将公益微电影、应用介绍视频、数字工会平台、互动平台嵌入纸质报告中，丰富报告形式和内容等。

7. 报告评级

报告文字终稿提交中国企业社会责任报告评级专家委员会。北控集团 2015 年的社会责任报告获得了五星评级，被社会责任专家评定为卓越的社会责任报告。

报告评级完成后，文稿交由专业机构进行设计、排版及印刷样刊，最终经由北控集团社会责任领导小组审议通过后正式交付印刷。

（六）报告发布

北控集团 2015 年的社会责任报告采用网络发布形式，在北控集团官方网站"社会责任"专栏、北控集团 CSR 传播平台中发布，同期发布手机端 H5 版本报告，以更加环保、直接和便捷的方式传递给利益相关方。

（七）使用

经过四年的报告编制及使用经验积累，北控集团社会责任报告已成为公司与利益相关方沟通的重要窗口，通过系统地梳理和展示公司履责实践和绩效，能够协助公司在更高的层次和更广的范围上进行有效沟通。北控集团 2015 年的社会责任报告被广泛应用于公司对外合作交流、社会责任实践基地、公益活动、各级企业职工活动、工会活动等，通过多种形式，加强与利益相关方的沟通。

第十三章 民生银行：服务大众 情系民生

一、公司简介

中国民生银行股份有限公司（以下简称"民生银行"）于1996年1月12日在北京正式成立，是中国首家主要由非公有制企业入股的全国性股份制商业银行，同时又是严格按照《公司法》和《商业银行法》建立的规范的股份制金融企业。民生银行锐意改革、积极进取，为推动中国银行业的改革创新做出了积极贡献，充分发挥了试验田的作用。

2000年12月19日，民生银行A股股票（600016）在上海证券交易所挂牌上市。2004年11月8日，民生银行通过银行间债券市场成功发行了58亿元次级债券，成为第一家在全国银行间债券市场成功私募发行次级债券的商业银行，但该债券均已到期收回。2005年10月26日，民生银行成功完成股权分置改革，成为国内首家股权分置改革的商业银行。2009年11月26日，民生银行成功在香港联合交易所上市。

民生银行始终坚持"规规矩矩办银行、扎扎实实办银行和开动脑筋办银行"。2007年，民生银行在中国银行业创新性启动公司业务事业部制改革。2009年，民生银行确定了"做民营企业的银行、小微企业的银行、高端客户的银行"的战略定位，积极推动管理架构、组织体系、业务结构的调整和科技平台的建设，打造"特色银行"和"效益银行"。2015年，民生银行在世界1000家大银行中名列第38位，在世界500强企业中名列第281位，已成为一家在国内外有较大影响力的商业银行。截至2015年末，民生银行新建各类机构988家，全行机构总数达 2806 家。

表 13 -1　民生银行责任荣誉表

名称	评价活动及组织
董事长洪崎获第四届"感动红丝带贡献奖"和"十年功勋奖"	中华红丝带基金
最佳社会责任实践案例奖	中国银行业协会
中国银行业社会责任发展指数第一名	《企业社会责任蓝皮书（2015）》
2015 年中国扶贫公益事业勋章奖	中国企业公益事业发展组织委员会
最佳责任企业奖	《南方周末》
最受投资者尊重的上市公司	中国上市公司协会
最具投资价值上市公司	《大公报》
年度最佳交易奖	Marine Money
2014 年度银行科技发展奖	中国人民银行
2014 年度金牛基业常青公司/2014 年度金牛上市公司百强/2014 年度金牛最强盈利公司	《中国证券报》
公司卓越管治企业	《亚洲周刊》
中国最佳实物黄金投资银行	《EUROMONEY》
第二届"寻找客服好声音"团队综合奖	中国银行业协会
管理会计特别贡献奖	美国管理会计师协会（IMA）
2015 中国人力资源管理十大最佳实践奖	中国人民大学商学院
第一届新三板"伯乐奖"	《经济观察报》
"内容文字"金奖	国际 ARC 年报
2015 年"青春风采杯"一等奖	中国银监会
2015 年中国最佳手机银行、2015 年中国最佳直销银行	中国金融认证中心（CFCA）
2014～2015 年度中国卓越金融奖	《经济观察报》
"2015 年度银行业信息科技风险管理课题"二类成果奖项	中国银行业监督管理委员会
2015 年卓越竞争力小微金融服务银行奖	中国经营报社、中国经营报社研究院

二、责任报告

自 2008 年起，民生银行已连续 9 年发布了社会责任报告，构建了富有银行业特色的社会责任"通宝模型"，厘清了企业社会责任报告的关系逻辑和内容边界。民生银行创造性地构建"上下篇"、"故事体"等报告写作范式，将"宏观"与"微观"内容，"抽象"和"具象"表达相结合，向外界精准传递民生银行履行社会责任的系统思考、丰富实践和卓越成效，让报告在符合规范要求的前提下，更有"温度"。

图 13-1　民生银行社会责任报告概况

作为民生银行第九份社会责任报告，2015 年的报告结合党的十八届五中全会提出的"创新、协调、绿色、开放、共享"的可持续发展理念与民生银行业务实践，分别围绕坚持客户至上、优化信贷布局、助力生态文明、探索国际运营和全情回馈社会五个方面展开组成报告主体。同时，恰逢民生银行 20 周年行庆，报告在首尾分别设置"二十年，与民共生"和"十三五，凤凰涅槃"两个章节显性化地进行呼应，充分阐释民生银行共同创造、共同分享的精神。报告写法一改以往上下篇的故事体风格，每个章节选取一个综合性案例置于章节末尾，确保详略得当，同时信息披露符合国际、国内社会责任标准的要求。

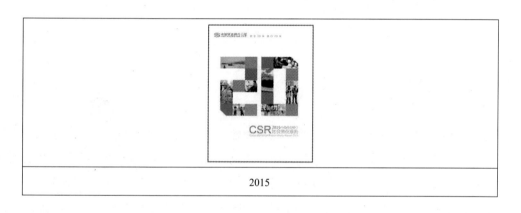

2015

图 13 - 2　民生银行 2015 年度社会责任报告

三、报告管理

民生银行不断优化完善社会责任报告推进机制，并最终形成了一个完整的项目周期。报告编制流程如表 13 - 2 所示。

表 13 - 2　民生银行社会责任报告编制流程

组建团队	按照内外结合的原则，聘请权威社会责任专家、第三方验证机构共同组建专业化、高水平的报告编写团队
制定计划	拟定全面的报告编制计划，明确时间进度、团队分工、发布方式等
资料收集	拟定详细的资料需求清单，向各部门搜集文字、数据、图片资料
利益相关方及重点部门访谈	围绕重点议题开展有针对性的访谈，搜集第一手资料
报告撰写	对搜集的资料进行深加工，撰写报告文稿，并经过多次讨论与修改，形成报告文字稿终稿
审验审议	报告经第三方验证机构审核验证以及第三方评级机构评级后，经行领导审批，报董事会审议
设计制作	报告设计制作机构对报告进行设计、排版、印刷，发送全国各机构和利益相关方
报告发布	正式对外发布报告，并提交联合国全球契约组织

（一）组织

民生银行成立总行办公室社会责任管理处，负责报告编写工作。总行办公室主任任编写工作组总负责人，全程指导并修改社会责任报告。社会责任管理处处长任编写工作组总牵头人，全程跟进社会责任报告编写，主持召开框架研讨会、报告汇报会等，把握社会责任报告编制的相关事项。社会责任管理处主管为报告编写的总协调人。董事会为报告的最高审议组织。工作组涵盖 19 个总行部室、8 个事业部、29 个分行，职责是按照资料清单收集和提报民生银行社会责任报告所需的相关资料。

（二）参与

民生银行将加强与利益相关方的沟通作为履行社会责任、实现可持续发展的重要途径。不断创新沟通方式，扩展沟通渠道，深化沟通内容，建立"日常、定期、年度"三位一体沟通体系。同时，民生银行致力研究利益相关方高度关注的议题、社会普遍关心的议题、国内外标准和最新理论研究强调的议题，并就这些议题积极与利益相关方沟通，传播民生银行的社会责任理念。同时，大力开展自身能力建设，不断提升满足利益相关方期望的能力。

表 13-3 民生银行利益相关方期望与回应

利益相关方	期望与需求	回应措施
政府	促进经济持续、健康发展；协助公共财政，服务政府发展目标	落实国家宏观政策 支持实体经济可持续发展 支持民营企业、小微企业、"三农"等民生金融 诚信纳税 完善小区金融发展 增加就业机会
监管机构	合规经营，公平竞争 维护金融体系稳定	加强合规管理、诚信经营 完善公司治理，加强内控建设 推进巴塞尔新资本协议实施
股东	满意的投资回报 良好的市值水平 充分了解公司经营状况	稳健经营，提高盈利能力 加强投资者关系管理，及时披露信息
客户	优质便捷的金融产品与服务 舒适的业务环境	发展手机银行、直销银行，创新特色功能，优化业务流程 提升服务品质，关注客户体验
合作伙伴	公平采购 诚信互惠	公开透明的采购机制 坚持平等互利、和谐双赢原则
员工	良好的职业生涯规划和成长机会 完备的权益保障	员工权益保障，员工参与管理 关注员工发展，改善薪酬激励
社区	关注社区发展 共建和谐社区	支持教育、科研、卫生事业 支持慈善公益事业 提供志愿者服务
环境	关注气候变化，支持低碳经济 倡导节能减排，构建节约型社会	实施绿色信贷，推广电子银行，拓展绿色金融 倡导绿色办公，推行绿色采购，开展环保公益活动

（三）界定

结合民生银行战略目标，对"利益相关方期待议题"进行战略一致性分析，形成"年度核心社会责任议题"：坚持客户至上、优化信贷布局、助力生态文明、探索国际运营和全情回馈社会。

（四）启动

民生银行社会责任报告每年年底启动，总行办公室社会责任处牵头成立报告编写小组，组织和推荐相关人员参加中国社科院及相关机构举办的培训。为了更加深入地了解和学习国内外社会责任动态、知识，把握报告的最新标准，民生银行还组织公司社会责任工作领导小组的成员参加社会责任负责人培训，邀请外部专家从理论和行业动态两个层面进行讲解，以加深相关人员对企业社会责任的深入认识，并为新一年度报告的撰写打下坚实的理论基础。

（五）编写

民生银行 2015 年的社会责任报告从正式启动到编写发布，一共经历了 6 个月的时间。

1. 前期准备

（1）确定报告主题和边界，识别核心议题。

民生银行 2015 年的社会责任报告将核心议题识别和报告边界确认作为整体报告编写的第一步，分别对利益相关方关注点、公司年度重大核心议题、国内外 CSR 标准和指南以及新标准新趋势等进行了研究分析，确定了坚持客户至上、优化信贷布局、助力生态文明、探索国际运营和全情回馈社会 5 个核心议题，以披露针对性成果。

（2）形成报告基本框架。

根据公司确定的 5 个核心议题和搜集的报告素材，并集合民生银行的年度公司战略和发展要求，以"民生 20 年　善行 20 年"为年度主题，形成报告的基本框架。

表 13-4　民生银行 2015 年的社会责任报告基本框架

结构	一级标题	二级标题
开篇	公司概况	
	二十年，与民共生	
	董事长致辞	
	行长致辞	

续表

结构	一级标题	二级标题
报告主体	创新，坚持客户至上	深化改革，服务实体经济 情系客户，满足金融需求
	协调，优化信贷布局	促进区域协调发展 促进产业协调发展
	绿色，助力生态文明	绿色信贷，贷动美丽中国 绿色运营，实现低碳发展
	开放，探索国际运营	支持中资企业"走出去" 助推新兴产业"活起来"
	共享，全情回馈社会	为股东创造价值 为员工尽心竭力 对社会奉献如一
报告后记	十三五，凤凰涅槃	
	附录	关键绩效表 责任荣誉表 报告规范 评级报告 鉴证报告 关键数据编报基础 意见反馈 术语解释

（3）确定报告指标体系。

结合所识别确定的社会责任议题和所在的行业特点，以中国社科院企业社会责任研究中心发布的 CASS‐CSR 3.0 标准编制，参考 GRI、ISO 26000、联合国全球契约等国际和行业标准，建立了社会责任指标体系，通过面向民生银行及各事业部、各分行针对该指标体系的收集、分析、管理和反馈，来披露民生银行在履行社会责任工作方面的具体表现。

表 13 - 5 民生银行 2015 年的社会责任报告披露的关键绩效指标

责任管理绩效	2015 年	2014 年	2013 年
守法合规培训次数（次）	522	1633	612
守法合规培训人次数（人次）	51584	44541	36850
风险培训次数（次）	11	13	32
风险培训人次数（人次）	1100	1900	8000
经济绩效指标	2015 年	2014 年	2013 年
总资产（亿元）	45206.88	40151.36	32262.10
营业收入（亿元）	1544.25	1354.69	1158.86
归属于母公司净利润（亿元）	461.11	445.46	422.78
基本每股收益（元）	1.30	1.31	1.24
纳税总额（亿元）	239.34	234.33	220.42
每股社会贡献值（元/股）	5.61	5.80	5.37
社会绩效指标	2015 年	2014 年	2013 年
员工人数（人）	57228	57406	53064
社会保险覆盖率（%）	100	100	100
少数民族员工占全员比例（%）	4.2	3.97	3.3
信息扶贫推销滞销农产品（亿千克）	33	19	27
员工定点扶贫捐款（万元）	1223.63	1096.14	997.5
公益捐赠额（亿元）	0.65	4.69	3.23
环境绩效指标	2015 年	2014 年	2013 年
绿色采购金额（万元）	96380	84678	84451
产能过剩贷款率（%）	3.08	3.46	5.94
视频会议次数（次）	184	211	274

注：财务数据及部分相关数据为集团口径，如有出入以年报为准。

2. 报告编写

（1）资料收集、内容撰写。

民生银行通过社会责任管理委员会专用邮箱下发报告资料收集的通知并收集报告编写素材，并通过 OA 系统中内网新闻整理素材。为了顺利推进报告编写工作，民生银行采取广泛提报和个别补充的方式搜集素材，同时采取全面确认的方式校对报告。

● 广泛提报：针对总行部室、事业部和分行制作详尽的资料清单，其中综合性案例的收集主要针对事业部和分行，并要求其至少填报 1 个案例，1 个必填，1 个选填（其他 4 个案例中选择一个）。

● 个别补充：报告初稿完成后，针对报告完整情况，有针对性地对个别部门、事业部和分行进行二次资料搜集和补充。

● 全面确认：报告定稿后，根据报告内容的原始素材来源拆分定稿，并一一发给相关的总行部室、事业部和分行确认、校对、反馈。

（2）评级与总结。

报告设计稿定稿后，民生银行将报告提交中国企业社会责任报告评级专家委员会评级，民生银行 2015 年的社会责任报告最终获得了四星半级的优秀评价。在得到专家评审的评级结果之后，与专业机构设计排版的文件终稿一同印刷、发布。报告发布后，民生银行将最终完成的报告和评价结果一起反馈给各职能部室、各事业部、各分行相关负责人，并征求总行部室、事业部及分行对报告的反馈意见，对报告编写进行内部总结。

3. 报告发布

截至目前，民生银行连续 9 年发布了社会责任报告，通过公司官网、上交所官网、联合国全球契约官网推送、银行业协会推送、直接递送、媒体及杂志推送等方式传播。每年 3 月底，社会责任报告的文字版会在上交所公示，每年 6 月底，社会责任报告的设计稿会提交联合国全球契约组织和银行业协会。

4. 使用

社会责任报告是综合展现企业社会责任履责情况的载体，通过对往年业绩的平衡和报告，有效梳理企业自身的管理实绩，从更高的层次上帮助组织传递与经济、环境及社会机遇和挑战相关的信息，有助于加强公司与外部各利益相关方的关系，建立信任，可以作为建设、维持和不断完善利益相关方参与的重要工具。民生银行鼓励在与利益相关方进行沟通时充分使用社会责任报告。民生银行 2015 年的社会责任报告印刷 1 万册，主要用于发布会使用、寄送给各利益相关方、寄送给各营业厅、第三方传播平台上展示使用。

第十四章 现代汽车：携手共创更好未来

一、公司简介

现代汽车（中国）投资有限公司（Hyundai Motor Group（China）LTD.）是由韩国现代自动车株式会社、起亚自动车株式会社、现代摩比斯株式会社三方共同投资成立的中国法人。公司成立于 2004 年 9 月 22 日，全面负责现代汽车集团中国业务。目前现代汽车集团在中国有 59 家法人企业，在华投资总规模达到 137 亿美元。

现代汽车（中国）投资有限公司目前在华直接投资的公司有九家，业务范围涵盖零部件生产/销售、汽车电子、二手车、物流等，正在逐步形成完整的产业链条。九家公司分别为：北京岱摩斯变速器有限公司、安克建设（北京）有限公司、北京奥特奥博系统集成有限公司、现代首选二手车经营有限公司、现代派沃泰自动变速箱（山东）有限公司、北京中都格罗唯视物流有限公司、现代汽车研发中心（中国）有限公司、北京现代信息技术有限公司、山东现代威亚汽车模具有限公司。现代汽车（中国）投资有限公司希望通过在中国开拓新的业务领域并且为集团内相关企业提供积极有效的支持，形成更加完整的汽车产业价值链。

现代汽车集团坚持以诚信经营和品质产品为基础，持续扩大生产经营。2015年，现代汽车集团在中国实现年销售量 165.6 万辆；重庆工厂和沧州工厂投入建设，汽车产能进一步提升。

现代汽车集团为促进中韩合作、扩大交流等方面做出了积极贡献。同时，秉承"顾客至上、品质经营"的管理理念，现代汽车长期以来将在全球各地市场汲取的客户管理经验导入到中国市场；并以现代、起亚进口车和北京现代、东风悦达起亚等合资企业为中心，开发出符合中国市场的车型。同时，在中国市场构筑钢铁、金融、物流、销售、广告、二手车等完整的服务体系，积极为消费者提供便利的服务，保障顾客的利益，让中国顾客真正享受汽车带来的便捷和快乐。

作为一个国际型汽车企业，以实现社会的和谐发展为基础，建立可信赖的合作伙伴关系为主要特性，是现代汽车集团不断前进的意志力的体现。与此同时，集团以诚信经营为基础，深化与合作伙伴的战略合作，促进双方的共同成长，积极为社会创造就业岗位，参与社会贡献活动，与利益相关方"携手共创更好未来"。

二、责任报告

（一）报告概览

企业社会责任报告是企业就社会责任议题与利益相关方进行沟通的重要平台。自 2014 年起，现代汽车集团以"携手共创更好未来"为主题连续三年发布社会责任报告，向各利益相关方披露其在年度内的责任管理、责任行为以及责任绩效，促进了各方的沟通交流。对于现代汽车集团 2016 年 7 月发布的《现代汽车集团（中国）2015 社会责任报告》，依据新的编制和评价标准，中国社科院社会责任研究中心给予五星评级，是国内社会责任报告的最高评级。

表 14 - 1　概览

发布年份	报告名称	报告页数	报告语言	报告版本	参考标准	第三方评价
2014	现代汽车集团（中国）2013 社会责任报告	97	中文	印刷版、电子版	CASS - CSR 3.0 G3 ISO 26000：社会责任指南（2010）	中国企业社会责任报告评级专家委员会

发布年份	报告名称	报告页数	报告语言	报告版本	参考标准	第三方评价
2015	现代汽车集团（中国）2014社会责任报告	93	中文	印刷版、电子版	CASS - CSR 3.0 G3 ISO 26000：社会责任指南（2010）	中国企业社会责任报告评级专家委员会
2016	现代汽车集团（中国）2015社会责任报告	84	中文	印刷版、电子版	CASS - CSR 3.0 G4 ISO 26000：社会责任指南（2010）	中国企业社会责任报告评级专家委员会

（二）报告投入

现代汽车集团企业社会责任报告采用以内部编制为主，各下属公司配合协调报告编写相关的工作，社会责任团队负责资料整理和报告撰写。除了内部人员积极参与编写以外，公司还邀请外部社会责任专家为报告编写提出意见或建议。

表 14 - 2　流程

报告名称	投入人员	投入时间	搜集素材
现代汽车集团（中国）2013社会责任报告	20人	5个月	40万字的文字素材和200多张照片
现代汽车集团（中国）2014社会责任报告	25人	4个月	40万字的文字素材和300多张照片
现代汽车集团（中国）2015社会责任报告	30人	5个月	40万字的文字素材和300多张照片

三、报告管理

（一）组织

社会责任组织体系

为系统开展中国地区的社会责任经营，切实履行社会责任，现代汽车集团于 2008 年设立中国社会责任委员会，作为中国区社会责任工作最高领导机构。现代汽车（中国）投资有限公司成立社会贡献部，负责组织协调集团子公司推进中国地区的社会责任工作。

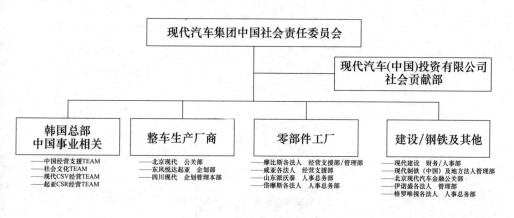

图 14 - 1　责任组织体系

（二）参与

现代汽车集团认为，利益相关方沟通是实现企业的经营哲学和可持续经营的重要因素。现代汽车集团关注利益相关方的期望和诉求，设立各利益相关方沟通渠道以倾听其宝贵意见，并将利益相关方诉求与经营活动结合，创造积极的协同效应。

表14-3　利益相关方

利益相关方	利益相关方期望	回应措施
顾客	安全与高质量的产品 优质的服务 产品信息获取 针对产品和服务不断改进 信息安全	保证产品安全与质量 研发创新 建立顾客服务体系 信息安全保护
员工	基本权益保护 职业成长 健康与安全工作 工作与生活平衡	建立基本权益保护体系 开放、公平的晋升渠道 职业健康体检与关怀 安全生产 员工关爱
合作伙伴 （包括经销商）	战略共享 公平竞争 信息共享 能力建设帮扶	建立战略共享机制和平台 开放信息沟通 开展培训 经销商/合作公司培训
政府	守法合规 公平竞争 诚信经营	严格遵守法律法规 保证公平竞争和诚信经营 足额纳税
环境	生产和经营减少环境影响 保护生态 改善环境	绿色生产 打造绿色产品 绿色办公 环保公益
社区	突发事件救助 开展公益帮扶 助力社区发展	公益捐赠 赛事赞助 公益行动

（三）界定

1. 议题确定流程

- 结合企业发展战略；
- 利益相关方关注点分析；
- 行业重要议题分析；

- 国内外 CSR 标准分析；
- 相关法律法规分析。

2. 社会责任核心议题

现代汽车集团根据自身特点和当地发展战略，综合考虑利益相关方就可持续发展提出的主要关注点、议题和指标，同行和竞争者披露的行业重要主题和未来挑战，国际、国内的 CSR 标准以及对机构及其利益相关方具有战略意义的相关法律、法规，筛选出 30 个重要社会责任议题。然后根据问卷调查结果建立议题筛选矩阵，从对外部利益相关方的重要性和对内部利益相关方的重要性两个维度，对核心议题进行排序。最终筛选出汽车安全、汽车品质、技术创新、客户服务、绿色环保汽车、员工培训与发展等核心议题。

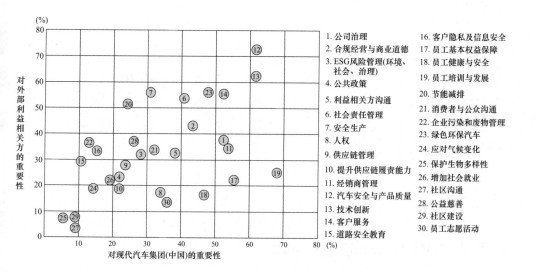

1. 公司治理
2. 合规经营与商业道德
3. ESG风险管理(环境、社会、治理)
4. 公共政策
5. 利益相关方沟通
6. 社会责任管理
7. 安全生产
8. 人权
9. 供应链管理
10. 提升供应链履责能力
11. 经销商管理
12. 汽车安全与产品质量
13. 技术创新
14. 客户服务
15. 道路安全教育

16. 客户隐私及信息安全
17. 员工基本权益保障
18. 员工健康与安全
19. 员工培训与发展
20. 节能减排
21. 消费者与公众沟通
22. 企业污染和废物管理
23. 绿色环保汽车
24. 应对气候变化
25. 保护生物多样性
26. 增加社会就业
27. 社区沟通
28. 公益慈善
29. 社区建设
30. 员工志愿活动

图 14 - 2　核心议题

（四）启动

现代汽车集团于 3 月召开企业社会责任报告编写启动会，社会贡献部牵头成立报告编写工作组，下属公司协调配合报告编写相关工作。在启动会上对上年度报告存在的不足进行总结和分析，对本年度报告编制工作进行部署，并制定报告编写推进计划，时间周期为 4 个月左右。为了更加深入地了解和学习国内外社会责任动态、知识，把握报告的最新标准，现代汽车集团在 2016 年 CSR 协商会（也称研讨会）上，邀请外部专家，就宏观政策环境、汽车产业社会责任发展情况进行培训，以加深相关人员对企业社会责任工作的认识，并为新一年度报告的撰写打下坚实的理论基础。

（五）编写

现代汽车通过以下方法收集报告编写素材：

- 制定并下发部门资料收集清单；
- 对高层管理者、利益相关方进行访谈；
- 对下属企业进行调研；
- 对企业存量资料进行分析。

现代汽车通过分析产业价值链等方式，梳理出利益相关方列表，识别利益相关方期望，以回应利益相关方关切的问题，包括相关方问卷调查（1000 份）、相关方访谈（电话访谈）、邮件、简报等形式征询。在报告编制方面，报告编制工作小组围绕核心议题制定了报告编制方案、起草报告提纲、收集并分析有关材料、编写报告内容并征求相关方意见、修改完善等，最终经董事会审议通过。

现代汽车 2015 年的社会责任报告包括"责任足迹"、"本地价值"、"经营之道"、"责任之道"、"信赖给顾客品质承诺"、"幸福给员工全面保障"、"共赢给伙伴成长动力"、"环保为生态绿色发展"、"和谐为社区贡献力量"等方面的内容，用图文并茂的形式全面阐述了现代汽车在履行企业社会责任方面的重要举措和情况，并披露了公司相关的业绩指标。

（六）发布

截至目前，现代汽车集团已经连续 3 年发布了企业社会责任报告，在现代汽车集团（中国）2015 社会责任报告发布时，采取网上发布、直接递送、邮件推送、嵌入式发布会、微信公众号等形式，提升公司社会责任传播效果。集团除发布报告电子版、印刷版及视频之外，增加了微信简版的传播方式，用方便的阅读方式将报告呈现给利益相关方。

（七）使用

现代汽车集团上年度印刷中文版 2000 册邮寄给经销商、供应商、集团子公司使用；参加 CSR 行业活动用于会议展示使用；在 4S 店展示使用。

社会责任报告是利益相关方了解企业社会责任履责情况的渠道，也是企业梳理自身的管理工作的参考，可以推动公司社会责任管理的规范化和制度化，有助于加强公司与外部各利益相关方（顾客、员工、合作伙伴、政府、环境、社区）的联系，建立信任，可以作为建设、维持和不断完善利益相关方参与的重要工具。

第十五章 LG（中国）：Life is good

一、公司简介

LG 创立于 1947 年，总部位于韩国首尔，是一家拥有近 70 年历史的大型跨国集团，事业领域覆盖化学能源、电子电器、通信与服务等领域。目前 LG 在全球拥有 250 家子公司，拥有韩国员工 131400 名，海外员工 95000 名。

LG 于 1993 年进入中国，以惠州法人成立为起点，进入中国已有 23 年。通过 20 多年以来全体员工的共同努力，以及生产、营销、研发、人才的本土化与国际化，LG 已经构筑了完善的事业结构，成为集生产和提供高端数字显示、数字家电、移动通信、数字多媒体等产品于一体的，中国最具代表性的消费电子及信息通信企业。中国 LG 旗下姊妹社有：LG 电子、LG 化学、LG Display、LG 双子座大厦、LG 生活健康、LG 商事、LG Hausys、LG CNS、LG 伊诺特、LG 生命科学、HS – Ad、SERVEONE 等。

LG 进入中国市场 20 多年以来，始终以 LG 行动原则"正道经营"为基础，践行"为客户创造价值"和"尊重人的经营"的 LG Way 经营理念，通过不断的技术和服务创新，为中国客户提供最优质的产品和服务。为进一步融入中国，实现自身和社会的可持续发展，LG 在为消费者提供卓越产品和贴心服务的同时，主动承担社会责任，保持与中国消费者的亲密感，通过研发创新、绿色制造、带动社区发展，为建设天蓝、地绿、水清的美丽中国贡献着自己的力量。

表 15 – 1　荣誉

	希望工程 2015 杰出贡献奖
	中国企业社会责任十年见证·典范企业
2015 年企业荣誉	2015 社会责任（CSR）模范企业
	"2015 中国外商投资企业履行社会责任优秀案例" 社区好邻居优秀案例企业
	2015 年建外街道十大优秀志愿服务项目
	"2015 年北京市十佳志愿者" 提名奖（员工志愿者陈茜）

二、责任报告

企业社会责任报告是企业就社会责任议题与利益相关方进行沟通的重要平台。LG 中国自 2014 年发布第一份企业社会责任报告以来，本着客观、规范、透明、全面、真诚的原则，已经连续 3 年发布企业社会责任报告，系统披露公司的社会责任管理理念和在经济、环境、社会等方面的工作绩效。秉持"爱在中国"的理念，坚持"正道经营"的原则，LG 努力践行"为客户创造价值"和"尊重人的经营"的 LG Way 经营理念，不仅致力于通过不断的技术和服务创新，为中国客户提供最优质的产品和服务，而且通过研发创新、绿色制造、带动社区发展，追求市场与环境、社会的和谐共赢，并将责任理念落实到为顾客创造价值、培养本土人才、供应链管理、EESH 体系、应对气候变化、社区支持与融入六大实质议题的实践之中。

2016 年，中国 LG 发布《2015 中国 LG 社会责任报告》，报告以"创·美好生活"、"享·智能生活"、"爱·绿色生活"、"悦·和谐生活"为框架，从责任管理、产品创新、客户服务、绿色环保、供应链管理、人才培养、社会公益等角度，系统披露了公司在 2015 年的履责情况。报告被"中国企业社会责任报告评级专家委员会"评为四星半级，是一份领先的社会责任报告。

中国 LG 将每年度的企业社会责任报告书视为与利益相关方沟通的重要桥梁，通过认真编写社会责任报告，公开透明地向社会披露履责情况，并在公司官网刊登报告电子版，为各相关机构背对背评价提供便利；编制简版报告，披露公司2015 年的履责重点与成效，便于相关方携带阅读，提升传播效率；积极联络企业社会责任专家进行评价沟通，主动提交报告成果，参与外部评价，以进一步提升和改善企业社会责任工作与社会责任报告编制水平。

表 15 - 2　LG 中国社会责任报告发布情况

发布年份	报告名称	报告页数	报告语言	报告版本	参考标准	第三方评价
2014	2013 LG（中国）社会责任报告	70	中文	印刷版、电子版	CASS - CSR 3.0 GRI 3.1 ISO 26000	中国企业社会责任报告评级专家委员会
2015	2014 中国 LG 社会责任报告	82	中文	印刷版、电子版	CASS - CSR 3.0 GRI 4.0 ISO 26000	中国企业社会责任报告评级专家委员会
2016	2015 中国 LG 社会责任报告	64	中文	印刷版、电子版、简版	CASS - CSR 3.0 GRI 4.0 ISO 26000	中国企业社会责任报告评级专家委员会

三、报告管理

LG（中国）不断优化完善企业社会责任推进机制，并最终形成了一个完整的项目周期。

（一）组织

LG（中国）积极探索可持续发展之路，坚持从战略高度认识、部署和推进企业与社会、环境的和谐发展。大力加强和改进社会责任管理，把社会责任管理融入公司战略、企业文化和日常运营，持续提升履责能力，增强价值创造能力，实现优质高效可持续发展，持续提升公司的美誉度和影响力。

1. 社会责任组织体系

中国 LG 建立了覆盖 13 个在华姊妹社的联动社会责任组织体系。2014 年，中国 LG 社会责任委员会成立，研究 LG 社会责任管理的政策、战略和规划等；同时成立中国 LG CSR 事务局，负责 CSR 项目的开展及 CSR 工作的具体落实，各姊妹社均设有社会责任联络人。由 LG 电子对外合作部门牵头开展社会责任相关活动，统筹报告编写。

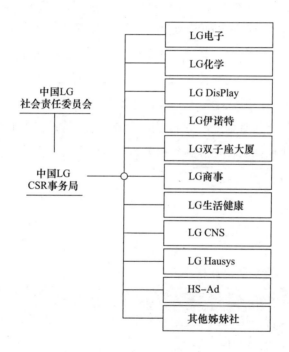

图 15 - 1　组织体系

2. 社会责任组织队伍

中国 LG 建立了较为完善的社会责任组织体系，中国 LG 社会责任委员会由 LG 电子中国法人长李惠雄担任委员长；CSR 事务局覆盖 13 个在华姊妹社，各姊妹社均设有社会责任联络人。社会责任报告编写组由 CSR 事务局牵头成立，各姊妹社联络人负责收集、整理社会责任材料，并对相应部分内容进行审核；高层领导负责报告编写协调、关键节点把控和终稿审定：如 LG（中国）社会责任委员会对报告进行最终审议；LG 电子中国法人长李惠雄担任 LG（中国）社会责任委员会委员长，负责协调报告编制工作；LG 电子对外事务总监单惠德全程参与报告编写，并对报告关键节点进行把关。

（二）参与

中国 LG 高度重视利益相关方的沟通和参与，建立切实有效的沟通体系，从利益相关方的识别到沟通渠道的设计，从议题识别到报告编制再到传播交流，中国 LG 最大程度地吸纳各利益相关方参与，提升参与度，及时了解相关方的需求、建议和意见，充分披露公司的履责实践。

在实质性议题识别阶段，公司广泛邀请内外部利益相关方参与问卷调查，了解相关方关注的议题；在资料搜集阶段，通过召开意见征求会、开展实地调研、访谈、发放资料清单等方式了解各姊妹社年度履责重点及亮点，通过与外部利益相关方的对话，了解其对企业履责的评价、建议与意见；在报告编写阶段，通过简报、邮件等形式征询内、外部利益相关方的审核意见，完善、修改、定稿，并提交第三方评审机构评级。

（三）界定

1. 议题确定流程

- 利益相关方关注点调查与分析；
- 企业发展规划；
- 标杆企业对标分析；
- 国内外 CSR 标准和指南分析；
- 政策研究。

2. 社会责任核心议题

中国 LG 以公司发展战略、企业管理现状和利益相关方关注焦点为基础，依据国内外社会责任报告主流编制依据（GRI G4、CASS－CSR 3.0、ISO 26000）、行业焦点等，通过问卷调查、深度访谈、意见征求会等方法，搜集内外部相关方的意见和建议，并梳理出中国 LG 社会责任议题池。通过建立"利益相关方的关注度"和"对中国 LG 可持续发展的重要性"二维矩阵，对议题进行进一步识别

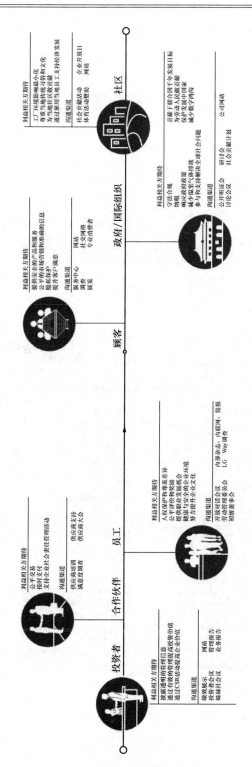

图 15 - 2 利益相关方参与

和排序，确定中国 LG 的社会责任实质性议题分别为正道经营、供应链管理、员工责任、客户责任、政府责任、社区责任及环境责任七大类，为报告编写奠定基础。

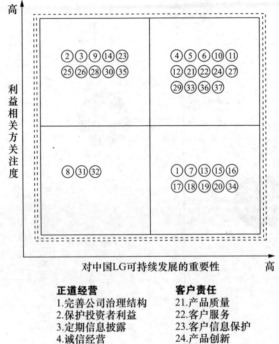

正道经营
1. 完善公司治理结构
2. 保护投资者利益
3. 定期信息披露
4. 诚信经营
5. 公平竞争
6. 反商业贿赂
7. 知识产权保护
8. 反垄断
供应链管理
9. 责任采购
10. 供应商培训
11. 安全生产
12. 供应商审查与管理
员工责任
13. 雇员隐私保护
14. 禁止使用童工
15. 超时加班补偿
16. 薪酬福利
17. 社会保险
18. 民主管理
19. 人才培养
20. 职业病防治

客户责任
21. 产品质量
22. 客户服务
23. 客户信息保护
24. 产品创新
25. 营销合规
政府责任
26. 依法纳税
27. 带动就业
28. 本地化运营
社区责任
29. 公益慈善
30. 社区共建
31. 员工志愿者活动
32. 尊重当地习俗
环境责任
33. 应对气候变化
34. 有害物质管理
35. 电子产品回收
36. 节能减排
37. 工厂环境影响最小化

图 15 - 3　核心议题

（四）启动

中国 LG 通过建立报告编写组，下发报告编写通知，召开报告编制启动会，组织报告编制培训。2016 年 1 月 28 日，召开《LG（中国）2015 社会责任报告》项目启动会，对上年报告进行总结，明确报告编制方案、确定今年合作团队，制定《LG（中国）2015 社会责任报告项目时间进度表》，时间跨度为 2016 年 2 ~ 6 月。

（五）编写

中国 LG 通过以下方法收集报告编写素材：

- 制定并下发部门资料收集清单，通过 OA 系统上传资料；
- 对高层管理者、利益相关方进行访谈；
- 对下属企业开展实地调研，搜集第一手资料；
- 对企业存量资料进行案头分析。

中国 LG 2015 年的企业社会责任报告从正式启动到编写，历时 4 个月。通过对内外部利益相关方的调研访谈及行业对标分析等来确定报告需要披露的核心议题，制定报告编制方案、起草报告提纲、搜集素材，完成报告内容编写后征求相关方意见，进一步修改、完善，并由 LG（中国）社会责任委员会审议通过。

《中国 LG 2015 社会责任报告》围绕"正道经营"、"供应链管理"、"员工责任"、"客户责任"、"政府责任"、"社区责任"、"环境责任"七大核心议题展开，生动展示了中国 LG 2015 年的履责实践和绩效。

（六）发布

截至目前，中国 LG 已经连续三年发布了企业社会责任报告，均采取网络发布的形式，在官网设置社会责任专栏，在醒目位置设置报告链接，方便利益相关方下载和查阅。

（七）使用

中国 LG 在报告发布后对报告编制工作进行了分析和总结，为下一年持续提

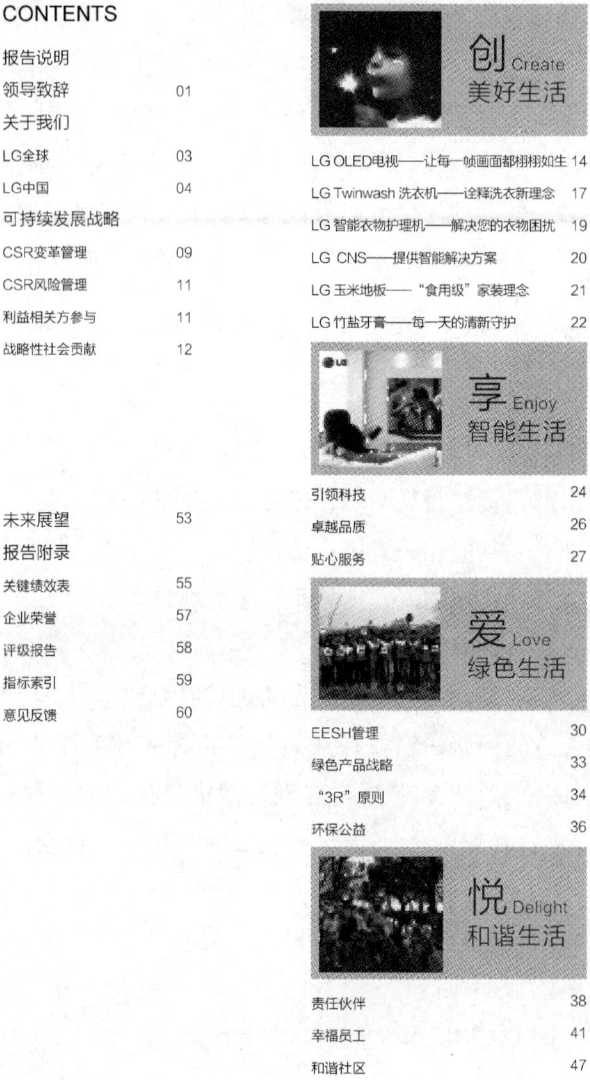

CONTENTS

报告说明
领导致辞 01
关于我们
LG全球 03
LG中国 04
可持续发展战略
CSR变革管理 09
CSR风险管理 11
利益相关方参与 11
战略性社会贡献 12

创 Create
美好生活

LG OLED电视——让每一帧画面都栩栩如生 14
LG Twinwash 洗衣机——诠释洗衣新理念 17
LG 智能衣物护理机——解决您的衣物困扰 19
LG CNS——提供智能解决方案 20
LG 玉米地板——“食用级”家装理念 21
LG 竹盐牙膏——每一天的清新守护 22

享 Enjoy
智能生活

引领科技 24
卓越品质 26
贴心服务 27

爱 Love
绿色生活

EESH管理 30
绿色产品战略 33
“3R”原则 34
环保公益 36

悦 Delight
和谐生活

责任伙伴 38
幸福员工 41
和谐社区 47

未来展望 53
报告附录
关键绩效表 55
企业荣誉 57
评级报告 58
指标索引 59
意见反馈 60

图 15－4 编号程序

升报告质量打下了基础。2015 年的企业社会责任报告在 2014 年的基础上，充分借鉴行业标杆企业的优秀经验，结合中国 LG 的特点和年度履责亮点，在报告之魂和报告之实上双管齐下，将可持续发展理念融入报告编制中，充分阐述公司战略与社会责任的密切关系，回应行业关注焦点，完善企业负面信息披露，从形式、结构、内容三方面进行创新，全面提升报告质量。

中国 LG 鼓励在与利益相关方的沟通过程中使用社会责任报告，例如：发放给各姊妹社；接待外宾或领导出访时用作沟通材料；参加第三方会议时交流展示；在 LG 卖场向消费者展示等，努力提升报告的沟通、交流价值。

第十六章　台达集团：环保、节能、爱地球

一、公司简介

（一）台达集团

台达集团成立于 1971 年，是全球电源供应器与直流无刷风扇产品的领导厂商，并且在多项产品领域亦居世界级的领导地位，其中包括提供电源管理的整体解决方案、视讯显示器、工业自动化、网络通信产品与可再生能源相关产品。台达集团运营网点遍布全球，并在中国大陆、中国台湾、泰国、墨西哥、印度以及欧洲等国家和地区设有制造工厂。作为全球电力电子产业的领导者，台达的经营使命是"环保节能爱地球"，并且长期致力于践行环境保护的承诺，已在多年前实施绿色环保无铅制程、资源回收再利用措施与废弃物管理与处置体系，也加入了"Green Grid 联盟"、"中国绿公司联盟"、台湾"企业永续发展协会"、台湾"企业永续论坛"、"中华公司治理协会"、"中华企业伦理教育协进会"，以及台湾地区"电机电子同业公会"、"台北市电脑商业同业公会"等永续发展相关组织，期许能通过企业可持续发展的推动与落实，对环境及社会做出具体贡献。

（二）台达在中国

台达在中国大陆的发展，起源于南方的珠三角地区，最早可追溯到 1992 年在广东省东莞市石碣镇设立仲权电子厂，同一年在上海投资成立中达电通股份有限公司；其后陆续于天津、江苏、安徽、湖南等地增设新厂，至今已有 20 多年

的历史。目前台达在大陆有广东东莞、江苏吴江、安徽芜湖、湖南郴州四个主要生产基地，23 个研发中心，及环境关联物质分析、精密量测、物性失效分析、焊锡技术、电磁兼容、半导体失效分析、化材分析、质量工程、安规 9 所完善的实验室，其中多数均已取得国家认可；另有分布于全国各地的 52 个运营网点。公司严格遵从中国大陆法律、法规的要求，为台达中国区的员工提供良好的薪酬福利及社会保险，促进当地社会的和谐发展。同时基于人才本土化及决策本土化策略，给予本地人才及团队决策权，储备本地人才，从中选拔并培养熟悉本土市场特色、消费者习惯的高级经营管理人才。

自成立以来台达就以追求高品质及可信赖的产品为首要目标。每一年，台达在大陆的厂区都会获得许多肯定与鼓励，例如多次获得来自 Dell、HPQ、IBM、Intel、Microsoft、NEC、GE、Sony 等合作伙伴颁发的最佳供应商奖项。台达在大陆所有的制造基地都已获得 ISO 9001 与 ISO 14001 国际认证，并采取相同的品质标准与评量系统，目前台达中国区员工总数达 5 万余人。

二、责任报告

（一）报告概览

企业社会责任报告是企业就社会责任议题与利益相关方进行沟通的重要平台。对台达而言，企业社会责任涵盖健全的公司治理、兼顾利益相关方的均衡利益、保护地球环境，以及社会奉献，不仅是致力于营收持续成长、为股东负责，更应结合企业核心能力，在获利的同时对社会与环境做出具体贡献。多年来，台达集团不断提高产品的能源转换效率，为客户减少能源使用量与碳排放量。2010～2013 年，台达已为客户节省了 119 亿度电，相当于 638 万吨二氧化碳排放量。在生产节能方面，2013 年台达每单位产品产值的用电量较 2009 年下降了40%。此外，台达也积极推广绿建筑，台达目前已有 11 栋经过认证的绿建筑，共取得 5 张美国 LEED 绿建筑认证、8 张 EEWH 台湾绿建筑认证。

台达集团自 2005 年开始，每年出版企业社会责任报告，汇整前一年公司治理、环境保护、员工及社会参与等企业社会责任主要面向的活动、进展及具体绩效。2005 年首次发布企业社会责任报告，记录了台湾首座符合 EEWH 九大指标绿建筑的完工；2006 年企业社会责任报告收录了全球首份企业自发制作的"节能绿活图"；此后至 2016 年，集团每年都会发布新的企业社会责任报告，向各利益相关方披露其在年度内的责任管理、责任行为以及责任绩效，促进了各方的沟通交流。2014 年成立"台达中国区企业社会责任委员会"后，每年参照中国社科院《中国企业社会责任报告编写指南（CASS – CSR 3.0)》、国际标准化组织《ISO 26000：社会责任指南（2010)》，在台达中国区网站发布《台达中国区企业社会责任报告》。

台达集团利用每年度发行的企业社会责任报告书，将企业社会责任方面的成果向社会进行积极的展示，并在公司主页刊登电子版，为各相关机构背对背评价方式提供便利。同时，积极联络企业社会责任专家进行评价沟通，主动提交报告成果，参与外部评价，以进一步提升和改善企业社会责任工作和社会责任报告编制水平。

表 16 – 1　台达中国区企业社会责任报告发布情况

年份	报告页数	报告语言	报告版本	参考标准	第三方评价
2014	40	中文	电子版	中国社科院《中国企业社会责任报告编写指南（CASS – CSR 3.0)》国际标准化组织《ISO 26000：社会责任指南（2010)》	中国企业社会责任报告评级专家委员会
2015	67	中文	电子版	中国社科院《中国企业社会责任报告编写指南（CASS – CSR 3.0)》国际标准化组织《ISO 26000：社会责任指南（2010)》	中国企业社会责任报告评级专家委员会

（二）报告投入

台达集团企业社会责任报告采用以内部编制为主，由台达中国区企业社会责任委员会主席及委员监督并指导编写企业社会责任报告书，能源管理、绿色产品/服务、绿色供应链、环安卫、EICC/HR、诚信经营守法合规、社会公益整合推动、碳排放盘查专案组负责资料收集及对应内容的编写。除了内部人员积极参与编写以外，公司还邀请外部社会责任专家为报告编写提出意见或建议。

三、报告管理

（一）组织

1. 社会责任组织体系

目前台达中国区 CSR 委员会，下设能源管理、绿色产品/服务、绿色供应链、环安卫、EICC/HR、诚信经营守法合规、社会公益整合推动、碳排放盘查专案组八个功能小组，部门主管担任功能组成员。

下属企业主要有北京、台北、上海、东莞、芜湖、吴江、郴州等分公司。各功能部门负责资料收集及对应内容的编写，项目组/基金会负责统稿完善。

2. 社会责任制度

台达集团在推进社会责任实践的过程中，社会责任制度体系不断完善。由台达中国区企业社会责任委员会主席及委员监督并指导编写企业社会责任报告书，同时定期召开委员会会议。在工作过程中台达集团始终秉承希望将可持续发展的 CSR 理念转化为实际行动，用实际行动回馈社会的理念。

3. 社会责任组织队伍

企业社会责任委员会为台达内部最高层级的企业社会责任组织，自 2016 年 1 月 1 日起由王治平先生担任台达中国区 CSR 委员会主席，各地区主管担任委员，相关部门主管担任功能组成员，共同推动中国区的企业社会责任工作的执行及报告的编写。

企业社会责任委员会下设幕僚机构与执行单位，其中"企业社会责任办公室"担任秘书处，负责研析国际可持续发展趋势、了解利害关系人需求以提出台达在相关议题上的风险与机会，并与各功能委员会共同规划应用策略及执行方案。另一幕僚机构台达集团文教基金会，主要负责对外部小区及非营利组织的沟通互动，特别聚焦于环境保护、科技创新与教育推广等议题。

在执行面上，共设立 EICC（电子行业行为准则）、绿色产品暨供应链管理及绿色营运三个功能委员会，由事业单位、地区及相关部门主管所组成，负责拟定台达政策、制定方针、开发工具/流程，并回报执行绩效。各委员会下设立不同主题之工作小组，就相关议题进行跨部门的整合及执行推动。

（二）参与

沟通是一座桥梁，是建立合作关系的重要基础，及时有效的沟通可以使得利益相关方充分地了解企业履责的基本情况，便于利益相关方起到监督作用。与利益相关方的沟通是实践企业社会责任的基础。身为企业公民，台达通过多元的渠道与利益相关方沟通，了解他们的需求并实时响应。台达通过以下与利益相关方沟通的渠道，并结合实质性分析，甄别出对利益相关方及台达最重要的议题，采取相对应的必要措施，以此强化信息披露内容。

各个环节加入利益相关方的考虑更能增强企业社会责任的核心理念。台达集团在工作过程中，建立利益相关方清单，识别利益相关方的合理期望，同时邀请利益相关方参与到企业社会责任报告的编写过程中。邀请利益相关方参与到企业社会责任报告的编写过程主要分为两个环节，第一个环节的主要内容是开展利益相关方调查工作，及时了解利益相关方反馈意见，开展客户满意度调查等；第二个环节的主要内容是组织相关方意见征求会、问卷调查相关方意见、内外部相关方访谈、渠道商培训并反馈意见等，并以邮件等形式告知。

经过甄别，与台达运营相关的利益相关方包括客户、供应商、投资人（股东）、政府、社区、媒体、产业协会、非营利组织、研究机构及员工等。台达企业社会责任委员会考虑国内外可持续议题发展趋势及运营需求，识别出主要的利益相关方为员工、客户、供应商、投资人（股东）及社区。

表 16 - 2　参与方式

沟通对象	沟通渠道	频率	主要议题	台达回应
员工	员工主管交流会	每季	厂区生活环境改善建议 工作环境与作业安全改善建议	台达定期办理庶务满意度调查 厂区定期安排作业环境监测
	员工满意度调查	每年	中国大陆及台湾地区员工敬业度调查	针对中国大陆及台湾地区敬业度调查落后三个指标，邀请事业单位及厂区研拟改善行动方案并于2016年落实执行

续表

沟通对象	沟通渠道	频率	主要议题	台达回应
客户	客户 EICC 稽核	每年	EICC 第三方稽核时程及结果（EICC VAP） 中国厂区工时管理讨论	台达中国厂区以每周 60 小时为目标，逐步完善工时管理
供应商	供应商会议	每年	台达《环境关联物质管理规范》技术标准定义及实验室可对外提供之服务能量 供应商工厂流程管理强化讨论	台达依据国际规范及客户要求制定绿色物料相关管理办法 台达可提供自身改善经验或邀请供应商分享优秀案例
投资人	法说会	每季	未来成长策略	台达将通过并购加速成长 台达持续投入研发及新事业发展
社区	台达绿建筑参访	不定期	电梯、照明、空调等节能方案 推广行业节能减排的合作方案	台达持续纳入产业需求，积极开发整合性节能解决方案

（三）界定

1. 议题确定流程

- 确定报告的组织范围；
- 界定报告的实质性议题；
- 确定实质性议题的识别方法。

2. 社会责任核心议题

台达集团紧跟国际标准化组织《ISO 26000：社会责任指南（2010）》和中国社科院《中国企业社会责任报告编写指南（CASS - CSR 3.0）》等国内外标准倡议，结合企业自身实践内容、考虑利益相关方普遍要求，开展企业社会责任核心议题的甄别与筛选工作，根据实质性分析结果，结合利益相关方及台达自身，最终将最重要的议题确定为：气候变迁、创新研发、人才培育与教育训练、绿色运营、客户关系管理、品牌管理、供应商管理等部分。台达除在报告书针对这些议题加强说明外，也会在 CSR 委员会中，讨论未来策略。

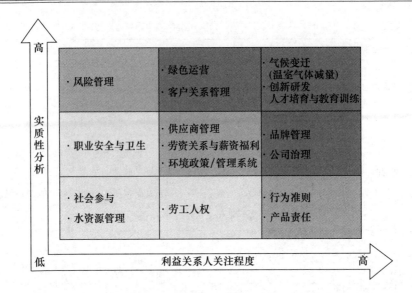

图 16 - 1　台达集团社会责任核心议题

（四）启动

台达集团企业社会责任报告以年度报告的形式呈现，每年年末对一整年履行企业社会责任的状况加以总结。台达集团企业社会责任报告启动工作主要分为3个部分：第一部分是启动会。2016 年 1 月 6 日于上海召开台达中国区企业社会责任培训暨 2015 年报告编制启动会，启动大会正式宣布当年企业社会责任报告工作拉开序幕。第二部分是项目进程计划。撰写制定《台达中国区 2015 年企业社会责任报告编制工作计划》，对当年度企业社会责任报告工作进行详细的规划。第三个部分是报告撰写培训及讨论会。针对报告编写进行专业培训，培训会后由中国区企业社会责任委员会与各功能组召开多次功能小组会议讨论各部分内容的编写。

（五）编写

台达集团主要通过以下方法收集报告编写素材：

● 台达中国区企业社会责任委员会下发资料清单，通过邮件及中国区内部网站进行资料收集汇总；

● 借助信息化平台，如能源管理平台，结合 Delta Energy Online，显示每月各地区电力密集度，追踪每月各厂节能方案执行进度；

● 访谈众多部门主管及相关人员，特别召开企业社会责任委员会会议，征询高层主管意见并邀请高层领导进行现场交流。

台达集团根据实质性分析结果，结合利益相关方及自身需求，以内部网站监测、座谈会等形式收集资料。在报告编写方面，结合前期中国区企业社会责任委员会与各功能组召开多次功能小组会议讨论出的各部分内容编写框架，分析收集到的资料。完成初稿后需要经过多次修改定稿及报告结构调整完成最后定稿。

台达集团 2015 年社会责任报告内容包括"高层领导致辞"、"CSR 剪影"、"公司介绍"、"台达与企业社会责任"、"对创新的承诺"、"对环境的承诺"、"对伙伴的承诺"、"对未来的承诺"等方面的内容，用图文并茂的形式全面阐述了台达集团在履行企业社会责任方面的重要举措和情况，并披露了公司相关的业绩指标。

（六）发布

采用网上发布、直接递送、邮件推送及嵌入式发布会相结合的方式。报告采用 PDF 格式以网页版的形式加以传播。对内通过新闻、邮件等形式告知员工报告已经发布；对外通过外部活动让相关方了解报告发布情况。

（七）反馈

在报告发布后对报告编制工作进行分析和总结，为下一年持续提升报告质量打下基础。报告同时引用第三方评价机制，根据第三方机构的评价建议，2016 年将在平衡性方面进行改进，增加供应商风险的案例及数据。2015 年在报告编制的过程中发现对标企业的作用体现不足，2016 年在报告编写前期，针对国内外行业发展趋势、社会关注热点等进行更详细对标，并将目标内容落实到各项指标。

专项报告篇：
中国企业社会责任专项报告优秀案例

近年来，随着"十三五"规划、"一带一路"等国家发展战略的提出和实施，"五大发展理念"、"精准扶贫"、"走出去"等逐渐成为社会热点议题，这促使企业不断思考如何将企业自身的可持续发展与社会的发展进步相结合。因此，如何将社会热点议题融入企业发展之中，把新议题作为企业实现可持续发展的内生动力推动了一大批优秀企业进行积极尝试和努力实践，形成了各自的优秀案例和特色实践。企业对专项热点议题的高度重视，社会对这些议题的高度关切，促使各专项社会责任报告不断产生，这种更具实质性的披露形式，正推动着社会责任信息披露向纵深发展。

本篇在辨析相关热点议题的基础上，选取了中国石化、中国华电和中国电建这3家优秀企业分别在贯彻落实精准扶贫、低碳发展、"一带一路"等国家战略方面的特色实践和典型案例，以为其他企业在相关方面的实践提供借鉴和参考。

第十七章 中国石化：聚力扶贫，共创幸福

——《中国石化精准扶贫白皮书（2002～2016）》

一、编制背景

消除贫困，改善民生，实现共同富裕，是社会主义制度的本质要求，是我们党的重要使命。改革开放以来，我国大力推进扶贫开发，特别是随着《国家八七扶贫攻坚计划（1994～2000年）》和《中国农村扶贫开发纲要（2001～2010年）》的实施，使得7亿农村贫困人口摆脱贫困，取得了举世瞩目的伟大成就，谱写了人类反贫困历史上的辉煌篇章。但我国仍处于社会主义初级阶段，经济社会发展总体水平不高，区域发展不平衡问题突出，制约贫困地区发展的深层次矛盾依然存在。扶贫对象规模大，相对贫困问题凸显，返贫现象时有发生，贫困地区特别是集中连片特殊困难地区发展相对滞后，扶贫开发任务仍十分艰巨。

2015年11月，中央扶贫工作会议在京召开，吹响了以习近平总书记为核心的党中央脱贫攻坚冲锋号，确保到2020年稳定实现农村贫困人口不愁吃、不愁穿，农村贫困人口义务教育、基本医疗、住房安全有保障；同时实现贫困地区农民人均可支配收入增长幅度高于全国平均水平，基本公共服务主要领域指标接近全国平均水平。脱贫攻坚已经到了啃硬骨头、攻坚拔寨的冲刺阶段，必须以更大的决心、更明确的思路、更精准的举措、超常规的力度，众志成城实现脱贫攻坚目标，决不能落下一个贫困地区、一个贫困群众。

精准扶贫、精准脱贫，重在提高脱贫攻坚成效。要在精准施策上出实招、在

精准推进上下实功、在精准落地上见实效。精准施策，重点解决"扶持谁"。确保把贫困人口、贫困程度、致贫原因弄清楚，以便做到因户施策、因人施策。精准落地，统筹安排"谁来扶"。加快形成中央统筹、省（自治区、直辖市）负总责、市（地）县抓落实的扶贫开发工作机制，做到分工明确、责任清晰、任务到人、考核到位。动员全社会力量广泛参与扶贫事业，重视发挥广大基层干部群众的首创精神，通过辛勤劳动改变贫困落后面貌。精准推进，全面落实"怎么扶"。按照贫困地区和贫困人口的具体情况，实施"五个一批"工程，即发展生产脱贫一批、异地搬迁脱贫一批、生态补偿脱贫一批、发展教育脱贫一批、社会保障兜底一批。

中国石化自成立以来，积极履行社会责任，响应党中央、国务院的号召，认真贯彻落实国家扶贫开发政策，致力于扶贫开发事业。尤其是 2002 年以来，中国石化承担国家对口支援及新一轮定点扶贫工作，对口支援西藏、青海和定点扶贫安徽、湖南、新疆、甘肃国家级扶贫开发重点县，取得了较好成效，获得了社会的广泛认可和赞誉，提升了公司品牌美誉度。为系统梳理公司扶贫开发工作，向社会展示公司扶贫开发工作成果，中国石化编制了《中国石化精准扶贫白皮书（2002~2016）》（以下简称《白皮书》），亦是首份央企开展精准扶贫工作的白皮书。

二、编制思路

中国石化于 1988~2015 年承担了 11 个县（市）的对口支援及扶贫开发任务，积极配合当地政府，与贫困地区群众同甘共苦，切实帮助贫困地区实现有效脱贫，促使经济社会发展成果真正惠及于民。在此基础上，总结提炼公司扶贫工作的理念与核心，确定了"聚力扶贫，共创幸福"的《白皮书》主题，彰显了中国石化负责任有担当的央企形象。

此外，结合中国石化对口支援及定点扶贫工作实际，《白皮书》从"管理篇：明确方向，严谨细实"、"实践篇：倾情帮扶，共同致富"、"人物篇：勤勉互助，风雨相伴"三个方面搭建主体框架，全面呈现公司在扶贫管理、扶贫实践与扶贫干部职责的做法与成效。

三、主要内容

扶贫减贫，勇担使命。主要从"图说扶贫十五年"、"数说扶贫十五年"、"众说扶贫十五年"三个方面来阐述中国石化在 2002～2016 年 15 年间对口支援及定点扶贫的重点工作成效，包含帮扶凤凰县、岳西县、泸溪县发展红心猕猴桃种植产业，援建西藏海拔最高的小学——班戈县中石化小学以及布楞沟通村硬化路等公司扶贫开发工作的标志性项目及工程，扶贫投入、扶贫项目数等关键绩效数据以及所获得的成就和荣誉。

管理篇：明确方向，严谨细实。责任源于使命，成于管理。自承担扶贫开发任务以来，中国石化成立了由党组领导担任组长的对口支援及扶贫工作领导小组，负责扶贫工作的总体决策和部署。领导小组下设办公室，由油品销售事业部扶贫办公室归口管理，负责扶贫工作的整体统筹与推进。其他有关部门等相关领导担任小组成员，承担相应职责。同时，选派扶贫干部到贫困地区任职和挂职，共同推进扶贫项目的开展。

在精准扶贫工作推进中，中国石化重点围绕基础设施建设、产业帮扶、支持教育、劳务培训、医疗健康、提供平台等领域开展扶贫开发工作，坚持"六个精准"扶贫理念，坚持"输血"和"造血"扶贫方式相结合，高效推进精准扶贫。

实践篇：倾情帮扶，共同致富。1988 年开始，中国石化承担安徽颍上县、江西宁冈县和甘肃庄浪县、渭源县的定点扶贫任务。2002～2015 年，中国石化承担了国家对口支援及新一轮定点扶贫工作，对口支援西藏、青海和定点扶贫安徽、湖南、新疆、甘肃国家级扶贫开发重点县。1988 年以来，中国石化全系统累计投入扶贫资金 11.61 亿元。2000～2015 年，中国石化累计投入对口支援资金 3.39 亿元，定点扶贫资金 3.48 亿元。

《白皮书》主要从"援青援藏，共绣爱的霓裳"、"定点扶贫，齐心铸就辉煌"、"千帆竞发，聚力谱写新篇"构建框架，全面展示中国石化在援青援藏和定点扶贫县开展扶贫开发工作的成果。并设置"海拔最高的援藏小学助力梦想起飞——班戈县中石化小学"、"通往幸福的迷人大道——东乡县布楞沟村的路通了"、"产业帮扶点亮希望——当'红心猕猴桃'遇上'易捷'"三大专题，重点描述中国石化在支援教育、基础设施建设以及产业帮扶方面的特色实践。

推进产业帮扶，提升"造血"功能。为增强贫困地区社会经济的可持续发展能力，中国石化着力帮扶贫困地区发展特色产业，并充分发挥易捷销售平台优势，帮扶销售特色农产品，以销售带动生产。

2012～2015年，中国石化投入资金共800万元，在湖南凤凰县、泸溪县和安徽岳西县帮扶开发红心猕猴桃种植产业2910亩，并充分利用所属的零售网络——易捷便利店，让红心猕猴桃走进千家万户。如今，红心猕猴桃产品已远销北京、安徽、广西、广东、湖北、浙江、湖南等省市。2015年，中国石化帮扶成立的凤凰县"古城红心猕猴桃农民专业合作社"，通过种植红心猕猴桃，实现盈利800余万元，农户的人均收入由原来的1500元提高到20000元左右。凤凰县农户黄前友，自2012年种上了红心猕猴桃，2015年净赚12万元，建起了两层300平方米的大楼房。2013年，习近平总书记在湖南品尝红心猕猴桃，并夸赞说"味道很好，口感很好"。

为助推西藏地方经济社会发展，中国石化积极支持西藏开发水产业，并于2014年8月与西藏高原天然水有限公司达成战略合作协议，携手共同开发"易捷·卓玛泉"，并充分利用易捷便利店网络销售优势，将"卓玛泉"带进了千家万户。如今，水产业已成为西藏经济的支柱型产业，卓玛泉作为西藏水产业的典型代表，截至2016年8月，"易捷·卓玛泉"销售产值达3.7亿元，有效促进了区域经济发展。2015年，"易捷·卓玛泉"成为2015年北京世锦赛官方唯一指定用水。

此外，中国石化扶持凤凰县产业发展，帮扶古双云村"稻香鱼"项目基地扩建至150亩；在中国椪柑之乡——湘西州泸溪县帮扶开发椪柑种植产业，目前泸溪县椪柑开发超过20万亩，年产值达到1.6亿元；岳西县山水间种养专业合作社实现年人均增收5000～16000元。

完善基础设施，兴建民生工程。基础设施落后是制约贫困地区社会经济发展的首要因素，也是阻碍当地人民脱贫致富的关键问题。中国石化从修建通村道路，实施入户饮水工程、水利工程、安居工程等方面不断改善贫困地区的生产生活条件，有效解决当地行路难、喝水难、灌溉难、居住难等民生问题。2002～2015年，中国石化定点扶贫县共修建通过道路594千米，同时涌现出一个个"明星"项目：东乡县长20千米、宽5米的布楞沟通村硬化路仅用64天就完成了建设，并根据崎岖地形，在所有危险路段按标准加上了3000多个防护栏，以保障行车安全，有效解决了整个布楞沟流程6个乡镇22个村的群众出行难问题；东乡县人饮入户工程的实施改变了当地用车拉、靠驴驮、靠人背的吃水历史；凤凰县"千麻公路"的建成惠及当地3个乡镇11个村19个苗寨，有效带动了当地旅游业的发展，年旅游人次达20万以上，旅游收入达400多万元，苗族群众亲切地把千麻公路称为"石化路"、"幸福路"、"致富路"；颍上县南照镇村级敬老院的建成为当地贫困老人和"五保户"提供了舒适的生活环境，这也是中国石化扶贫建设的第一座敬老院，当地人赞扬这是安徽阜阳地区最好的村级敬老院；西藏牧民安居工程和照明工程的实施改变了原先人均居住面积不足10平方米的状况，为高原牧民群众带来了温暖和光明；青海茫崖花土沟镇文化路综合市场为促进当地经济发展、提升居民生活质量发挥了重要作用。

支持教育发展，培育智力资源。中国石化始终坚持"扶贫先扶智"的理念，从援建学校、支持硬件设施、设立"中石化助学金"等方面帮扶贫困地区发展教育事业。中国石化投入资金7200余万元，建设海拔最高的援藏小学——班戈县中石化小学，基本解决了全县小学四年级至六年级学生集中就学的问题，扭转牧民对子女的上学态度由"劝学"改变为"求学"，成为那曲地区牧区集中办学的典范。设立总规模200万元的"中国石化助学基金"，至今共帮助近500名品学兼优的贫困家庭的孩子完成学业。2002～2015年，中国石化在定点扶贫县修建学校60所，改善了当地教育水平；资助贫困生12107名，其中不乏考上清华、北大的优秀学生。

注重劳务培训，增强内生动力。中国石化实施了内容多样的劳务技能培训，增强贫困地区群众的自我发展能力。2002～2015年，中国石化在西藏班戈县投入资金600万元左右，实施医疗、教育、职业技能和干部培训等，至今仍有藏族同胞在西藏的中国石化加油站工作；在定点扶贫县举办各种培训班227期，培训53945人，帮助贫困县输出劳务工6997人，助力实现"输出一人、脱贫一户"的目标。

关注医疗健康，提升医疗水平。中国石化在定点扶贫县建设村级卫生室，帮助改善当地医疗水平；2015年，中国石化启动班戈县医院建设项目，拟投资3500万元，实施班戈县医院标准化建设，提高医疗服务质量，改善患者的就医环境，以达到"小病不出村、大病不出县"的目标。

人物篇：勤勉互助，风雨相伴。主要阐述中国石化扶贫干部的事迹。2002～2016年，中国石化累计派驻援青干部3批3人，援藏干部8批16人，定点扶贫县挂职干部13批56人，共75人。他们坚守扶贫一线，默默奉献，不断创新，促使扶贫成果切实惠及于民。此外《白皮书》设置了"在格桑花盛开的地方——援藏干部的使命与责任"专题，以展现援藏干部在雪域高原不畏艰苦、坚守一线、默默奉献的精神和工作成效。

四、编制流程

《白皮书》的编制遵循全流程质量管理。前期分析研究国家扶贫政策、对标优秀企业扶贫专题报告等，了解当前国家扶贫开发重点方向和借鉴优秀的信息披露经验。访谈油品销售事业部、征求社科院专家等相关方的意见，上报公司高层领导审阅，促使《白皮书》内容更加科学。

五、沟通与传播

《白皮书》的编制注重同相关方的沟通，积极倾听相关方对中国石化扶贫工作的看法。如《白皮书》引用了51位政府、贫困地区村民、受助学生、媒体代表等相关方对中国石化扶贫工作的评价。

为进一步提升《白皮书》的传播效果，采用"线上"和"线下"两条传播路径。结合"互联网＋"传播优势，制作《白皮书》H5版和《中国石化精准扶贫专题总结片》，且将通过中国石化微博、微信公众号，以及网络平台积极传播H5版和专题片，扩大传播范围和渠道。于2016年10月14日在北京总部召开

"中国石化精准扶贫白皮书"专项发布会，邀请国务院扶贫办领导、国资委扶贫办领导、社科院专家、扶贫县挂职干部、扶贫县受益农户代表及广大媒体等利益相关方参会。2016 年 10 月 30 日，在首届中国社会百人论坛暨蓝皮书发布会上，中国石化对《白皮书》进行了二次发布，扩大了《白皮书》影响力。

第十八章　中国华电：绿色华电　低碳先行
——《中国华电"十二五"温室气体排放白皮书》

一、公司简介

中国华电集团公司（以下简称"中国华电"、"公司"）于 2002 年底国家电力体制改革时组建，主营业务为电力生产、热力生产和供应，以及与电力相关的煤炭等一次能源开发和相关专业技术服务。公司成立以来，顺应时代发展进步潮流，践行"创新、协调、绿色、开放、共享"的发展理念，融入能源"四个革命、一个合作"，坚持企业与环境、社会的协调发展，致力于创造更大的经济、社会、人文价值，做有责任的优秀企业公民，不断推进可持续发展。目前，公司资产总额 7589 亿元，发电装机 1.37 亿千瓦，约占中国电力装机的 1/10，控股煤炭年产能 6500 万吨，管理金融资产 3700 亿元，资产分布在全国 32 个省（区、市）以及俄罗斯、印度尼西亚、柬埔寨等多个国家和地区，年销售收入 2000 亿元，主要经营指标位列中国同类企业前列，在世界 500 强中排名 331 位。

中国华电始终将履行社会责任纳入公司治理，融入公司战略，落实到企业生产经营发展各个环节，构建实施社会责任行动体系，持续深化社会责任实践，不断创新社会责任管理，自 2008 年起连续 9 年发布社会责任报告，社会责任意识从应景走向自觉，社会责任内容由单项拓展至多元，社会责任建设由总部落地基层，社会责任管理由活动转向常态，社会责任传播由简单升至全面。公司在中国社科院发布的社会责任发展指数排行榜中的排名，从 2009 年上榜之初的第 23 名攀升至 2016 年的第 2 名，先后荣获"联合国全球契约中国企业典范实践奖"、

"全球契约社会责任管理与报告最佳实践"、"金蜜蜂社会责任领袖型企业奖"、"中国十大绿色技术创新""青年态度·大型企业社会责任评价最佳责任报告奖"等 20 多项荣誉。

二、编制背景

当前，应对气候变化是世界共同关注的发展主题。2015 年 6 月和 9 月，《中欧气候变化联合声明》、《中美元首气候变化联合声明》相继发布，我国主动携手国际社会坚定推进落实气候政策、加强双边协调与合作、推动可持续发展。近年来，我国碳减排工作力度不断加大，成效显著。《国家"十三五"规划纲要》确定"单位 GDP 能源消耗年均累计下降 15%、单位 GDP 二氧化碳排放年均累计下降 18%"。今年金秋 9 月，在 G20 杭州峰会上，中美两国共同宣布完成《巴黎协定》国内程序，将《巴黎协定》批准文件交存联合国。习总书记在峰会期间多次表示，中国要落实联合国 2030 年可持续发展议程，在绿色发展和可持续发展方面做出中国自有的独特贡献，特别强调"共同构建绿色低碳的全球能源治理格局，推动全球绿色发展合作"。

电力行业是温室气体排放控制的重点行业，二氧化碳排放量占未来全国碳排放权交易市场二氧化碳总量的 80% 以上。中国华电始终把绿色低碳作为公司发展的基本准则，扎实推进"绿色发展"行动：一方面，优化电源结构，发展高参数、大容量、环保型火电，大力发展水电，积极发展风电、核能、太阳能等新能源，因地制宜建设分布式能源，努力提高清洁能源发展比重和传统化石能源转化效率；另一方面，大力推进科技创新，运用先进技术保护生态环境、推进节能减排，积极建设生态文明，实现低碳、循环、绿色发展，全面建设环境友好型、资源节约型企业。

为响应国家应对气候变化的要求，中国华电于 2016 年 3 月启动《中国华电"十二五"温室气体排放白皮书》（以下简称《白皮书》）编制工作，历时 3 个月，《白皮书（中文版）》在"中国华电 2016 可持续发展发布会"上正式向公众发布，主动向社会披露温室气体排放的成效和计划，彰显矢志绿色低碳发展的责任担当和知行自觉。2016 年 10 月 30 日，《白皮书（英文版）》在"首届中国社会责任百人论坛"与公众见面。

图 18 - 1　《白皮书（英文版）》在"首届中国社会责任百人论坛"发布

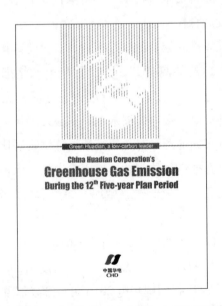

图 18 - 2　《白皮书（中文版）/（英文版）》

三、报告内容

《白皮书》表达了中国华电应对气候变化的实际行动和庄严承诺，旨在呈现中国华电在推进低碳减排工作中的一些新成效、新方法和新思路，彰显中国华电践行绿色发展、生产绿色电力的责任、决心和努力。主要内容包括以下四个方面：

（一）全面加强碳排放管理

一是建立管理体系。公司总部专门设立碳排放管理部门，加强碳排放工作的组织领导和日常管理。

二是完善机制平台。制定颁布《发电企业温室气体排放统计核算管理办法》，建立自下而上的三级报送体系，建设运行碳排放电子报送系统。编制印发《CCER 项目备案指导计划》，积极、稳健推进国内自愿减排备案工作。公司所属的贵州北盘江董箐发电厂自愿减排项目是迄今全国装机容量最大、计入期内预计减排量最多的 CCER 项目，年减排量共计 1150 万吨。

三是强化能力建设。在全系统组织进行国内碳排放权交易政策及市场建设讲座，组织开展集中、分区和现场培训，培训人员 1500 人次，积极培育系统内机构和单位参与碳市场业务，构建自身完整的碳产业链。

（二）大力实施碳减排行动

一是坚持绿色低碳发展优化电源结构。发展高参数、大容量、环保型煤电项目，大力发展水电和风光电，因地制宜建设燃气发电机组。2015 年底清洁能源装机容量达到 5000 万千瓦，占全部装机容量的 37%。"十二五"期间，公司通过优化电源结构实现减排二氧化碳 1.5 亿吨。

二是加大节能减排力度。2015 年底，公司供电煤耗完成 305.2 克/千瓦时，"十二五"期间供电煤耗累计降低 22 克/千瓦时，减排二氧化碳约 5482 万吨。公司所属句容发电公司 2 号机组供电煤耗 277.90 克/千瓦时，在国资委发布的 2015

年度中央企业常规燃煤火电机组能效对标中排名第一。公司在"十二五"期间减排二氧化碳5482万吨。

三是积极参与碳交易。公司被国家纳入碳交易试点的9家企业均按时完成了排放报告、核查、交易及履约，实现碳排放履约率100%。

（三）"十二五"碳排放绩效显著

全面开展碳盘查工作，摸清碳排放家底，引入第三方核查机构，依据最新国家标准，对公司108家火电企业、314台机组（总装机9644.4万千瓦）2010~2015年的碳排放情况进行了全面现场盘查。盘查结果表明：

一是碳排放总量增长明显低于供能水平增长。2010~2015年公司装机容量、供电量和供热量平均增幅分别为8.9%、6.25%和11.18%，而碳排放总量平均增幅仅为3.09%，明显低于供能水平增长。

二是碳排放强度指标持续下降。2015年单位供电碳排放强度比2010年降低16.8%。

（四）"十三五"碳减排潜力巨大

"十三五"期间，中国华电将继续加大碳减排力度，规划到2020年清洁能源装机占总装机比重较"十二五"末提高5个百分点，达到42%；计划减排二氧化碳1.28亿吨，其中结构优化贡献减排量约占86%，节能降耗贡献约占14%。

四、报告亮点

（一）可读性，让专业报告更亲民

《白皮书》以通俗化、交流式的语言风格讲述专业的电力碳排放知识，直观披露企业低碳管理措施、行动实践以及碳排放数据信息，《白皮书》中多次采用"科普小知识"等方式增强可读性，提升阅读者参与感，拉近了电力行业与公众的距离。

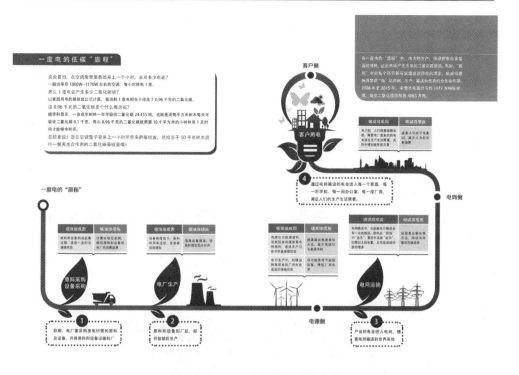

图18-3　一度电的低碳"旅程"

（二）系统性，让沟通体系更完善

中国华电自2008年起连续9年发布社会责任报告，2011～2013年，陆续发布《中国华电水电发展报告》、《中国华电分布式能源报告》以及《中国华电城镇供热报告》三份产品报告。2015年，发布国内首份温室气体排放报告、首届优秀社会责任案例集和责任品牌实施战略手册，更加完善了企业报告沟通体系，拓宽对话领域，回应利益相关方需求。

（三）引领性，让企业形象更积极

《白皮书》是国内企业首次公开发布的第一本聚焦企业碳排放的专项报告，为中国华电树立了更为积极的企业形象，同时对其他企业起到了模范引领作用，得到了政府、媒体、公众等社会各界的高度关注。

2016年6月6日，中国华电召开可持续发展发布会，公开发布《白皮书

（中文版）》，国家发改委气候司副司长蒋兆理在发布会上的讲话中指出"这是我国企业温室气体排放朝着数据公开、透明、可靠的方向迈出的坚实一步，彰显了中国企业在全球低碳减排进程中求真务实、敢于担当、积极作为的良好形象，彰显了'中国华电　度度关爱'责任品牌的公信力、传播力和影响力。"

　　2016年10月30日，《白皮书（英文版）》在"首届中国社会责任百人论坛暨企业社会责任蓝皮书2016发布会"上正式发布，国务院国资委新闻中心主任毛一翔在会议上的讲话中指出："华电温室气体报告以及华电度度关爱责任品牌实施战略，我感觉这两个小的单项报告很有意思。这种传播既规范化，也具有一定差异化、特色化。形成'1＋N'报告模式，'1'是规范化的报告，'N'是差异化的小的报告、系列报告，可能对传递企业社会责任的情况更有利。"

图18－4　《白皮书》得到了国务院国资委新闻中心主任毛一翔的高度肯定

（四）传播性，让社会各界更关注

《白皮书》的发布得到了多家媒体关注，作为主流媒体的新华网在中国华电可持续发展发布会当天上午 10 时进行了现场直播报道，随后新华社、人民网、光明网、中国经济网、《中国能源报》、《能源》杂志等网络和纸质媒体分别进行了报道和转载。截至 2016 年 6 月 12 日 8 时，共监测到原创及转载报道 833 条，其中主要网络和纸质媒体首发 15 条，转载 390 条；微信首发 7 条，转载 421 条。媒体报道特点如下：

1. 主流媒体关注度高

中央及行业主流媒体近 20 家参与了此次报道，新华社、新华网、人民网、光明网等媒体第一时间进行了报道。新华网进行了现场直播，传播速度快、范围广、影响大。据监测，6 月 6 日共发布相关信息 143 条，6 月 7 日 324 条。据了解，后续《人民日报》、中国新闻社、《经济日报》、《光明日报》、《中国环境报》、《中国能源报》等媒体还将陆续进行报道。

2. 新媒体助推影响

会后，中国华电集团官微、集团网站第一时间进行了专题报道，国资委、中国新闻社、《中国能源报》、《中国电力报》等中央和行业媒体公众号也分别作了专题报道，转载和阅读量纷纷超越网络媒体，形成了全方位、立体式、多角度的报道格局，度度关爱的形象深入人心。

3. 赢得各方积极评价

各媒体肯定了中国华电连续 9 年发布社会责任报告、4 次率先发布专项报告，社会责任指数名列央企前列。各媒体还重点报道了中国华电率先在国内发布温室气体排放报告，剖析部委相关领导和集团公司主要领导的观点，并通过大量翔实的数据，客观展示了中国华电作为央企的责任与担当。

华电责任路，度度关爱情。中国华电通过多年实践深刻地认识到，履行社会责任既是党和人民寄予央企的重要使命，更是企业可持续发展的核心要义。中国华电坚持将社会责任融入可持续发展战略实施，以担当责任增添发展动力，以持续发展肩负责任使命，相得益彰，相互促进，不断超越，打造华电特色责任品牌，开创了华电特色发展道路。

未来，中国华电将继续以"中国华电　度度关爱"责任品牌实施战略和

"璀璨你我"、"绿色家园"、"携爱伙伴"、"聚善公益"为主要内容的"4C"责任行动计划为指引，全面塑造"中国华电 度度关爱"责任品牌形象，不断提升社会责任建设管理水平，努力成为社会责任管理体系完善的优秀企业，引领行业履行社会责任的优秀企业，履行社会责任具有国际影响力的优秀企业，以负责任的品牌形象赢得尊敬与合作，促进提质增效转型升级，实现可持续发展。

第十九章　中国电建：电惠赞比亚，建筑非洲梦
——《中国电建赞比亚可持续发展报告》

一、编制背景

2013 年，我国领导人出访中亚和东南亚期间，先后提出了共建"丝绸之路经济带"和"21 世纪海上丝绸之路"（简称"一带一路"）的战略构想，得到国际社会高度关注。为应对全球经济一体化，推进"一带一路"倡议落地实施，增强与沿线国家互联互通，实现区域经济共同发展繁荣，国家鼓励中资企业负责任地走出去、融进来、扎下根。

随着"一带一路"倡议的提出，中资企业走出去步伐加快，国际化运营进一步深化。与此同时，企业社会责任越来越成为国际社会共同关注的焦点。一方面，东道国要求中资企业履行社会责任，国际社会期待中资企业履行社会责任；另一方面，中资企业要走出去并在东道国扎下根，就必须要融入当地，积极履行社会责任，致力于与东道国共同发展，创造共享价值。因此，企业履行社会责任已经成为企业在国际化运营过程中争夺市场话语权的一项必答题。

非洲是中资企业驰骋海外的一块"福地"，也是"一带一路"战略要重点连通的地区。赞比亚，非洲中南部的一个内陆国家，有着悠久的历史、丰富的水资源、原生态的自然环境和纯朴热情的人民。作为较早走出国门的企业，中国电建自 1999 年就进入赞比亚市场，合作业务涵盖能源、公路、建筑等基础设施建设，为赞比亚的经济社会发展提供了保障和动力。中国电建在赞比亚业务运营过程中，始终秉承"建设一个工程，造福一方百姓，留下一座丰碑"的理念和态度，

在为其进行开发建设的同时，不忘积极履行社会责任，造福当地。

然而长期以来，中国电建履行社会责任表现出"只做不说"的特质，缺乏与利益相关方的有效沟通，辛辛苦苦造福当地，却极少为外界所知，并且外界普遍认为中资企业走进来只是为了寻找资源、赚取利益等。本着正本清源，回应各利益相关方质疑，还原中国电建负责的企业形象，同时也为了体现我国负责任的大国形象，依托国务院国资委研究课题"海外中资企业社会责任研究"，中国电建于 2016 年 1 月发布了首份印赞比亚可持续发展报告，这也是中国电建首份可持续发展国别报告。报告系统回顾了中国电建在赞比亚投资运营过程中履行经济、社会和环境责任的实践和绩效，体现了中赞双方共同发展的可持续理念。

二、编制思路

紧紧依托国家"一带一路"，"互联互通"倡议或战略，根据中国电建"事耀民生，业润社会"的可持续发展理念、国际经营战略以及在赞比亚的业务分布情况，提炼出"经济"、"HSE 管理"、"员工"、"社区"四大关键性议题，系统回顾中国电建在赞比亚投资运营过程中履行经济、环境、社会责任的实践和绩效；通过倾听当地政府、业主、雇员、居民、学校老师、学生等利益相关方代表的声音，加强与利益相关方沟通，回应需求各方的期望与诉求。展现中国电建在当地发展业务的同时，主动履行企业社会责任，努力实现公司与当地经济、社会、环境的协调与可持续发展，造福当地，打造中国电建负责任的中资企业形象，提升品牌美誉度。

三、主要内容

《中国电建赞比亚可持续发展报告》（以下简称《报告》）是中国电建发布的第一份赞比亚可持续发展报告，也是中国电建首次发布的可持续发展国别报告。

完善 HSE 管理，并将 HSE 理念全面融入企业日常运营中。

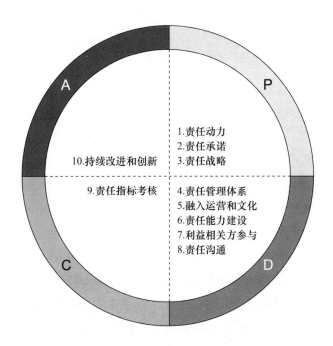

图 19 - 1　中国电建社会责任管理模型

3. 社会责任组织队伍

为有效推进公司可持续发展和社会责任工作，中国电建成立集团社会责任工作领导小组，集团公司总经理担任社会责任工作领导小组组长，主管副总经理担任副组长，负责集团公司社会责任工作的领导、决策和总体部署。集团公司办公厅负责社会责任工作的统筹、协调和日常管理，包括制定社会责任规划和年度发展计划、开展社会责任研究、培训和交流、编制和发布公司年度社会责任报告和海外可持续发展国别报告等。各所属公司根据职责分工，开展相应的社会责任工作。

此外，邀请中国社科院企业社会责任研究中心专家作为第三方，担任公司社会责任规划、管理、编制等工作的咨询顾问，内部加外部，组织队伍的多元化有效地提升了公司社会责任管理工作的效率和质量。

（二）参与

在《中国电建赞比亚可持续发展报告》编制过程中，课题组广泛组织、邀请内外部利益相关方参与，并历时 15 天远赴赞比亚开展实地调研工作，采访赞比亚各利益相关方。该报告历时 6 个月时间完成，主要分为议题识别、实地调研和报告编制三个阶段。在议题识别方面，通过国家政策研究、行业对标、赞比亚国情以及公司在赞比亚项目存量资料分析、实地调研及利益相关方访谈等方式，收集各方关注议题，最终确定报告核心议题。

在实地调研方面，公司邀请中国社科院企业社会责任研究中心与影视人类学研究室专家成立调研团队，远赴赞比亚分公司及项目所在地开展实地调研，围绕访谈提纲对所在地各利益相关方进行访谈和影像拍摄，收集报告所需的数据及图文素材。

在报告编制方面，课题组围绕核心议题制定了报告编制方案、拟定了报告提纲、收集并分析有关材料、编写报告内容并征求意见、修改完善，组织编委会审稿，提交第三方评审机构评级，并提交高层领导审议通过。

表 19 - 1　中国电建利益相关方参与表

方法	具体措施
赞比亚实地调研	围绕核心议题，参照访谈提纲，对各利益相关方进行实地走访调研，倾听相关各方心声，访谈对象涵盖当地政府、业主、居民、学生、教师、承包商与供应商、项目管理者、工程师、员工、媒体、NGO 等
联合成立项目课题组	邀请社科院企业社会责任研究中心专家加入项目课题组，实施赞比亚可持续发展报告咨询、管理、规划与编制工作，并负责赞比亚调研事宜

（三）界定

1. 议题确定流程

- 国家政策研究；

- 行业对标分析；

- 赞比亚国情研究；

- 企业在赞比亚履责实践梳理；

- 利益相关方访谈；

- 听取专家意见；

- 国内外 CSR 标准与指南分析。

2. 核心议题确定

中国电建结合集团公司发展战略、责任理念、海外业务经营发展现状、利益相关方关注焦点以及社会责任专家意见、建议，依据国家《关于中央企业履行社会责任的指导意见》、《中央企业"十二五"和谐发展纲要》和国内外企业社会责任报告编制主流标准、指南，如 GRI 4.0、ISO 26000、CASS - CSR 3.0 等，通过开展中国电建赞比亚可持续发展报告核心议题的甄别与筛选，最终选定了经济责任、HSE 管理、员工责任与社区融入四个核心议题。

（四）启动

中国电建成立国别报告项目组，邀请中国社科院企业社会责任研究中心专家担任编写顾问，并参与报告实质性编制工作。2015 年 7 月，项目组在集团总部召开项目启动会，明确了报告编制的时间安排与推进计划以及需要的支持。2015 年 8 月，项目组远赴调研目的地——赞比亚，并在中国电建赞比亚分公司召开了二次启动会，明确了调研目的、行程以及需要的支持。

（五）编写

中国电建赞比亚可持续发展报告项目组通过以下方式收集报告编写素材：

- 制定并下发部门材料收集清单；

- 对集团高层领导以及利益相关方进行访谈；

- 奔赴赞比亚开展走访调研、影像拍摄；

- 对企业存量资料进行梳理、总结。

报告编制项目组围绕核心议题制定报告编制方案、确定报告编写框架、收集并分析相关材料、编写报告文本内容并征求相关方意见、修改完善等，最终提请集团领导审议通过。

报告内容包括"董事长致辞"、"关于我们"、"经济"、"HSE 管理"、"员工"、"社区"、"可持续发展管理"、"未来展望"、"关键绩效表"、"G4 对照表"、"第三方评价"等方面，以图文并茂的形式全面阐述了中国电建在赞比亚投资运营中履行经济、环境和社会责任的实践与绩效，面临的挑战和采取的行动，并通过具体案例引用大量的利益相关方证言，从第三方视角阐述议题内涵，全面、客观地体现了公司"电惠赞比亚，建筑非洲梦"的社会责任担当。

（六）发布

2016 年 1 月 10 日，《中国电建赞比亚可持续发展报告》在第二届分享责任年会上正式对外发布，此外，现场还发布了《中国电建赞比亚可持续发展报告》H5 版，并举行了我国首部海外社会责任影像志——《中国电建在赞比亚》的首映典礼。

（七）使用

作为中国电建首部海外国别报告，中国电建用一组组严谨的数据、一幅幅生动的图片、一个个真实的案例故事向国内外社会全面展现了公司在赞比亚履行社会责任、造福当地人民的负责任的企业形象，提升了企业的品牌美誉度，也带动国内其他央企积极关注海外社会责任，加强与利益相关方的沟通。中国电建充分利用各种媒体渠道及平台，积极输出、交流和传播海外社会责任，如在公司内部大型活动以及对外交流中推送中国电建赞比亚可持续发展报告，更好地与利益相关方沟通交流。

五、沟通与传播

中国电建认为处理好企业与利益相关方的关系是企业在海外实现可持续发展运营的重要基础。中国电建根据公司实际运营状况，深入研究各利益相关方关切的问题，高度重视与利益相关方的沟通，将相关诉求积极转化为公司社会责任行动目标和方案，并通过各种渠道和途径，向利益相关方传播公司责任理念及履则动态，努力满足各方合理的期望和要求，提升利益相关方满意度。《报告》引用了 25 位政府、业主、本地雇员、居民、NGO 等利益相关方代表对中国电建在赞比亚履责实践及绩效的评价与看法。

2016 年 1 月 10 日，《中国电建赞比亚可持续发展报告》在中国社科院企业社会责任研究中心主办的第二届分享责任年会上正式对外发布，国务院国资委研究局副局长侯洁参加了发布仪式。借助新媒体优势，发布会现场还发布了《中国电建赞比亚可持续发展报告》H5 版，并举行了我国首部海外社会责任影像志——《中国电建在赞比亚》的首映典礼。此外，还利用中国电建与第三方微信公众号以及网络平台扩大传播范围和渠道，提升《报告》的传播效果和影响力。

附录部分

附录一：报告评级十问

一、什么是企业社会责任报告评级? 报告评级与报告审验有何区别?

答：企业社会责任报告评级是对社会责任报告质量的评价，评价对象限于报告本身及其编写过程。

报告评级与报告评价的区别是：报告评级的依据是《中国企业社会责任报告编写指南》和《中国企业社会责任报告评级标准》，报告评价的依据非常散乱；报告评级是专家委员会集体结论和中心的机构意见，报告评价是专家个人的判断。

报告评级与报告审验的区别是：报告审验的核心是验证信息的真实性与可靠性、数据的准确性等，而报告评级是对披露内容本身质量的评价，不对信息的真实性进行评价。

二、为什么要进行社会责任报告评级?

答：通过报告评级向企业提供专业意见，为企业社会责任工作提供智力支持，改进我国企业社会责任工作现况；以报告促管理，充分发挥报告在利益相关方沟通、企业社会责任绩效监控方面的作用，将报告作为提升公司社会责任管理水平的有效工具。

三、谁来负责对企业社会责任报告评级?

答：企业社会责任报告评级的总负责机构是"中国企业社会责任报告评级专家委员会"，该委员会由中国社会科学院经济学部企业社会责任研究中心牵头成立，由我国企业社会责任研究领域及实践领域的顶级专家组成。

报告内容评级之前，由评级事务联络人组成的资料审核小组赴企业所在地，对企业社会责任报告的"过程性"做实地评估，将评估资料清单与企业社会责任报告一并提交专家，评级专家小组成员分别进行打分，由评级小组组长综合专家意见确定报告最终级别、出具评级报告。示例如下：

2015 中国电子科技集团公司社会责任报告评级小组名单
组长：中国社会科学院经济学部企业社会责任研究中心主任　钟宏武
成员：中国企业联合会雇主工作部副主任、全球契约中国网络执行秘书长　韩斌
过程性评估员　张蒽、王志敏

四、报告评级的流程是什么？

答：分为六步骤。

1. 企业根据自愿原则向中国企业社会责任报告评级专家委员会秘书处提出正式的报告评级申请，并达成报告评级协议；

2. 在评级专家委员会中抽取专家成立报告评级小组，报告评级小组由专家委员和评级事务联络人组成，联络人一般由中心工作人员组成；

3. 评级事务联络人赴企业所在地对其社会责任报告"过程性"进行评估，评估结果交评级小组参考；

4. 专家委员小组成员根据评级标准和《中国企业社会责任报告编写指南（CASS – CSR 3.0)》对企业社会责任报告分别进行打分；

5. 评级小组组长综合专家意见后形成评级报告，委员会主席审签；

6. 组织专家与企业进行后续沟通及报告改进。

五、评级依据是什么？从哪些指标对社会责任报告评级？

答：报告评级的依据是《中国企业社会责任报告编写指南（CASS – CSR 3.0)》和《中国企业社会责任报告评级标准（2014)》。

从七项指标对社会责任报告的质量进行评级：过程性、实质性、完整性、可读性、平衡性、可比性和创新性。每项指标赋有一定的权重。

七项指标权重

指标	定义	解读	权重（%）
过程性	过程性即社会责任报告全生命周期管理，是指企业在社会责任报告编写和使用的全过程中对报告进行全方位的价值管理	过程性涉及生命周期管理中的组织、参与、界定、培训、编写、发布和反馈七个过程要素	25
实质性	实质性是指报告披露企业可持续发展的关键议题以及企业运营对利益相关方的重大影响	企业社会责任议题的重要性和关键性受到企业经营特征的影响。具体来说，企业社会责任报告披露内容的实质性由企业所属行业、经营环境和企业的关键利益相关方等决定	25
完整性	完整性是指社会责任报告所涉及的内容较全面地反映企业对经济、社会和环境的重大影响	完整性从两个方面对企业社会责任报告的内容进行考察：一是责任领域的完整性；二是披露方式的完整性	15
平衡性	平衡性是指企业社会责任报告应中肯、客观地披露企业在报告期内的正面信息和负面信息	平衡性要求是为了避免企业在编写报告的过程中对企业的经济、社会、环境消极影响或损害的故意性遗漏，影响利益相关方对企业社会责任实践与绩效的判断	10
可比性	可比性是指报告对信息的披露应有助于利益相关方对企业的责任表现进行分析和比较	可比性体现在两个方面：纵向可比与横向可比，纵向可比性是同一指标的历史可比性，横向可比性是同一指标的企业之间的可比程度和企业同行业平均水平的可比程度	10
可读性	可读性指报告的信息披露方式易于读者理解和接受	结构清晰，条理清楚；语言流畅、简洁、通俗易懂；通过图表使表达形式更加直观；对专业词汇做出解释；方便阅读的排版设计	10
创新性	创新性是指企业社会责任报告在内容或形式上具有重大创新，创新性为企业持续推进可持续报告质量的提高提出了新的、更高的要求	社会责任报告的创新性主要体现在两个方面：报告内容的创新和报告形式的创新。创新不是目的，通过创新提高报告质量是根本	5

六、报告最终评级共分为多少个级别？如何确定？

答：中国企业社会责任报告评价采取星级制，共分为七个级别，即报告分为五星级、四星半级、四星级、三星半级、三星级、二星级和一星级。每一个星级对应一定的分值范围。

星级与分值对应表

评级结果	评级图示	分数区间
五星级	★★★★★	90～100
四星半级	★★★★☆	80～90
四星级	★★★★	70～80
三星半级	★★★☆	60～70
三星级	★★★	50～60
二星级	★★	30～50
一星级	★	30分以下

七、评级报告包括哪些内容？

答：评级报告由以下要素构成：

- 报告评级概述；
- 报告评级依据；
- 报告评级范围；
- 报告评级结论；
- 报告改进建议；
- 评级小组名单；
- 评级小组组长审签；
- 报告评级委员会主席审签。

八、评级需要多长时间？

答：从企业提出评级申请到出具评级报告，需 10 个工作日。

九、评级如何收费？

答：每份企业社会责任报告的评级费用为 3 万元，用于评级小组的专家费用、评价事务联络人的差旅费以及评级委员会的日常管理费用。

十、怎么申请评级?

答:计划申请报告评级的企业可致电中国企业社会责任报告评级专家委员会秘书处。

联系人:王志敏

邮　件:rating@ cass – csr. org

电　话:010 – 65189038

附录二：评级企业名单

2016 年申请报告评级企业名单（64 家）

序号	企业名称	序号	企业名称
1	中国海洋石油总公司	33	朔黄铁路发展有限责任公司
2	中国石油化工股份有限公司	34	深圳供电局有限公司
3	上汽大众汽车有限公司	35	天津生态城投资开发有限公司
4	神华集团有限责任公司	36	国家开发投资公司
5	中国建筑股份有限公司	37	太原钢铁（集团）有限公司
6	中国移动通信集团公司	38	中国储备棉管理总公司
7	中国华电集团公司	39	丰田汽车（中国）投资有限公司
8	中国南方电网有限责任公司	40	中国黄金国际资源有限公司
9	中国石油化工集团公司	41	中国民生银行股份有限公司
10	中国节能环保集团公司	42	中国航空工业集团公司
11	远洋地产控股有限公司	43	神华国华电力公司
12	中国铝业公司	44	中国交通建设股份有限公司
13	中国蒙牛乳业有限公司	45	中国黄金协会
14	中国华能集团公司	46	LG（中国）
15	中国兵器工业集团公司	47	LG 化学（中国）
16	中国建筑材料集团有限公司	48	斗山（中国）投资有限公司
17	华润电力控股有限公司	49	中国旅游集团公司
18	东风汽车公司	50	浦项（中国）投资有限公司
19	中国大唐集团公司	51	广州百货企业集团有限公司
20	佳能（中国）有限公司	52	广汽丰田汽车有限公司
21	松下电器（中国）有限公司	53	中国航天科技集团公司
22	北京控股集团有限公司	54	台达中国区
23	现代汽车（中国）投资有限公司	55	中国盐业总公司
24	中国机械工业集团有限公司	56	三元食品股份有限公司
25	华润置地有限公司	57	中国第一汽车集团公司
26	中国电子信息产业集团有限公司	58	中国兵器装备集团公司
27	三星（中国）投资有限公司	59	新兴际华集团公司
28	中国电信集团公司	60	上海海立集团（股份）有限公司
29	华润（集团）有限公司	61	爱茉莉太平洋中国
30	中国电子科技集团公司	62	中芯国际集成电路制造有限公司
31	中国黄金集团公司	63	中国互联网络信息中心
32	越秀地产股份有限公司	64	强生（中国）投资有限公司

2015 年申请报告评级企业名单（65 家）

序号	企业名称	序号	企业名称
1	中国海洋石油总公司	34	中国储备棉管理总公司
2	中国石油化工股份有限公司	35	远洋地产控股有限公司
3	中国建筑股份有限公司	36	中国航空工业集团公司
4	中国移动通信集团公司	37	广州百货集团有限公司
5	神华集团有限责任公司	38	太原钢铁（集团）有限公司
6	中国南方电网有限责任公司	39	现代汽车中国投资有限公司
7	中国华电集团公司	40	中国大唐集团公司
8	东风汽车公司	41	LG 中国
9	中国兵器工业集团公司	42	LG 化学
10	中国铝业公司	43	中国盐业总公司
11	中国节能环保集团公司	44	中国机械工业集团有限公司
12	中国华能集团公司	45	台达中国区
13	北京控股集团有限公司	46	佳能（中国）有限公司
14	三星中国投资有限公司	47	斗山（中国）投资有限公司
15	石油化工集团公司	48	浦项（中国）投资有限公司
16	上海大众汽车有限公司	49	社会科学文献出版社
17	松下电器（中国）有限公司	50	新兴际华集团有限公司
18	中国建筑材料集团有限公司	51	中国医药集团总公司
19	中国电子信息产业集团有限公司	52	中国中钢集团
20	中国电信集团公司	53	中国北方工业公司
21	华润（集团）有限公司	54	中国兵器装备集团公司
22	中国电子科技集团公司	55	国家开发投资公司
23	中国黄金集团公司	56	朔黄铁路发展有限公司
24	中国光大银行股份有限公司	57	神华国华电力公司
25	丰田汽车（中国）投资有限公司	58	北京三元食品股份有限公司
26	越秀地产股份有限公司	59	神朔铁路分公司
27	天津生态城投资开发有限公司	60	中国航天科技集团公司
28	华润置地有限公司	61	广东省建筑工程集团有限公司
29	深圳供电局有限公司	62	上海韩泰轮胎销售有限公司
30	中国民生银行股份有限公司	63	中芯国际集成电路制造有限公司
31	中国交通建设集团公司	64	中国黄金国际资源有限公司
32	华润电力控股有限公司	65	中国互联网络信息中心
33	中国诚通控股集团有限公司		

2014 年申请报告评级企业名单（61 家）

序号	企业名称	序号	企业名称
1	中国南方电网公司	32	中国石油化工集团公司
2	中国黄金集团公司	33	中国三星
3	中国移动通信集团公司	34	中国华电集团公司
4	中国建筑股份有限公司	35	中国电子科技集团公司
5	中国铝业公司	36	中国电信集团公司
6	中国华能集团公司	37	中国兵器工业集团公司
7	中国建筑材料集团有限公司	38	斗山（中国）投资有限公司
8	LG（中国）	39	中国松下
9	华润（集团）有限公司	40	中国石油化工股份有限公司
10	神华集团有限责任公司	41	海南航空集团有限公司
11	佳能（中国）有限公司	42	中国医药集团总公司
12	中国电子信息产业集团有限公司	43	北京控股集团有限公司
13	中国海洋石油总公司	44	东风汽车公司
14	中国节能环保集团公司	45	上海大众汽车有限公司
15	中国黄金行业协会	46	太原钢铁（集团）有限公司
16	中国盐业总公司	47	国家核电技术公司
17	中国兵器装备集团公司	48	广州百货企业集团有限公司
18	中国储备棉管理总公司	49	中国中煤能源集团有限公司
19	LG 化学（中国）	50	深圳供电局有限公司
20	新兴际华集团有限公司	51	华润置地有限公司
21	现代汽车（中国）投资有限公司	52	中国黄金国际资源有限公司
22	华润电力控股有限公司	53	中国中钢集团公司
23	中国交通建设股份有限公司	54	中国航空工业集团公司
24	天津生态城投资开发有限公司	55	中国航天科技集团公司
25	中国储备粮管理总公司	56	中国机械工业集团有限公司
26	中国诚通控股集团有限公司	57	中国长江三峡集团公司
27	浦项（中国）投资有限公司	58	丰田汽车（中国）投资有限公司
28	中国保利集团公司	59	朔黄铁路发展有限责任公司
29	中粮集团有限公司	60	远洋地产有限公司
30	广州医药有限公司	61	中煤平朔集团有限公司
31	中国互联网络信息中心		

2013 年申请报告评级企业名单（60 家）

序号	企业名称	序号	企业名称
1	中国南方电网有限责任公司	31	中国兵器工业集团公司
2	中国建筑材料集团有限公司	32	中国电信集团公司
3	中国华电集团公司	33	中国建筑股份有限公司
4	中国石油化工集团公司	34	中国华能集团公司
5	中国石油化工股份有限公司	35	中国电子科技集团公司
6	中国铝业公司	36	太原钢铁（集团）有限公司
7	华润（集团）有限公司	37	神华集团有限责任公司
8	中国联合网络通信集团有限公司	38	中国兵器装备集团公司
9	广东省粤电集团有限公司	39	国家核电技术公司
10	中国民生银行股份有限公司	40	广东省广业资产经营有限公司
11	中国三星	41	远洋地产控股有限公司
12	中国黄金集团公司	42	中国中煤能源集团有限公司
13	中国海洋石油总公司	43	中国储备棉总公司
14	中国建筑设计研究院	44	新兴际华集团有限公司
15	中国盐业总公司	45	中国电子信息产业集团有限公司
16	斗山（中国）投资有限公司	46	中国保利集团公司
17	中国松下	47	中国中纺集团公司
18	中国东方航空股份有限公司	48	广东物资集团公司
19	中国医药集团总公司	49	中国机械工业集团有限公司
20	北京汽车集团有限公司	50	广东省建筑工程集团有限公司
21	中国黄金国际资源有限公司	51	中国航天科技集团公司
22	广东省丝绸纺织集团有限公司	52	广东粤海控股有限公司
23	中国中钢集团公司	53	中国交通建设股份有限公司
24	佳能（中国）有限公司	54	广州百货企业集团有限公司
25	中国节能环保集团	55	LG 化学（中国）
26	朔黄铁路发展有限责任公司	56	中国航空工业集团公司
27	广东省水电集团有限公司	57	浙江省电力公司
28	广东省交通集团有限公司	58	广东省广晟资产经营有限公司
29	广东省航运集团有限公司	59	广东省铁路建设投资集团有限公司
30	广东省广新控股集团有限公司	60	广东省机场管理集团有限公司

2012 年申请报告评级企业名单（43 家）

序号	企业名称	序号	企业名称
1	中国电信集团公司	23	中国兵器工业集团公司
2	中国南方电网有限责任公司	24	中国石油化工股份有限公司
3	中国石油化工集团公司	25	中国华能集团公司
4	中国黄金行业协会	26	中国兵器装备集团公司
5	中国电子科技集团公司	27	中国诚通控股集团有限公司
6	鞍钢集团公司	28	中国民生银行
7	华润（集团）有限公司	29	中国黄金集团公司
8	中国电子信息产业集团有限公司	30	中国建筑材料有限公司
9	广百集团有限公司	31	武汉钢铁集团公司
10	神华集团有限责任公司	32	中国机械工业集团有限公司
11	中国华电集团公司	33	中国建筑股份有限公司
12	远洋地产	34	中国铝业公司
13	中国建筑设计研究院	35	新兴际华集团有限公司
14	哈尔滨电机厂有限责任公司	36	中国节能环保集团公司
15	中国农业发展集团有限公司	37	中国北方工业公司
16	中国储备棉管理总公司	38	中国盐业总公司
17	中国黄金国际资源有限公司	39	中国中钢集团
18	中国医药集团总公司	40	广东粤电集团有限公司
19	广百股份有限公司	41	国家核电技术公司
20	马钢集团	42	中国航天科技集团公司
21	中煤集团	43	哈尔滨电气集团公司
22	佳能（中国）有限公司		

2011 年申请报告评级企业名单（22 家）

序号	企业名称	序号	企业名称
1	中国南方电网有限责任公司	12	中国兵器装备集团公司
2	中国电信集团公司	13	中国盐业总公司
3	中国华能集团公司	14	中国建筑材料集团有限公司
4	中国石油化工集团公司	15	中国民生银行股份有限公司
5	中国石油化工股份有限公司	16	中国大唐集团公司
6	中国黄金集团公司	17	中国中钢集团公司
7	远洋地产控股有限公司	18	中国电子信息产业集团有限公司
8	中国电子科技集团公司	19	中国储备棉管理总公司
9	鞍钢集团公司	20	中国华电集团公司
10	哈尔滨电气集团公司	21	中国黄金国际资源股份有限公司
11	国家核电技术公司	22	中国医药集团总公司

2010 年申请报告评级企业名单（10 家）

序号	企业名称	序号	企业名称
1	中国石化集团公司	6	中国大唐集团公司
2	中国石化股份公司	7	中国中钢集团公司
3	中国民生银行股份有限公司	8	中国南方电网有限责任公司
4	中国华能集团公司	9	马钢集团
5	中国华电集团公司	10	鞍钢集团公司

附录三：人才培养/行业研究

一、分享责任——中国企业社会责任公益讲堂

1. 项目简介

"分享责任——中国企业社会责任公益讲堂"于 2013 年 5 月发起，旨在以公益的方式分享责任、培育力量、达成共识，通过为中外企业管理人员提供为期 3 天的社会责任专项培训，普及社会责任知识、推广社会责任理念、提升社会责任意识、帮助解决企业发展中遇到的社会责任问题，指导受训人员管理复杂的社会、环境议题，应对多元的挑战。

2. 项目信息

免费说明：无任何收费（学员只需自付差旅费）

招生对象：中外企业社会责任相关部门人员

培训方式：名师授课 + 实地参观 + 小品大赛

调研对象：中外知名企业

学员名额：每期 120 ~ 150 人

认证荣誉：结业证书、奖状、奖杯

3. 项目回顾

截至 2016 年 10 月，"分享责任——中国企业社会责任公益讲堂"已成功举办八期，有近 60 位名师走进课堂，为 1000 多名学员提供了专业的社会责任培训。

序号	举办地	举办时间	序号	举办地	举办时间
第一期	北京	2013 年 5 月 10~12 日	第五期	武汉	2014 年 7 月 23~25 日
第二期	广州	2013 年 8 月 21~23 日	第六期	成都	2014 年 10 月 29~31 日
第三期	西安	2013 年 11 月 6~8 日	第七期	北京	2015 年 6 月 17~19 日
第四期	北京	2014 年 4 月 23~25 日	第八期	北京	2016 年 10 月 12~14 日

4. 项目咨询

欲详细了解项目相关内容，请联系：

周丹：18033609600，邮箱：zhoud@ zerenyun. com

二、分享责任——中国首席责任官计划

1. 项目简介

"分享责任——中国首席责任官计划"项目是在
中国社科院经济学部企业社会责任研究中心指导下由
中星责任云社会责任机构和三星（中国）投资有限公
司共同筹划的高端公益培训项目，旨在以公益的方式
培养立足中国、面向世界的 CSR 高级管理者，通过为
中外企业的高级经营管理人员、企业社会责任负责人
提供权威、最前沿的企业社会责任深度培训，打造国

内一流的企业社会责任高端学习平台，帮助参训者掌握社会责任先进理念，学习
社会责任最佳实践和管理经验，提升企业社会责任绩效。

2. 项目信息

免费说明：无任何收费（学员只需自付差旅费）

招生对象：中外企业高级管理人员、CSR 负责人

培训时间：每年一届，每届持续 4 个月

培训方式：讲堂授课 + 实地调研 + 课堂测试 + 结业考核

调研对象：中外知名企业

学员名额：每届 20~30 人

认证荣誉：结业证书、奖状、奖杯、奖学金

3. 学习要求

学员需满足以下三项，方可获得结业证书：

考勤合格：全程培训共 12 天，出勤达到 9 天以上；

测试合格：完成每期课堂测验，正确率达 80% 以上；

项目合格：分组设计 CSR 项目，通过专家评委会考核。

4. 项目咨询

欲详细了解项目相关内容，请联系：

周丹：18033609600，邮箱：zhoud@ zerenyun. com

三、中国企业社会责任报告编写指南 4.0

1. 项目简介

本土标准是引领中国企业社会责任报告发展的重要工具。2009 年，《中国企业社会责任报告编写指南》（简称《指南 1.0》）发布，此后两次升级到 3.0 版本。2015 年，400 余家中外大型企业参考了《指南 3.0》，《指南 3.0》成为全球报告倡议组织（GRI）

中国企业社会责任报告编写指南(China-CSR 4.0)

官方认可的全球唯一国别报告标准，有力提升了中国在国际社会责任运动中的话语权。

2015 年，联合国可持续发展目标（SDGs）、中国社会责任国家标准（GB/T 36000）和香港联交所《环境、社会及管治（ESG）报告指引》等重要标准/倡议相继颁布实施。为提升《指南》的国际性、包容性和引领性，指导委员会计划将《指南》升级到 4.0 版本。

2. 编写原则

开放平台：成立《指南 4.0》指导委员会，下设学术委员会、行业/议题委员会、秘书处，广泛吸纳企业社会责任政策制定者、理论研究者、实践推进者参与《指南 4.0》开发；

共建共享：与政府机构、行业协会、领先企业等深度合作，共同开展《指南 4.0》的编写、发布、软件开发、培训、宣传推广及后续报告评级等工作；

简洁实用：进一步提升《指南 4.0》指标的实质性，较大幅度减少社会责任报告指标数量，引导信息披露方式转变，提升指南的实用性和可操作性；

国际视野：深入研究国际企业社会责任最新动态，整合国际社会责任标准最新研究成果。

3. 主要特点

更精细：在一般框架基础上，开发行业标准和议题标准，形成"1＋N＋M"综合指标体系；

更全面：研发针对中小企业的基础版和针对大型企业的高级版，全面覆盖各类型企业；

更系统：构建指标、过程、形式、价值"四位一体"报告管理方法论；

更与时俱进：年度修订，每年召开指标研讨会，与合作单位一起，结合社会责任发展最新形势和企业社会责任领先实践对指标进行升级。

4. 项目咨询

欲详细了解项目相关内容，请联系：

黄晓娟：18910701161，邮箱：huangxj@zerenyun.com

附录四：2017 年工作计划

一、2017 年工作计划——企业智囊

责任报告	
1. 社会责任报告编写	完成华润集团、阿里巴巴等 170 余份 CSR 报告
2. 专项报告编写	为中国石化、华电集团等 20 余家企业编制精准扶贫、温室气体排放等专项报告
3. 报告设计印刷	为中国石化、现代汽车等 30 余家公司社会责任报告提供报告设计
4. H5 制作	为兵器工业、中国三星、华润医药等 20 余家公司提供 H5 报告设计制作
责任管理	
5. 优秀案例评选/案例集	为韩国大使馆、中国移动等 10 余家机构提供社会责任优秀案例评选服务，并出版案例集
6. 定制化社会责任培训	为神华集团、中国黄金等 20 余家企业开展企业社会责任内训
设计传播	
7. 影像志拍摄	为中国石化、中国电建等公司提供海外或专项影像视频记录
8. 会务会展	为中国石化、中国华电等公司策划、执行报告发布会或责任展览
9. 责任云传播	运营中星责任云微信，粉丝过万、传播行业动态、CSR 7 Days、责任故事
10. 活动宣传	与新华网、中国网、国资小新等媒体深度合作，宣传报道责任活动
评级评价	
11. 社会责任报告评级	为申请评级客户出具权威评级报告，已出具 325 份评级报告
12. 公益项目评级	为企业的公益项目提供评级，并出具评级报告

二、2017 年工作计划——行业智库

行业研究		
1. 社会责任报告编写《指南 4.0》	邀请电力、汽车、电子、石化、煤炭等行业协会、行业领先企业共同编修分行业、分议题社会责任报告编写指南	全年
2. 委托课题	国家发改委委托课题——对外直接投资的社会环境风险管理研究	12 月发布
	工信部委托课题——互联网企业社会责任研究	12 月发布
3. 蓝皮书系列	《企业社会责任蓝皮书（2017）》	4～10 月
	《企业公益蓝皮书（2017）》	5～11 月
	《企业扶贫蓝皮书（2017）》	5～10 月
	《汽车行业社会责任蓝皮书（2017）》	4～10 月
	《保险行业社会责任蓝皮书（2017）》	4～11 月
	《海外社会责任蓝皮书（2017）》	5～12 月
	《上海上市公司社会责任蓝皮书（2017）》	5～12 月
4. 中国企业社会责任报告白皮书	逐份深入研究企业社会报告，发布中国企业社会责任报告的趋势	8～12 月
5. 中国企业社会责任年鉴 2017	与新华网合作，汇编中国企业社会责任重要时事、文献	7～12 月
人才培养		
6. 分享责任——中国企业社会责任公益讲堂	国内最权威、最前沿的社会责任经理人公益培训平台	8 月
7. 分享责任——中国首席责任官培训	小班教学，名师荟萃的 CSR 负责人中长期培训计划	5～10 月
8. 中国社科院 MBA 社会责任课程	承办中国社科院 MBA 社会责任课程	3～6 月
9. 企业社会责任教材	组织权威专家编制《中国企业社会责任基础教程（第二版）》及配套案例集	1～12 月
责任百人论坛		
10. 分享责任年会论坛	发布社会责任白皮书/社会责任年鉴	1 月
11. 主题论坛	精准扶贫、应对气候变化等主题论坛	3 月、6 月、9 月
12. 蓝皮书发布会	社会责任蓝皮书发布会	10 月
13. 企业公益年会	公益蓝皮书/扶贫蓝皮书发布会	12 月

联系人：王娅郦

联系电话：4006858903　　13366005048

邮箱：wangyl@ zerenyun. com

地址：北京市建国门内大街 18 号恒基中心，地铁 1 号、2 号、5 号线到达。

相关研究业绩

课题：

1. 国家发改委：《"一带一路"与海外企业社会责任》，2015。

2. 工业和信息化部：《责任制造——以社会责任推动"中国制造2025"》，2015。

3. 国务院国资委：《中央企业海外社会责任研究》，2014。

4. 国务院国资委：《中央企业社会责任优秀案例研究》，2014年。

5. 国家食药监局：《中国食品药品行业社会责任信息披露机制研究》，2014。

6. 国土资源部：《矿山企业社会责任评价指标体系研究》，2014。

7. 中国保监会：《中国保险业社会责任白皮书》，2014。

8. 全国工商联：《中国民营企业社会责任研究报告》，2014年。

9. 陕西省政府：《陕西省企业社会责任研究报告》，2014。

10. 国土资源部：《矿业企业社会责任报告制度研究》，2013年。

11. 国务院国资委：《中央企业社会责任优秀案例研究》，2013年。

12. 中国扶贫基金会：《中资海外企业社会责任研究》，2012～2013年。

13. 北京市国资委：《北京市属国有企业社会责任研究》，2012年5～12月。

14. 国资委研究局：《企业社会责任推进机制研究》，2010年1～12月。

15. 国家科技支撑计划课题：《社会责任国际标准风险控制及企业社会责任评价技术研究》之子任务，2010年1～12月。

16. 深交所：《上市公司社会责任信息披露》，2009年3～12月。

17. 中国工业经济联合会：工信部制定《推进企业社会责任建设指导意见》前期研究成果，2009年10～12月。

18. 中国社科院：《灾后重建与企业社会责任》，2008年8月至2009年8月。

19. 中国社科院：《海外中资企业社会责任研究》，2007年6月至2008年6月。

20. 国务院国资委：《中央企业社会责任理论研究》，2007年4～8月。

专著：

1. 《中国企业社会责任年鉴（2016）》，经济管理出版社 2016 年版。

2. 《企业社会责任蓝皮书（2016）》，社会科学文献出版社 2016 年版。

3. 《企业公益蓝皮书（2016）》，社会科学文献出版社 2016 年版。

4. 《上海上市公司社会责任研究报告（2016）》，经济管理出版社 2016 年版。

5. 《汽车企业社会责任蓝皮书（2016）》，经济管理出版社 2016 年版。

6. 《企业公益报告编写指南 3.0》，经济管理出版社 2016 年版。

7. 《中国企业社会责任报告（2015）》，经济管理出版社 2015 年版。

8. 《企业公益蓝皮书（2015）》，社会科学文献出版社 2015 年版。

9. 《企业社会责任蓝皮书（2015）》，社会科学文献出版社 2015 年版。

10. 《企业社会责任负面信息披露研究》，经济管理出版社 2015 年版。

11. 《中国企业社会责任报告（2014）》，经济管理出版社 2014 年版。

12. 《企业公益蓝皮书（2014）》，经济管理出版社 2014 年版。

13. 《中国企业社会责任报告编写指南 3.0 之石油化工业指南》，经济管理出版社 2015 年版。

14. 《中国企业社会责任报告编写指南（CASS - CSR 3.0）》，经济管理出版社 2014 年版。

15. 《中国企业社会责任报告编写指南 3.0 之钢铁业指南》，经济管理出版社 2014 年版。

16. 《中国企业社会责任报告编写指南 3.0 之仓储业指南》，经济管理出版社 2014 年版。

17. 《中国企业社会责任报告编写指南 3.0 之电力生产业》，经济管理出版社 2014 年版。

18. 《中国企业社会责任报告编写指南之家电制造业》，经济管理出版社 2014 年版。

19. 《中国企业社会责任报告编写指南之建筑业》，经济管理出版社 2014 年版。

20. 《中国企业社会责任报告编写指南之电信服务业》，经济管理出版社 2014 年版。

21.《中国企业社会责任报告编写指南之汽车制造业》，经济管理出版社2014年版。

22.《中国企业社会责任报告编写指南之煤炭采选业》，经济管理出版社2014年版。

23.《中国企业社会责任报告编写指南之一般采矿业》，经济管理出版社2014年版。

24.《中国企业社会责任案例》，经济管理出版社2014年版。

25.《企业社会责任蓝皮书（2013）》，社会科学文献出版社2013年版。

26.《中国企业社会责任报告白皮书（2013）》，经济管理出版社2013年版。

27.《中国国际社会责任与中资企业角色》，社会科学出版社2013年版。

28.《企业社会责任基础教材》，经济管理出版社2013年版。

29.《中国可持续消费研究报告》，经济管理出版社2013年版。

30.《企业社会责任蓝皮书（2012）》，社会科学文献出版社2012年版。

31.《中国企业社会责任报告白皮书（2012）》，经济管理出版社2012年版。

32.《企业社会责任蓝皮书（2011）》，社会科学文献出版社2011年版。

33.《中国企业社会责任报告编写指南（CASS – CSR 2.0)》，经济管理出版社2011年版。

34.《中国企业社会责任报告白皮书（2011）》，经济管理出版社2011年版。

35.《企业社会责任管理体系研究》，经济管理出版社2011年版。

36.《分享责任——中国社会科学院研究生院MBA"企业社会责任"必修课讲义集（2010）》，经济管理出版社2011年版。

37.《企业社会责任蓝皮书（2010）》，社会科学文献出版社2010年版。

38.《政府与企业社会责任》，经济管理出版社2010年版。

39.《企业社会责任蓝皮书（2009）》，社会科学文献出版社2009年版。

40.《中国企业社会责任报告编写指南（CASS – CSR 1.0)》，经济管理出版社2009年版。

41.《中国企业社会责任发展指数报告（2009）》，经济管理出版社2009年版。

42.《慈善捐赠与企业绩效》，经济管理出版社2007年版。

论文：

在《经济研究》、《中国工业经济》、《人民日报》、《光明日报》等刊物上发表论文数十篇。

专访：

接受中央电视台、中央人民广播电台、人民网、新华网、光明网、凤凰卫视，法国24电视台等数十家媒体专访。

后　记

　　《中国企业社会责任报告（2016）》是集体劳动的成果，整个项目前后历时 4 个多月，先后有 20 余人投入其中，共收集 47 个行业 1700 余家企业社会责任报告，并对报告信息进行分析，最终形成成果。本书编写过程中信息搜集、数据整理及写作工作，由翟利峰、王志敏组织协调完成；王志敏、王梦娟、冯丽、贾晶、高小璇、孙伟、田美园、安喜喜、马筱涵等同志负责信息采集工作。

　　本书的写作提纲由张蒽、翟利峰共同确定。总论、报告特征篇由张蒽、王志敏等撰写；报告评级篇由王志敏撰写，资料整理由冯丽、贾晶、孙伟共同完成；报告管理篇和专项报告篇案例素材由各企业提供，资料整理由王志敏、高小璇共同完成；附录部分由王志敏、田美园共同整理。

　　报告管理篇由中国电子、中国港中旅、中国移动、天津生态城、华润电力、北控集团、民生银行、现代汽车（中国）、LG（中国）、台达集团等企业提供；专项报告篇由中国石化、中国华电、中国电建三家企业提供。在此，对以上企业在社会责任报告优秀管理经验和特色实践方面的分享表示由衷的感谢！

　　全书最终由张蒽、魏秀丽、王志敏审阅、修改和定稿。

　　中国企业社会责任的研究起步不久，还有很多的问题有待探索和解决。希望各行各业的专家学者、读者朋友不吝赐教，推动中国企业社会责任更快更好地发展。

　　感谢所有为本书的顺利出版而付出努力的人！

课题组

2016 年 12 月

关注微信公众平台　了解中国企业社会责任最新进展

责任百人论坛官方微信　　　　　　　　　中星责任云